咒術用語辭典

激發想像力，奇幻、神魔、架空、靈異創作必備

A&F 著
朝里樹 監修
劉名揚 譯

前言——遨遊咒術世界，激發創作靈感

聽到「咒術」，大家會聯想到什麼？

在稻草人偶上打釘子詛咒仇敵的「丑時參拜」？召喚亡靈問卦的「碟仙」「狐狸」？據傳大名鼎鼎的陰陽師安倍晴明也曾使用過的「泰山府君祭」？

還是會想到動漫、電影或小說等創作？

近年日本《週刊少年Jump》連載的漫畫《咒術迴戰》不分男女老少、廣受讀者歡迎。從書名就可以看出，「咒術」在這部作品裡扮演著極重要的角色，描繪出咒術師們如何利用咒術，祓除由人類的負面情感所產生的詛咒。

此外，即使原作已連載完畢，動畫和電影依然很紅的《鬼滅之刃》裡也出現了不少咒術的元素。幾乎可以說，現代以超自然或怪異為主題的作品，沒有幾部是和咒術無關的。鈴木光司的《七夜怪談》系列小說裡出現的幽靈貞子，利用「詛咒錄影帶」散播詛咒。清水崇執導的電影《樹海村》中，也出現了網路上盛傳的詛咒盒「取子箱」。可見「詛咒」或「咒術」已在創作的領域裡為形形色色的作品所使用。

那麼「咒術」指的是什麼？簡單來說，就是指以超自然的方法實現某人所期望現象的行為。咒術有些能害人，有些則能助人，並非全都是利用詛咒害人的恐怖行為。

由本書的書名《咒術用語辭典》便可看出，書中囊括了可供各種形式創作使用的詞條，包括各種咒術、使用咒術的神鬼妖怪或人物等咒術相關事項，乃至妖術或忍術等稍稍偏離咒術的詞條，內容可謂包羅萬象。

這些詞條的種類又包括源自各種宗教、因某個地區獨特的文化衍生而出、出現在古典作品裡、民間口耳相傳、近代出現不久的等等。如果想要創作咒術相關的作品，知道實際留下紀錄的咒術是如何出現的，又會造成什麼樣的效果，創作的範圍就會更加寬廣。

如果是想以咒術本身作爲題材，希望創造出原創的咒術、魔法、妖術等，也可以了解既有的咒術內容爲發想基礎。此外，了解其運作方式並加以應用，或許也能開創出嶄新的咒術。

本書是一本便於查閱這類資料的辭典。讀者可以查閱感興趣的詞條，再進一步查找相關的資料，也可以從頭開始閱讀，學習咒術的所有知識。無論如何，學習咒術的相關知識有助於在創作中導入咒術的要素，還可以新的視角閱讀既有的咒術相關作品。最重要的是，了解類型豐富的咒術，還能激發出你的創作欲望。

那麼，就翻開本書，來一場遨遊咒術世界的冒險吧。

朝里樹

體例

·詞條包括了道教、佛教、神道教等咒術（涵蓋咒術、妖術、忍術、祭祀、占卜、咒語等）、使用咒術的異能者（如仙人、術士、妖術師、忍者、神佛、鬼、妖怪等）、與咒術相關的傳說（神話、傳說等）、咒具（咒物、符咒、符籙等）、具咒術性質的空間（結界、聖域、靈山等）。

·詞條根據內容的相關性分類，並在書末提供以筆畫排序的中日文索引表，方便檢索。

·文中如果出現與該詞條相關的其他詞條，會以粗體標示。

·書中提及的代表性古典作品均被歸納在〈第七章〉。

·索引標注的代表性日文讀音假名若包含複數詞彙，則以「／」做分隔。

·咒語多爲神代文、有音無文字，將以音譯呈現，並保留日文原文或梵文收入索引中，方便研究檢索。

·律令、書籍名稱以《 》標記。

閱讀本書之前需要了解的

咒術基本用語

詛咒與魔咒

◇咒術

借助神佛等力量引發超自然現象的技術。一般來說，帶有惡意的通常被稱爲「**詛咒**」，而祈求吉祥的則被視爲「符咒」。「咒」有祈神、念誦、神奇等涵義。

◇詛咒

因憎恨或嫉妒等惡意而產生的念。以**咒術**刻意危害他人，帶來災厄。包括「**咒語**」「**丑時參拜**」和「**厭魅**」等。

◇魔咒

期望獲得成就的念。以**咒術**消除災厄，或反之降災禍於他人。包括**除魔**、解厄和**法術**等。亦作**符咒**。

◇神鬼作祟

指神祇或亡靈造成災厄的現象。涵蓋範圍廣泛，可視爲**詛咒**的一種。一般認爲祭祀神祇或亡靈便可以平息。包括**祟神**（作祟的神靈）、**怨靈**等。

◇咒禁

即**咒術**。以**魔咒**祓除妖怪等造成的災厄。

◇符咒

同**魔咒**。

◇咒力

詛咒或**魔咒**的力量。作爲**咒術**基礎的超自然力量。

◇言靈

帶有強大**咒力**的言語或聲音。日本上古先民認爲良言能招來吉事，惡言則能招來凶事。《**萬葉集**》中就提到日本是「言靈之幸國」（言靈賜予幸福昌盛）；《**古今和歌集・假名序**》中也提到「（和歌可）動天地」，在日本，人們認爲言語帶有實現所說之事的力量，即「言靈信仰」。

◇言靈咒術

使用**言靈**的**咒術**。可以透過言語進一步增強**咒力**。使用言靈咒術進行的對戰稱爲「言靈合戰」。

◇符籙、咒語、咒文

具有**咒力**的言語。透過念誦或寫在**符咒**上發動咒術。用於**除魔**的「**臨兵鬥者皆陣列在前**」或「**阿毘羅吽欠娑婆訶**」，以及寫在符咒上的「**急急如律令**」和「**蘇民將來**」等，都是著名的咒語。

◇咒術、咒法

念誦**咒文**的術式。念咒。**咒語**。

◇邪術

邪惡的法術。包括使用諸如**妖術**、**幻術**及**附身物**的咒術。也稱爲**外法**或邪法。

◇外法

在佛教等宗教中被禁用的邪惡法術。亦作外道法、外術、邪法，以及**邪術**。

◇左道

指**邪術**、**外法**。是由中國視右方爲正、左方爲不正的觀念衍生而來的詞彙。

◇蠱業

以**詛咒**或魔咒降災厄於他人的行爲稱爲「施蠱」。亦作蠱事。

構成萬物的元素

◇陰陽五行

源自中國，認爲世界由兩種對立屬性（陰和陽）及五種性質（**木火土金水**）的關係所構成的觀念。是**陰陽道**的**咒術**和**曆占**的主要基礎。

◇太極圖

呈現中國自古傳承的宇宙觀的圖形。這種思維主張世界由相對立的「陰」與「陽」所構成，而陽中有陰，陰中有陽。

◇木火土金水

陰陽五行說視爲萬物之源的五種屬性，萬物在循環中經歷各階段變化的能量。亦作五行、五氣。方位、顏色、季節等各種事物，都能與這五種元素對應。

◇五行相生

意指**木火土金水**這五行依序互相衍生的概念。木易燃能生火，火燃燒後留下土（灰），挖土可以得到金，水（露）會沾附在金屬表面，水則能灌溉木。

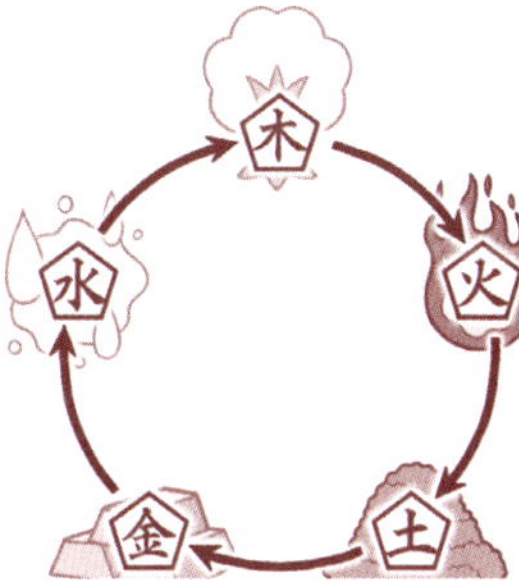

◇五行相剋

意指五行的**木火土金水**互爲對立、毀滅的關係，彼此互相剋制的概念。木會吸走土（大地）的養分，土會吸走水，水會滅火，火會鎔金，金屬鍛造的斧頭則能將木砍倒。

◇五大元素

認爲世界由五大元素（**地水火風空**）所構成的觀念，源自古印度。這「五大」有上下之分，地被視爲最低且最重的，空被視爲最高且最輕的，依此邏輯作由上到下的排列。

◇地水火風空

佛教思想中構成萬物的五大元素，又稱「五大種」，代表縱向的能量、無法再進一步分解的物質（元素）。其中的「空」在佛教中也代表無我的境界。

◇五輪

也稱作**五大**。五輪塔由下到上依地輪、水輪、火輪、風輪和空輪的順序排列。

◇六大

密宗將五大加上代表人類意識的「識」構成「地水火風空識」的觀念。又稱六界。

各種咒術體系

◇**神道**

在佛教等宗教傳入日本前便已在民間流傳的信仰。將自然萬物視爲神明崇拜，認爲神祇有八百萬眾。

◇**神仙道**

追求成仙之道。

◇**仙術**

追求成仙的術法，或**仙人**所使用的**咒術**。亦稱**神仙術**。

◇**道教**

以**巫術**及**仙術**追求不老不死或治癒疾病的**神仙道**爲基礎，發展並擴展形形色色的咒術。

◇**道**

老子、莊子所提出的道家哲學概念、宇宙的原理。據傳遵循此道可長生不老。

◇**方術**

通曉**道教**的**方士**所用的特殊力量。

◇**陰陽道**

根據**陰陽五行**說的**咒術**和**占術**解讀宇宙萬象的學問。約六世紀時傳入日本，並依《大寶律令》設立了**陰陽寮**，在此任職的**陰陽師**，起初僅是執掌天文與曆法、負責占卜吉凶的官員。在平安時代達到全盛期時，陰陽師的角色逐漸超出占卜的範疇，發展成使用咒術、舉行祭祀的日本獨特的祕教，不久後民間也開始出現陰陽師。

◇**伊邪那岐流**

傳承至今的民間**陰陽師**及其術式。擁有強大的咒術力量，能消除**詛咒**（**穢汙**）。如今日本土佐國物部村（今高知縣香美市物部町）仍有這種術者存在。

◇**密宗**

佛教宗派之一。在日本由**空海**與**最澄**傳入，分別發展成眞言宗（眞言密教）和天台宗（天台密教）。目標是透過「**手結印契**」「口誦**眞言**」「意觀本尊」三密，達到與佛合而爲一。

◇**四種法**

密宗僧擅長的四種祈禱**咒術**，有息災法、增益法、敬愛法和降伏法。

◇修驗道

一種在山林間苦練修行的佛教宗派，由日本古來的**山岳信仰**、**密宗**、**道教**、**咒禁道**等元素結合而成。信徒藉修行獲得神證之力，進行**咒術**性質的活動。修驗爲修行得驗之意。創立者爲奈良時代的**役小角**。擅長**加持祈禱**的修行者被稱爲**修驗者**、**山伏**等。

◇法力

修行佛法者領會得到的神祕力量，能降伏妖怪或惡靈等。

◇驗力

修驗者所使用的特殊力量。

◇神通力

可如神佛般隨心所欲地飛天、讀心等的超凡之力。原指佛教的彌勒菩薩所具足的「六神通」（**天眼通**、**天耳通**、**他心通**、**宿命通**、**神足通**、**漏盡通**六種能力）。**天狗**、**修驗者**等皆具備這些能力。

◇忍術

忍者爲了偵查、情蒐、暗殺等目的而使用的隱形、變裝、突襲等之技術。分爲甲賀流忍法與伊賀流忍法兩大派別。

◇幻術

以幻象迷惑人的**邪術**，亦稱**外法**，或目眩之術，使用這種術法的人被稱爲眩人（幻人）或**幻術師**。其中也包括戲法（奇術）或魔術。

◇妖術

迷惑人的**邪術**，亦稱**外法**。包括**幻術**、魔法。使用這種術法的人被稱爲妖術師。

◇占術

占卜週期或未來的靈性咒法。包括卜占、**曆占**、天文學、占星術等。

◇風水

根據**陰陽五行**說，從山岳或河川等地形中讀出自然「**氣**」（能量）的走向的地理占術。源自中國，用於擇定諸如建城或造鎮的地點、築屋的地點和格局、屋內家具的擺設，甚至造墳的位置等，以改善居住者的運勢。

◇超能力

指未依靠特定宗派的力量，現代科學無法解釋、超越人類知識範疇的能力，例如**透視**、預知、念力等。

目錄

前言　遨遊咒術世界，激發創作靈感　002
體例　004
閱讀本書之前需要了解的咒術基本用語　005
詛咒與魔咒　005
構成萬物的元素　006
各種咒術體系　008

第一章　必殺技、攻擊術的參考──
攻擊術式

結印攻擊　016
召喚咒物攻擊　019
咒文攻擊（神道）　020
咒文攻擊（陰陽道、神仙道、其他）　022
咒文攻擊（佛教、密宗）　023
借神佛之力攻擊（調伏）　025
替身作法　027

神靈代言、操控生物、召喚術　028
咒具攻擊　030
施咒　032
返還詛咒、解除詛咒　034
捕縛、解縛　036
封魔　037
驅魔　037
被除穢汙（神道、陰陽道）　040
被除穢汙（呼吸法）　042
被除穢汙（其他）　044
擺脫惡夢　044
除魔、解厄　045

第二章 防禦技、守備力的參考——

恢復、復活、輔助術式

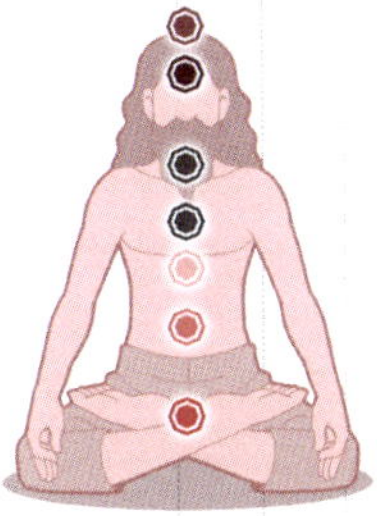

第三章 創造故事、插曲的參考——

特殊能力、預知、預言術式

動物、植物、自然占卜　　　　　114
場所、時間占卜　　　　　　　　113
食物占卜　　　　　　　　　　　112
觀星　　　　　　　　　　　　　112
曆法、干支　　　　　　　　　　111
其他占術　　　　　　　　　　　111
遂願　　　　　　　　　　　　　110
祓除煩惱、開運招福　　　　　　109
祈求豐收　　　　　　　　　　　106
祈求勝利、天下太平、國家繁榮　102
獲得金銀財寶　　　　　　　　　102
其他咒術、儀式　　　　　　　　102
厄運迷信、不祥之兆、傳說　　　100
遊戲中的咒術　　　　　　　　　099
神祕現象、超自然現象　　　　　098

第四章 激發角色靈感的參考——
術者、異能者、異形

王、皇族、貴族　　　　　　　　120
神職、巫女　　　　　　　　　　121
陰陽師　　　　　　　　　　　　122
武將、武士　　　　　　　　　　126
僧侶、法師　　　　　　　　　　128
修驗者、山伏　　　　　　　　　132
仙人　　　　　　　　　　　　　135
方士、道士　　　　　　　　　　138
忍者　　　　　　　　　　　　　139

祈禱師、靈媒
占卜師、風水師
靈能者、超能力者
憑物師
其他術師
神佛
使魔、精靈
怨靈、惡靈、靈魂、幽靈
鬼
魔、妖怪、異形、異事
預言獸
動物、生物
憑物

第五章 咒術道具的參考——
咒具、武器、符咒

蘊藏咒力的道具
施咒道具
被除穢汙、妖魔的道具
刀劍
弓矢
其他武器、護具
忍具
鏡
靈藥、祕藥
蘊藏咒力的植物、食物
蘊藏咒力的飲料
靈符、符咒、護身符
蘊藏咒力的話語、文字、數字
繪畫、圖案、花紋
儀式道具
寶物、招福用品
受詛咒的物品

第六章 舞台設定的參考——

異界、結界、禁域

異界、境界 204
結界、結界術 207
禁域、受詛咒之地 210
咒術景點 214
受詛咒的時刻 216
受詛咒的方位、方角 218
聖域、理想國 219
風水術 221
靈山、山岳修行 224
神祭 229

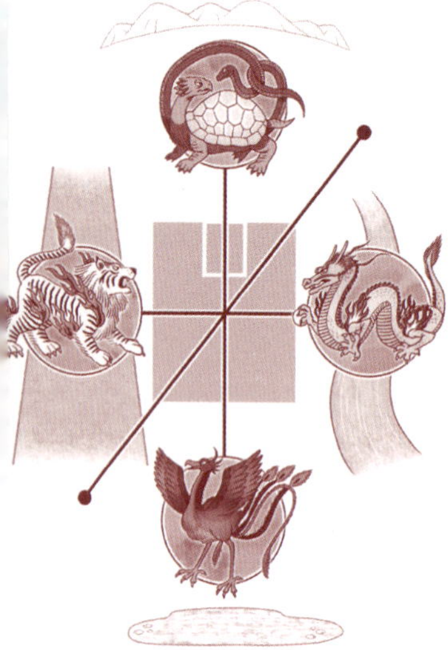

第七章 更深入了解咒術的參考——

書籍、神話

神話、傳說、故事 232
經書 235
其他書籍、紀錄 236
能、歌舞伎 238

索引

筆劃順序中日文檢索 239

結語

第一章

必殺技、攻擊術的參考

「攻擊術式」

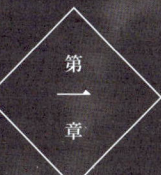

結印攻擊

◇手印

念誦**咒文**或發動**咒術**時，以手指結出的特殊形狀。有形形色色的手印對應不同的神佛。又稱印契。

◇結印

以手指結印。需要邊念**咒語**邊結。最具代表性的是**九字護身法**。

◇咒印

指念誦咒文的同時，用手結**印**。

◇右手、左手

右手用於接受或感知正面的事物，而左手則因被視爲「火（靈）充足之手＝火足手」，被認爲適合在強力祈願或結印時使用。

◇九字護身法

使用具有**咒力**的九個字「**臨兵鬥者皆陣列在前**」的**咒法**，邊念誦這九字邊逐字結印，可驅除惡鬼。不僅**陰陽師**或**修驗者**精通這種術式，武士或**忍者**也會在祈求勝利或團結一致時使用它。後來流傳到民間，被廣泛用於**驅魔**或護身。又稱「九字法」或「切紙九字護身法」。還有一種無需結複雜手印的術法，稱作「**早九字**」。

◇臨兵鬥者皆陣列在前

使用**九字護身法**時念誦的**咒文**。不同宗派會使用不同的字，例如有時陣寫作陳、列寫作烈或裂，前寫作行或斬。原意是「戰鬥者在陣前列隊前行」，被認爲有激勵自我、獲得勝利之效。白天朝著太陽結印，夜裡則朝著月亮結**印**，可增強**咒力**。

◇刀印

右手的食指和中指伸直，其他手指握起的手印。

◇早九字

結**刀印**的右手，邊念誦九字邊以刀印的右手在空中縱向畫四條、橫向畫出五條交叉線的術式。又稱九字、早九字護身法。

◇九字切

即**早九字**。

◇畫九字

即**早九字**。

九字護身法

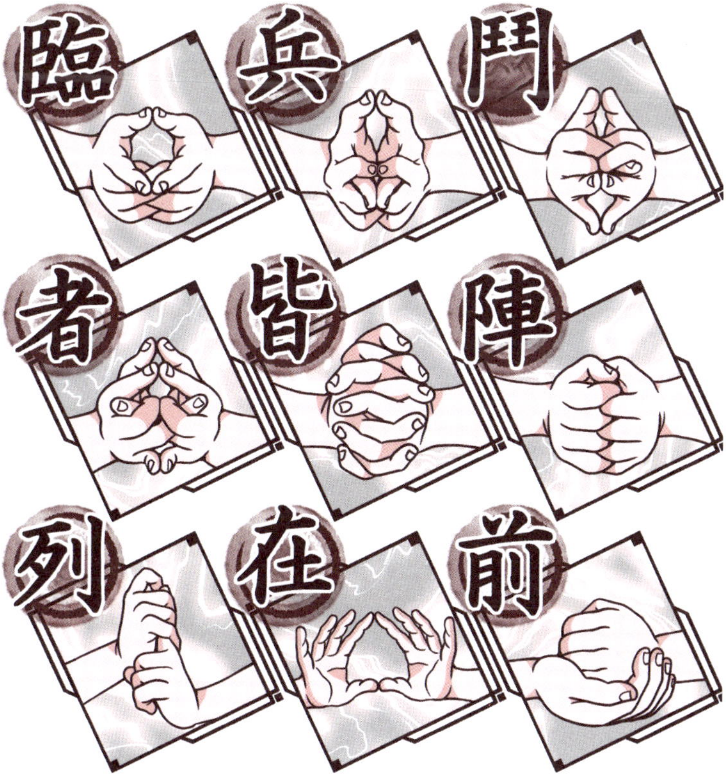

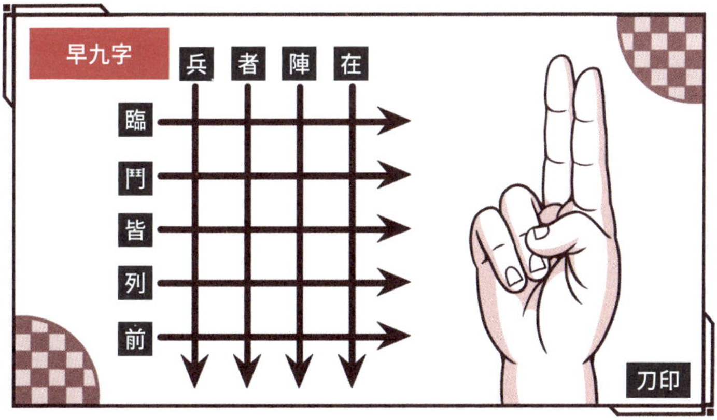

◇魔切

斬妖除魔，以**畫九字**等方法逐退惡鬼的術式。

◇六甲祕咒

道教的祕術，爲**早九字**的根源。**道教**的**驅邪咒文**傳入日本後，爲**陰陽道**、**密宗**及**修驗道**所吸收。

◇一字一妙祕法

可強化**九字切**的祕術。在左掌心上寫「切」字後握緊右手，念誦「諸餘怨敵皆悉摧滅」七次後對著敵人畫九字，可以破敵。

◇妙九字

在空中寫出代表特殊意義的「妙」字的九字法。邊念誦「妙法蓮華經序品第一」九個字，邊在空中如圖所示的以九筆畫寫出「妙」字，可以祓除邪氣，降伏惡鬼。

◇頭破七分九字

妙九字中最強大的一種。邊念誦「妙法蓮華經頭破七分」九個字，邊在空中以九畫寫出代表特殊意義的「妙」字，鬼子母神便會立刻顯現，將惡鬼或邪神的頭斷成七塊。據傳被這九字打入地獄的惡鬼將永劫不復。

◇畫十字

畫完通常的**早九字**法後再加上一字，成縱向、橫向各畫五條線的術式。第十字因目的而異。例如祈求勝利則念誦「勝」，與敵對峙則念誦「太」等，並由上往下畫出最後一條縱向的線。

◇禁術、十字祕法①

一種**畫十字咒法**，又稱九字十字。因法力過於強大而被禁止輕易使用。對驅除亡靈非常有效。右手結**刀印**，邊逐字念誦「怖畏軍陣中眾怨悉退散」十字，邊在空中畫出「八」字五次（共十畫）。

◇禁術、十字祕法②

能有效**斬魔**的**畫十字咒法**。右手結**刀印**貼在額頭上，同時念誦「八劍啊，波奈之刃，以此劍，將來犯的惡魔斬除」。接著邊逐字念誦「天地玄妙行神變通力勝」十字，邊依照特定順序揮動**刀印**。最後一個「勝」字，若要斬斷孽緣可以換成「離」，若要驅除病魔則可以換成「治」字。

◇怖魔印

用於**驅魔**的**手印**。感覺有妖魔存在時，握起右手僅伸出拇指（或食指），對其方向念誦千手觀音菩薩**真言**。具有降伏、驅逐魔軍的法力。

召喚咒物攻擊

◇式神

受**陰陽師**使喚的**鬼神**。可以自由變換成人或鳥等各種樣貌，並擁有**咒力**，又稱爲「式」。

◇伏式

指**陰陽師**使喚**咒物（式神）**並且**施咒**。

◇使鬼神法

召喚**鬼神**進行攻擊或防禦的術法。鬼神指的是具有超自然力量的神或人及動物的亡靈等。著名的例子包括**安倍晴明**的**式神**、**役小角**的**前鬼**、**後鬼**，以及**伊邪那岐流**的**式王子**等。一般是放出**狐狸**或**土瓶**（小蛇）等**憑物**，逐漸侵蝕仇敵的身軀。

◇召鬼法

操縱**鬼**的**道教**術法。據傳術者能夠命令比人強大的鬼執行各種任務。

◇式神返還術

指**陰陽師**對欲**詛咒**對象所施放的**式神**朝自己反彈回來的術法。被返還的**式神**將以倍增的攻擊力反擊回去，讓施術者蒙受重大傷害。

◇護法童子

受**修驗者**和**密宗**僧使喚，保護他們不受惡靈侵害的**鬼神**。可能以人或動物的亡靈、鬼、妖怪、龍神等各種形態現身。例如，**役小角**的**前鬼**、**後鬼**、天台密宗僧**性空**的**乙**、**若**等。

◇護法童子法

修驗者或**密宗**僧召喚出**護法童子**並加以使喚的術法。

◇式法

伊邪那岐流的**太夫**（祈禱師）使喚**式神**的**咒術**。進行這種式法稱爲「打式」或「行式」。

◇人偶祈禱

使用**御幣人偶**（紙紮人）進行降伏的**伊邪那岐流咒術**。其中包括以墨線爲弓弦將小箭射向人偶的「杣法」，將人偶置於鐵砧上以金槌敲打的「天神法」，以及將**釘**或**針**刺入人偶要害處的「針法」等術法。

◇剪紙成兵之術

操縱以紙剪成的人偶的**道教方術**。

◇影法師之術

分出自己的影法師（影分身）進行戰鬥的**妖術**。據傳**平將門**曾用過此術。通俗讀物《繪看版子持山姥》中，就描述了平將門的遺孤**平良門**使用影法師之術，與蜘蛛**妖術師**黑雲皇子較量術法的場面。

◇骷髏使役法

以骷髏爲媒介召喚靈魂的術法。除了以鬼子母神之力召喚骷髏加以使喚之外，據傳若向骷髏提問，也一定有問必答。只不過，若是術法外洩或**詛咒返還**，將危及性命。

◇雷法

召喚風雷的**方術**。**道士**可念誦**咒語**召喚風雷的神將和神兵，驅逐各種妖鬼邪神。

咒文攻擊（神道）

◇咒文、咒詞

向神明祈禱，以**言靈**之力**詛咒**對方。在**《日本書紀》**中提到神武天皇曾使用過（**嚴詛咒**）。

→關於「咒文、咒詞」的防禦術，請參照35頁

◇神咒

即**咒文**。

◇祝詞、祝文

祈福酬神或舉行儀式時向神明上奏的禱告詞。種類包括祓禊時念誦的「祓詞」等。由於詞中有**言靈**，因此絕對不可念錯。

◇祭文

祭祀時向神明上奏的文詞，也稱**祝詞**或**咒詞**。在**神道**中則稱爲**咒文**。

◇神歌

獻給神明的歌曲。在**神道**中稱爲咒歌。

◇祓除不潔，清淨一切

淨化祓禊儀式念誦的祓詞。祈求神明「淨化、祓除」邪惡之物。

◇誠惶誠恐

祝詞中的用語。向神明祈求時以「誠惶誠恐」表示敬畏。

◇天照大御神

日語讀音爲アマテラスオホミカミ（a ma te ra su o ho mi ka mi）是被稱爲十字神咒的**咒文**。反覆念誦最高神明天照大神的名字這十個讀音，可以驅散邪氣或妖怪。

◇吐普加身依身多女

日語讀音爲トホカミエミタメ（to ho ka mi e mi ta me）又稱五大神咒、**三種祓詞**、天津祓的**咒文**。念誦這八個音能祓除邪氣，驅散魔物。一說這是由八方位的神祇名字的頭一個字「吐普加身依身多女」組成的句子。

◇安知女法

這是用於消除**附身**的惡靈或邪靈的**咒文**。在高聲唱出神樂歌的「安知女喔喔喔喔」一段後，默念「上登，豐日孁女召喚御靈，本爲金矛，末爲木矛，本爲金矛，末爲木矛」，又稱「安知女作法」。

◇恐嚇妖怪的神歌

展現強勢態度將妖怪驅除的**神歌**——「面向神明祈禱，任何惡魔均不足掛齒。」

◇祈求驅除妖怪的神歌

放棄說服妖怪，轉而祈求神明驅除妖怪的**神歌**。「請將此妖驅離，開梓木之弓，射向今日之閻神」。（閻神爲陰陽家術語。指當天第三個干支的方角）

◇祈求驅除妖怪的荒神祭文

祈求荒神驅除妖怪的**祭文**——「以桑木之弓、蓬草之矢，射向天地四方之諸魔、障礙神，使其墜落大海或大地之底。」（荒神是日本的民間信仰，相當於華人信仰的灶君，掌管人間煙火、護宅防火及牲口健康）

◇迫使狐靈屈服的神歌

歌詞爲「夏來，猶如於根高歌鳴唱之蟬蛻其殼，各宜著適合己身之唐裝也。」的**神歌**。咒文中將「狐」（kitsune）以同音異字的方式拆成「來」（kitsu）與「根」（ne）兩個字，以**言靈**的力量迫使**狐靈**屈服。

咒文攻擊（陰陽道、神仙道、其他）

◇急急如律令

陰陽師舉行儀式時朗讀的**祭文**句尾的**咒文**。源自中國，相傳雷神有一位駕馭閃電奔跑的小鬼「律令」，因而衍生出「依律令（法律）速行」，也就是「迅速執行命令」的命令句。這句咒文傳到日本後，廣爲陰陽師所用，後來又演變成獨立的咒文或**符咒**。除了**陰陽道**，也爲**修驗道**、**密宗**等所用。

◇遠擊法

神仙道中據傳可不觸碰對手便將其擊倒的**咒文**。據說只需念誦這句咒文，便能迅速使人暈厥。

◇驅除惡魔的咒文

神仙道用來驅逐惡魔的咒語。念誦「附人身者不肖，爲人所附身者亦不肖，僅爲一時之夢幻。身處惡水之池，必將沉入深淵。**鬼神**不應爲惡，人不應相猜忌。若不聽吾言，將強制驅除封印之。」並針灸著魔者腳底三處。

◇欺騙狐靈

念誦「**追打鬼婆羅羅鬼**、法性房之門葉」。法性房爲天台宗的高僧尊意，曾鎮**菅原道真**之魂。據傳宣告自己爲法性房之弟子，便能使狐靈生畏逃離。

◇吃了鯖魚，吃了鯖魚

驅逐**天狗**的**咒語**。鯖魚是天狗嫌惡的食物。

◇髮油、髮油、髮油

日語發音爲「pomade、pomade、pomade」，當遇到都市傳說中到處問人「我美不美？」的妖怪「裂嘴女」時，念誦這句**咒語**便能將裂嘴女嚇跑。

咒文攻擊（佛教、密宗）

◇眞言、心咒

佛教中被視爲眞實語言的**咒文**。是以**梵文**書寫的經文，並以梵語原音朗誦。據信，念誦眞言可以獲得神佛的庇佑。有各種眞言對應不同的神佛，如觀世音菩薩心咒、釋迦牟尼佛心咒等。

◇曼怛羅

眞言的梵文原字「mantra」音譯。

◇梵文

以梵語書寫的文字。每一個梵文都宿有**咒力**，有**驅魔**及降伏之效。由於佩戴在身上能獲得神明的庇佑，常被繪製在護身符或**符咒**上。佩戴與自己生日的**干支**相應的梵文，可以避免各種災難。

◇陀羅尼

由梵文「dhāraṇī」音譯，意思就是「咒」，又稱「總持」，即持此咒可不失善念，不起惡行。據信其中宿有**咒力**。

◇唵

眞言開首的**咒文**，發音「oṃ」。此咒文後接皈依、信奉佛法的宣言。

◇曩莫三曼多勃馱喃

或作南麼、南無表示禮敬、皈依，三曼多意思是普遍、平等，勃馱喃意指佛陀、如來，三字合起來就表示「禮敬一切諸佛」「皈依一切如來」，是佛陀**眞言**的歸命句，發音「namaḥ samanta-buddhānāṃ」。可以「**唵**」一字代之。

◇娑婆訶

作爲**眞言**結句的咒文，梵文發音「svāhā」，亦可寫作「薩婆訶」「娑婆呵」或「蘇婆訶」，意指「成就」「謹願吉祥」。

◇種子字

密宗裡代表佛陀或菩薩的梵文音節字母，也稱種子或種字，大多使用悉曇文書寫（如圖所示）。

◇紇哩

與**干支**的子、戌、亥對應的**梵文**，發音「hrīḥ」，也寫作纈利、紇利俱。對應子時代表千手觀音菩薩，對應戌和亥時則代表阿彌陀如來。

◇怛洛

與**干支**的丑、寅對應的**梵文**，發音「trāḥ」。代表虛空藏菩薩和寶生如來。

◇滿

與**干支**的卯對應的**梵文**，發音「maṃ」。代表文殊菩薩。

◇暗

與**干支**的辰、巳對應的**梵文**，發音「aṃ」。代表普賢菩薩。

◇索

與**干支**的午對應的**梵文**，發音「saḥ」。代表勢至菩薩。

◇鑁

與**干支**的未、申對應的**梵文**，發音「vaṃ」。代表大日如來。

◇唅

與**干支**的酉對應的**梵文**，發音「hāṃ」。代表不動明王。

◇曩莫三曼多縛日囉喃憾

不動明王的**眞言**，發音「namah samanta vajraṇaṃ hāṃ」。念誦此眞言可以驅散煩惱，擁有克服困難的力量。

◇首楞嚴陀羅尼

以梵語串連具有擊敗惡魔氣魄的文句，是非常適合用於消滅妖怪的咒文。

◇魔界偈

「偈」是**密宗**的一種形式像詩的經文，爲驅魔的**咒文**。持續念誦能消滅附身於人的魔物。

◇天魔偈

同**魔界偈**。

◇念誦《般若波羅密多心經》

《般若波羅密多心經》是具有驅魔咒力的佛教經典。三藏法師曾誦此經擺脫妖怪的威脅。

◇色即是空，空即是色

《般若波羅密多心經》中的一句。「色」代表「有形有相有質礙之物」，「空」則代表「無形無相無礙之虛空」，表達的是「世間一切有形之物都是無形虛空的。唯有無形虛空才是構成世間一切有形之物的本質」的思想。

借神佛之力攻擊（調伏）

◇調伏

借助神佛之力攻擊惡靈、惡鬼、敵人等。或破除天災及人禍。亦作「降伏」。

◇降伏

借助神佛之力摧毀惡魔等。亦作「調伏」。

◇阿毗遮嚕迦法

即調伏法、降伏法之意，發音「abhicāraka」。

◇降魔

使惡魔降伏。**不動明王**迫使惡魔屈服時示現的憤怒之相稱爲「降魔之相」。

◇四魔降伏

四魔爲煩惱魔（產生煩惱）、五蘊魔（擾亂身心）、死魔（奪命）、天魔（第六天魔王，阻礙善行）這四種使人墮入魔道，最終導致死亡的魔物。意指降伏這四魔的術法。

◇護摩、護摩法

梵文唸作「homa」，焚燒的意思。將供物投入火中奉獻給神佛的咒法，就叫護摩法。在火爐中燃燒香木，並將五穀、五香、香油等投入火中祈願，便可以調伏法（**四種法**之一）將仇敵等燒盡、降伏。

◇加持祈禱

祈求神佛庇佑的佛教**咒法**。將神佛的超能力量「加」予自己的信仰之心「持」合而爲一，即爲加持。

◇不動明王法

借**不動明王**之力的調伏法。身處熊熊烈火之中的不動明王是大日如來的化身，被視爲消滅妖魔的專家。有包括火供**護摩**祈求調伏仇敵的「不動護摩法」、**調伏**死靈、野狐等附身之物的「不動明王邪氣加持」、念誦名曰火界咒的**陀羅尼**以期將魔軍盡數燒盡的「不動明王祕咒一切成就法」等**咒法**。

◇大威德明王法

借大威德**明王**之力的仇敵調伏法。據傳比**不動明王法**更具威力，是可使對方吐血而死的強烈**咒法**。

◇荼吉尼鬼降伏法

不動明王法的一種，是降伏傳自印度、能在六個月內將人咒殺的妖鬼荼吉尼（亦作荼枳尼、吒枳尼，一種夜叉鬼）以延長壽命的**咒法**，稱作「不動能延六月法」。

◇彌陀法

以阿彌陀如來的庇佑消滅一切惡鬼，並保證往生的終極**陀羅尼**。

◇文殊菩薩法

借文殊菩薩之力的調伏法，稱爲「文殊六字法」。以結印及念誦「唵/婆髻馱/那莫」六字調伏**詛咒**，消滅魔物。

◇毗沙門天王法

這是借軍神**毗沙門天**之力的調伏法。眞言爲「曩莫/三曼多/勃馱喃/唵/薛室囉末拏耶/娑婆訶」，梵文發音「namaḥ samanta-buddhānāṃ oṃ vaiśravaṇāya svāhā」。尤其在咒殺叛國的仇敵時，以松葉**護摩**，想像以金剛杵搥擊仇敵之頭及心，並高呼「縛日羅/底瑟/鑁」（vajra tiṣṭha vam），仇敵便會如同死亡一般。

◇金剛夜叉明王法

借金剛**夜叉**明王之力的調伏法。據傳唸誦金剛夜叉明王**眞言**一千零八十次，魔物便會順從並屈服。

◇降三世明王法

借降三世**明王**之力的調伏法。包括念誦**眞言**一千零八十次時逐一燃燒芥子，使魔物附身於仇敵身上等**咒法**。

◇生殺與奪法

借降三世**明王**之力掌握仇敵生死的可怕咒殺法。念誦**眞言**一百零八次，並將象徵仇敵的**人偶**燒掉，仇敵便會活生生死去。接著，坐在降三世明王的本尊前，再念誦眞言一百零八次，若還在一定的時間內就能使其死而復生。又稱降三世咒殺法。

◇青面金剛法（調伏）

借**庚申信仰**的本尊青面金剛之力的**四魔降伏**法。邊念誦**眞言**「唵／帝婆藥叉／盤陀盤陀／訶訶訶訶／吽娑婆訶」，邊以憤怒的形相順時鐘方向繞行**護摩壇**。

→關於以青面金剛法治癒的術式，參照64頁

◇鎮將夜叉法

鎮將**夜叉**爲**毗沙門天**的別名。借毗沙門天之力鎮壓戰爭或叛亂等動盪的調伏法。

◇金剛童子法

借呈憤怒表情的**護法童子**金剛童子之力的降伏法。

替身作法

◇憑依、附身

指神明、精靈或靈體附身於人。有附身能力的物體稱爲「**憑物**」。

◇憑靈術

讓靈體附到自己身上，利用**附身**的神靈之力使用**咒術**。又稱「憑依咒術」。

◇神憑、神懸

靈媒被神靈等**附身**的狀態。

◇降神

靈媒被神靈**附身**，傳達神靈訊息的**咒術**。（台灣民俗信仰稱爲扶鸞、請仙等）

◇降靈術

召喚靈體的**咒術**，又稱招靈術。在現代已演變成諸如**狐狗狸**、**一人捉迷藏**等降靈遊戲。

◇靈媒

女巫、**乩童**和**道士**等能與神佛或靈體溝通的術者。

◇替身、屍童

指**靈媒**降神時供**神靈附身**的人或**人偶**（日本稱爲憑子）。

◇阿尾捨法、阿尾奢法、阿毗舍法

梵文讀作「āveśa」。是讓惡鬼或邪靈**附身**到七~八歲的少年少女身上，確認其眞實身分後以儀式祓除惡靈的**替身作法**。是一種非正統佛法的**邪術**。

◇金剛夜叉阿尾奢法

金剛夜叉**明王**所祕傳的**阿尾奢法**。方法相同，但被神附身的少年少女會說出過去、現在和未來三個世界的一切。

◇憑祈禱、依祈禱

同**阿尾奢法**，又稱憑加持。

◇教化文

憑祈禱所使用的**咒語**。用來教化（教導佛法，引向正途）**附身**的惡靈的言語。針對各種靈體需使用相應的**咒文**。

◇御白樣遊祭

東北地方的**降神**儀式，是供奉一對名爲「御白樣、御白神」的男女神像的**咒術**。有一說，是**巫女**進入附身狀態前的準備儀式。

神靈代言、操控生物、召喚術

◇神靈代言、口寄

術者讓妖物或靈體附身到**替身**對象上發言的術法，日本稱爲「口寄」。或巫女等**靈媒**讓神靈或死靈附到自己身上，代其發言。（類似台灣民俗信仰請鸞降神時，乩身藉由鸞筆和唱鸞傳達神靈之意）

◇狸口寄

召喚能操人類語言的狸貓之靈，以問答占卜未來的術法。

◇飯綱法

操縱稱爲飯綱（類似**管狐**的小型狐狸）的小魔獸的妖術。術者能隨心所欲地支配飯綱，使其附身於人、讀人心思、行竊盜物等。據傳與長野縣**飯綱山**的飯綱明神關係密切。飯綱法是一種**外法**，據說習得者在死後必須將身體的一部分奉獻給**荼吉尼天**。

◇上杉謙信與武田信玄的咒術之戰

川中島之戰據傳乃上杉謙信和武田信玄彼此運用**飯綱法**進行的**咒術**之戰。

◇天狗使役法

與**天狗**結盟並利用其法力的術法。例如召喚**愛宕山**的大天狗太郎坊的「愛宕霞法」、召喚**英彥山**的豐前坊的「彥山豐前坊法」等。

◇天狗飛跳術

天狗高高躍起斬擊敵人之術。日本劍術中的類似技巧亦以此爲名。

◇天狗經

以四十八位**天狗**的名字串連而成的經文。據傳**咒力**強大的術者念誦此經便能召喚天狗飛來，加以使喚。不過使喚天狗被視爲一種**外法**。

◇靈狐術

自在操控**狐**、狐靈（精靈、神的眷屬）、**白狐**等**靈狐**的術法。能下咒使對手被狐附身（**狐憑**）。

◇貓神術

據傳**貓**死去後靈魂會成爲貓神，可爲人所操控。但有怕水這個弱點，以水攻擊遭貓神附身者，便能使貓神脫離其身軀。由於是一種使喚貓的蠱術，故又稱貓蠱。

◇骷髏術

據傳是平安時代會妖術的平將門之後**瀧夜叉姬**所擅長的召喚骷髏術。能夠召喚無數的骷髏，成群襲敵。

◇蛤蟆術

據傳是江戶時代晚期的盜賊、忍者**兒雷也**（**自來也**）、**七草四郎**等所擅長的**妖術**。包括召喚**蛤蟆**攻擊對手、變身爲蛤蟆吐出虹彩、在空中飛翔等術法。

◇蛇術

召喚並隨心所欲操控大**蛇**的術法，據傳**大蛇丸**擅長此術。

◇蛞蝓術

召喚並操控大型蛞蝓的術法，據傳**綱手**擅長此術。

◇蜘蛛術

據傳是**若菜姬**、**土蜘太郎**等所擅長的操控蜘蛛的妖術。以結**印**與念咒召喚巨大的蜘蛛攻擊對手。有不少故事都將蜘蛛與美女做連結。

◇蝶術

召喚巨大蝴蝶的術法。據傳是**藤浪由緣之丞**所擅長的操控蝴蝶的**妖術**。脆弱的蝴蝶自古以來被視爲讓人聯想到死亡的生物，輕盈飛舞的樣貌也被認爲是亡者徘徊的靈魂。

◇鼠術

據傳是**美妙水義高**所擅長的召喚

老鼠的**妖術**。可召喚巨大的老鼠阻擋追兵等。

◇怨靈的鼠群召喚術

怨靈也有召喚鼠群的術法。成爲鐵鼠的妖怪**賴豪**能召喚出多達八萬四千隻的老鼠，而遭丈夫伊兵衛背叛的阿澤的怨靈則能從口中吐出無數老鼠，夜夜糾纏伊兵衛的身軀。

（故事出自柳亭種彥撰寫的《近世怪談霜夜星》，阿澤的角色是以《四谷怪談》的阿岩爲原型寫就）

咒具攻擊

◇蠱毒

以毒蟲製作毒物下**詛咒**的邪術。將蜥蜴、**蛇**、蜘蛛、蜈蚣、蠍子、蛙、蟋蟀、螳螂等數十種生物放入狹小的容器內相殺相食，並且把最後殘存的那一隻殺死祭祀，製作毒物詛殺他人。若是下蠱失敗或是法術遭仇敵破解，施法者將遭蠱毒反噬。又稱巫蠱、蠱術。

◇巫蠱

以**咒法**詛咒仇敵。亦指**蠱毒**邪術。

◇起屍鬼法

蠱毒的一種，不使用昆蟲或動物，而是用人類亡靈的術法。可召喚罪犯或殺人者靈魂附身到對手體內。

◇金蠶蠱

蠱毒的一種。以昂貴錦織布餵食的金蠶養蠱。這種蠶具有特別的靈力，一旦養了就很難放手，到最後弄得難以分辨到底是誰在飼養誰。

◇弓射、刀斬

以弓射或用刀斬等手勢威嚇，是驅除**妖怪**或**憑物**的有效方法。例如**蟇目**或**鳴弦**（弦打）等。

◇鳴弦

以手撥彈弓弦，祓除邪氣、怨念、妖怪的**咒法**。又稱弦打或弓弦打。

◇蟇目、蟆目

內部被掏空並鑽有數孔的箭鏃。射出時會因風灌進孔中而發出聲響。據傳這種聲響具有祓除妖魔的靈力。之所以稱爲「蟇目」，是因箭鏑的形狀像蛤蟆的眼睛，亦有一說是由「響目」（日語讀音相同）一詞轉變而來。

◇蟇目神事

使用大型**鏑矢**射箭的驅魔術。蛤蟆因夜間也能捕食昆蟲而被視爲吉祥之物，因此在夜間使用**蟇目**射箭發出類似蛤蟆叫聲的聲響，可驅散妖魔。

◇弓祈禱

以弓進行的**伊邪那岐流咒術**。在行**鳴弦**及**蟇目**發出聲響祓除惡靈之法後，以箭射向映照在裝滿水的盆子裡的太陽倒影。

◇人偶咒術

使用人偶進行的術式。包括以**厭魅**人偶、**稻草人**詛殺人，或以人偶祓除**穢汙**等。

◇芻靈

人偶的一種。在古中國當人死亡時，會以使用草或稻草製成的芻靈人偶殉葬，取代殉死者。

◇踩踏

爲委託者準備**人偶**，寫下仇敵的名字，並以此人偶踩踏仇敵之名。若也準備了象徵仇敵的人偶，則以不動疫神踩踏其頭部、以不動像踩踏其腹部，再將其焚化。

◇紙蝶

藤浪由緣之丞所擅長的**蝶術**。將紙摺成蝴蝶，以扇揮之，紙蝶就會群起攻敵。由緣之丞一結**印**念咒，紙蝶就會變成巨大的蝴蝶攻擊對手。雖然這不是一個能重傷敵人的技法，但被刀揮斬也不痛不癢的紙蝶，能有效消耗敵人的體力。

◇蛋封印

封印法的一種，是透過詛咒使人爲病魔所苦。首先，在蛋上打洞，寫下仇人的名字後埋進土裡。當土裡的蛋腐爛時，詛咒就會使被寫下名字的對象蒙受痛苦。

◇神鞭法

以鞭殺敵的調伏法，爲**摩利支天**的**咒法**。據傳以鞭子在空中寫出**梵文**並以鞭子戳刺，就能消滅仇敵。

◇焚燒莽草

莽草指供奉在佛前的樒（一種香木）。據傳魔物討厭樒的香氣，因此燃燒莽草可消滅**蠱毒**、**飯綱法**等的附身物。據傳茗荷也能有效對抗蠱毒。

施咒

◇漢藥除妖

讓遭妖怪**附身**的人服用中藥以驅除妖怪。據傳有能夠驅離**狐**狸附身的妙藥。

◇詛咒

對神佛祈禱以向對手施咒，據傳一旦施咒，不論對方距離多遠都能發揮效果，但若施咒過程被他人看見，**詛咒**就會失效。

◇咒語

念誦**咒文**向對手施咒。**《古事記》**中就提到了以下**咒法**：將出石川的石頭與鹽混合，以竹葉包裹之，念誦咒文「如此竹葉發青，如此竹葉乾枯，由青而枯」，再將其放進以一節竹子編織的籃中，對方就會受到**詛咒**。

◇厭魅、魘魅

指咒殺。藉破壞象徵詛咒對象的**人偶**攻擊對手的術法。又稱**共感咒術**，有**感染咒術**及**類感咒術**兩種。

◇共感咒術

同**厭魅**。由英國社會學家詹姆斯·弗雷澤（James Frazer）所命名。

◇感染咒術

厭魅的一種。藉由對詛咒對象的頭髮、指甲、血液，穿過的衣物等作法來影響對方。

◇類感咒術

厭魅的一種。藉破壞象徵詛咒對象的**稻草人**或照片等來影響對方。

◇退下，退下

厭魅所用的**咒文**之一。原意是「退下」，但也有「滾開」「去死」的意涵。在和紙中央以筆寫上「體魂」製作**符籙**，接著將左右食指放在體魂兩字上方，念誦詛咒對象的名字及「退下，退下」的咒文一千次。接下來，將注入詛咒之念的**符咒**塞進**稻草人**中，以用桃木製成的箭刺穿包在人偶中的體魂兩字一千次，再度念誦「退下，退下，中此箭退下」。最後將插著沾了鹽的箭的稻草人以躺臥姿勢埋入地下，約百日後**詛咒**便會開始生效。

◇麻賀禮咒言

《古事記》中提及的高木神的**咒文**。「麻賀禮」爲**詛咒**他人「去死」的言靈。

◇丑時參拜

使用**稻草人**對人下咒的儀式。身穿白衣，背上披一反白布，頭戴插有三支蠟燭的五德（三腳鐵環）。將臉和身體塗成紅色，連續七天在丑時（凌晨一～三點）於**神社**的神木或**鳥居**等處將**釘**子打進稻草人身上。第七天的參拜結束時，咒力就會開始發揮效果。儀式期間若是出現躺臥地上的牛，信徒就必須騎到祂身上。京都的貴船神社就因此傳說而聞名。

◇打釘

將釘子打進**詛咒**人偶身上**施咒**。使用釘子的詛咒又稱「咒釘**咒法**」。

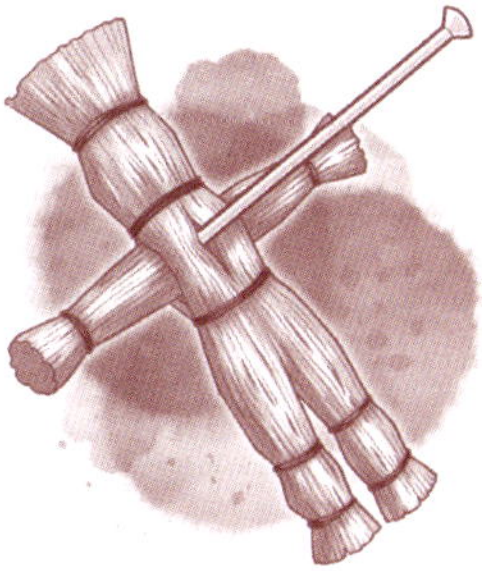

◇刺釘

以**針**刺進**詛咒**人偶身上**施咒**。

◇綿津見的詛咒

《古事記》中提及的海神綿津見的**詛咒**法。念誦咒文「此鉤，淤煩鉤、須須鉤、貧鉤、宇流鉤」，再背著手將釣鉤還給對方，對方就會變窮。這是山幸彥要將釣鉤還給哥哥時，綿津見教他的術法。

◇嚴詛咒

強力**詛咒**仇敵的術法。一旦發動此術，無需出手便能將敵人擊敗。**《日本書紀》**中有天神現身神武天皇夢中，要他「敬祭天神地祇示爲嚴詛咒」的記載。

◇詛咒神事

祈神的**咒術**。有時能將以同樣方法施加的詛咒反射回去。

◇詛咒祭文

伊邪那岐流所傳承的**《伊邪那岐祭文》**中的咒術故事。據說其中所出現的各種**咒術**仍流傳至今。

◇六字經法

祈求六字**明王**咒殺敵人的**咒法**。六字明王是專爲咒術而創造出來的日本佛，故此法也被視為「終極祕法」。為天狐、地狐和**人偶**這三類紙製人偶加持後，以**護摩**焚燒之。又稱六字法。對抗此法的祕法為**六字河臨法**。

◇髑髏咒殺法

以髑髏咒殺對手的術法。取得髑髏後，將芥子油或奶水等混合自己的血液調製成特殊的混合液，並以此液在髑髏上寫下對手的名字或特定的梵文，再念誦**真言**八千次。

◇愛染明王法

愛染**明王**是印度的愛神，但由愛所衍生的嫉妒被視為具有**詛咒**的效果，因此也為咒殺**咒法**所用。

◇軍勝祕咒

南九州的**修驗道**所傳承的咒殺祕法。以獵犬的頭祭神後將之**護摩**燒掉，便能咒殺對手。在**由良騷動**中曾使用此術。

◇飲食詛咒

對食物或茶下咒後讓仇敵食用或飲用，使其因腹痛而臥床，甚至死亡的咒法。據傳解除這項詛咒的方法是以**返還詛咒**破之，施咒者便可能因此身亡。

◇取子箱

島根縣所流傳的一種使用**咒物**對人施咒的咒法。「取子箱」是以諸如將孩童身體的一部分放入箱中等特殊方法製作的箱子，持有這種箱子便能發動**詛咒**。據說目前仍有兩個取子箱留存於世」。

◇連鎖電郵

促使收信人轉發，若不照做就會遭遇不幸的電子郵件**詛咒**。前身為「連鎖信」，即傳說不在限定時間內將同樣內容的信轉發給許多人，就會遭遇不幸的信。曾流行一時。

返還詛咒、解除詛咒

◇返還詛咒

指將**詛咒**或**憑物**反彈回施咒者身上。據傳施咒者可能為自己所下的咒語所折磨，甚至因此喪命。

◇稻草人返還詛咒

將咒語寫在**稻草人**全身，行**加持祈禱**，再以木劍將**釘**子釘進人偶身上。成功的話將能粉碎施咒者的頭。對擺脫狐狸附身等**憑物**也很有效。

◇人偶返還詛咒

製作一個人偶並寫上**梵文**，透過祈禱使靈魂附身其上，接著邊吟唱咒歌邊將人偶放進河裡流走。如此可將**詛咒**返還施咒者。

◇返還詛咒的祕言

將自己所受的詛咒返還對手的**咒文**。就連他人無意間施下的咒都可返還。「咒詛諸毒藥，所欲害身者，念彼觀音力，還著於本人。」

◇咒文、咒詞

向神明祈禱、並利用**言靈**之力的咒語。據傳當自己被下咒時，使用這種術法便可擺脫詛咒。

→關於「咒文、咒詞」的攻擊術，參照20頁

◇裏式

伊邪那岐流的**詛咒返還**術。被下咒時，利用式（**式神**）**調伏詛咒**。

◇吹返還風

「**詛咒返還**術」在**伊邪那岐流**中的說法。

◇不動王生靈返還術

伊邪那岐流傳承的**詛咒返還**術。在念誦意為「倒掛不動王（**不動明王**）召喚**式王子**，對施放惡靈或**詛咒**的敵人灑以血加以咒殺」的法文後，將**釘**打進十二個**御幣人偶**身上。

◇天道血花式

伊邪那岐流傳承的**詛咒返還**法文（**咒文**）。將「南無天道血花崩大神」當作**式王子**（式神）召喚出來，以大神所持的劍斬斷帶來災厄的詛咒。

◇六字河臨法

為對抗**六字經法**而創、專門用於**返還詛咒**的**密宗**祕法。作法與六字經法幾乎相同，唯二的差別是不在陸地而在船上進行，以及人偶不加以焚燒便放入河裡。

◇返還飲食詛咒

被招待以茶碗盛裝的茶水時，將大拇指朝下地泡進茶水中飲用。如果茶水因詛咒而有毒，便會在茶碗中沸騰，如此便不得入口。一旦被拆穿，這**飲食詛咒**就會被返還到對手身上。

◇舔指

以手指**蛇**，可使蛇的**詛咒**失效。

如果誤點到**蛇**，舔該指頭便可解除蛇的詛咒。也有吐唾液於該指、咬齧該指，或請人敲擊該指等方法。

◇切指環

以手指**蛇**使蛇的**詛咒**失效的方法。以拇指及食指扣成環，請他人以指切斷。

◇目擊儀式

當場目擊正在進行的**丑時參拜**等，便能使**詛咒**失效。

捕縛、解縛

◇綁縛

熟練的術者能以**咒力**束縛**憑物**或惡靈的行動（稱爲靈縛法）。另一方面，從諸如爲祈願而以繩子綁住地藏的「**綁縛地藏**」可以看出，「綁縛」也會被用於**祈願**上。

◇禁咒

道教中的**詛咒返還**術的一種。當**道士**受到毒**蛇**攻擊時，可以用念力施展**金縛**之術使蛇無法動彈。此外，據傳也能利用禁咒在被**施咒**時祓除妖魔，或自如地操控刀劍等武器。

◇禁人

以人爲對象的**禁咒**術法。根據《太平廣記》記載，有位擅長金縛術的仙女，名叫徐仙姑。某日她在一座寺廟過夜，當晚一群壞僧侶打算襲擊她，卻似乎被**金縛**所困，個個無法動彈。直到翌日早晨徐仙姑離開寺廟爲止，僧侶們全都動彈不得，甚至不能言語。

◇不動金縛法

利用**不動明王**之力讓對手無法移動的術法。這種法術可以**詛咒**和馴服惡靈或惡鬼。**役小角**在**葛城山**上詛咒**一言主神**也是使用了這種法術。稱爲不動法或金縛法。

◇不動解縛法

解除**不動金縛法**的方法，又稱解縛法。先念誦**眞言**或**陀羅尼**，最後以彈指（彈指頭作響）收尾。同樣的方法也能解除**九字護身法**或**十字切**的咒縛。

◇縛人法

將使用**阿尾奢法**召喚出的靈魂綁在少年少女身上的方法。在靈魂進入身體時，需要念誦**眞言**「惹吽鑁斛」（jah hum van hoh），意思是鉤召（jah）、索引（hum）、鎖縛（van）、遍入（hoh），即以鉤勾住、以索布網、以鎖綁縛、以鈴喚醒。

◇止縛法

在祈禱時緊急束縛不受控的凶暴靈魂的方法。禁止隨意使用。

◇竊盜犯捕縛術

捕捉竊賊或對之降神罰的方法。一日行**禊**三回，持續以火焚燒印有足跡的土壤一週，再將之埋入**神社**境內。

封魔

◇封印術

使用**咒文**、**咒具**、**符咒**等，將惡靈或惡鬼等封印在特定地點的術法。

◇容器封印法

指將惡靈或惡鬼等封進容器內的術法。根據使用的容器而有「**筒封印**」「樽封印」「板封印」等不同的名稱。

◇筒封印

將惡鬼等封進竹筒中的**封印術**之一。將竹筒的側面切出長方形的蓋子，將被附身者吹過氣的**人偶**放進竹筒內，以麻繩捆綁封住。有時也可以使用壺或瓶取代竹筒。筒封印常用於**飯綱法**等儀式中。

◇付喪神封印

用來封印**付喪神**的**驅魔咒語**。由於日本的舊曆年是在立春時改年，因此在立春之前將器物丟棄在小巷裡，可防止器物變成付喪神。

◇詛咒抽離法

伊邪那岐流傳承的**咒法**。找出藏在人體內或土地裡的危險詛咒（**穢汙**），將其召喚出來並封印進「幣」（みてぐら，供奉神明的供物總稱）內，再將之流放到被視為位處日本、唐土（中國）和天竺（印度）交界處的「裾之御社」（すその御社，位於聚落外幾無人煙的山麓斜面的岩石後方）。

驅魔

◇解忤法

咒禁師所使用的術法。可解除侵入體內的魔物或惡鬼等危害，並防止身體被盜賊等惡人所操控。

◇持禁法（退魔）

保護人體不受各種惡鬼入侵的**咒術**。**咒禁師**手持杖或刀念誦**咒文**，便能暫時止住人體內氣的流動。據傳此術不僅能阻止惡鬼和魔物，也能迫使毒蟲、猛獸和盜賊等遠離。

→關於提升「身體能力」的效果，參照59頁

◇追儺

驅逐惡鬼的**陰陽道**儀式。在這儀式中，陰陽師**朗讀**祭文，方相氏（身披熊皮、面戴四眼黃金面具的咒師）手持矛與盾，貴族們則以**桃木**弓射出蘆葦製成的箭。**安倍晴明**曾經主持過這種儀式。當時是在除夕舉行的儀式，到了江戶時代轉移到**節分**舉行，及至現代演變成節分撒豆驅邪的民俗。又稱鬼遣。

◇神供

供奉神明的供品。在**密宗**裡則是一種授與**鬼神**食物、念誦經文、勸導其成佛的修行。

◇祓除妖魔的祕文

據傳感覺周遭似有妖魔潛伏時可念誦這段**咒文**：「天斬，地斬，八方斬，天分八方，地見十字，祕音，一如十十，二如十十，三如十十，四如十十，五如十十，六如十十，斬斷劈離，飛舞四散。」

◇鎮妖神歌

說服妖怪的**神歌**。「歲月流逝，害人荒神，從今爾後，不可作祟。」

◇梓弓神歌

供奉亡靈的**神歌**。「梓弓斬亡靈，受納經文之詞。」若將「亡靈」兩字替換爲「生靈」，則可用於驅除生靈。

◇天狗神歌

借**天狗**之力驅離妖魔的**神歌**。「戶山狂風大起，將來犯惡魔吹得無法動彈，逐回原地。」

◇千手觀音法

借千手觀音之力驅魔的**咒法**。千手觀音又稱「大蓮華王」，千手、千眼皆象徵救贖眾生的慈悲心。千手觀音**眞言**爲「**唵縛日羅達摩紇哩**」。

◇葉衣觀音鎮宅法

以祈禱鎮壓古屋中的靈異現象等異象的**咒法**。

◇拔刺地藏

東京高岩寺的地藏。據傳一位體弱多病的女性在進行將一萬尊地藏畫像放水流的「川施餓鬼」儀式時，這位地藏在她的夢中顯現，爲她驅散了枕邊妖魔。

◇管鼠驅魔法

若捕獲**管鼠**，將其屍體焙黑放置家中，能化解災厄，並有**驅魔**之效。

◇貧乏神的喪禮

江戶時代一種將窮神請離家中的儀式。據傳在除夕製造三座像，連同供品一同放入河裡流走，便可將窮神送走。

◇投擲《易經》

古中國有一則以占卜書《易經》擊退妖魔的軼事。很久以前，一名男子遭怪物襲擊，他將手邊的《易經》朝之投去，怪物竟然變成紙人。翌日，他聽到一位術者死了三個孩子的消息。原來，這位術者對這名男子懷恨在心，便**剪紙成兵**，將自己孩子靈魂注入紙人中攻擊他。然而，由於他投擲《易經》消滅了怪物，孩子們的靈魂便無法回歸身體。

◇驅除妖怪的方法

有些妖怪在被呼喚名字時會離去。感覺到周遭有妖怪嗚汪潛伏時說「嗚汪」，如廁時遇到加牟波理入道說「加牟波理入道時鳥」，他們就會消失。

◇回應鹿島零子的方法

當被都市傳說中名叫鹿島零子（カシマさん）的靈魂要求「伸出手來」時，可以回答「我正在用手」；被要求「伸出腳來」時，可以回應「我現在需要腳」；被問到「是誰告訴你的」時，可以回答「假是假面的假（カ），死是死人的死（シ），魔是惡魔的魔（マ）」，便可將之驅離。

◇驅離鐮刀婆婆的方法

當都市傳說中有名的手持鐮刀的怪物鐮刀婆婆叩叩叩地敲著你家門時，據傳只要連說三次「鐮刀婆婆」她就會離去。

驅除、附身物

◇憑物、驅除憑物

附身於人體且難以驅離的邪惡靈體，包括**生靈**、亡靈、**怨靈**、動物靈等。可以**咒術**將憑物附身於人，或將附身於人的憑物驅除。

◇送神

避免已封印的**憑物**再肆虐，對其說之以理再送往適當場所的儀式。

◇邪氣加持

與神佛同化，借其力將憑靈驅除。例如以**金剛杵**逐一按壓被附身者雙腳的大拇指至小指的儀式等。據傳如此能讓憑物從男性的右腳小指、女性的左腳小指逃出身軀。

◇六齋念佛

用於驅除**狐**憑等**憑物**的舞蹈之術。

◇驅魔念珠

以念珠驅除**憑物**的術法。將念珠纏上被附身者手上，再一股作氣祓除。爲日蓮宗傳承的祈禱法。

◇舔米字

遭**猿**神附身時會感到飢餓或頭暈，在手上寫上「米」字並舔一舔就會痊癒。

◇吉田神社的特殊祈禱

以祕傳的特殊祈禱驅除**憑物**的**神社**。在被譽爲「最高最後的祈禱所」的大元宮裡進行。

◇眞劍祈禱法

作勢揮**刀**劈砍以驅除**憑物**的術法。

◇送貓咒法

若感覺有**貓**靈**作祟**，在板上寫上「貓」字立於**十字路口**，便會離去。

◇驅狐咒法①（標準除靈法）

驅除**狐憑**的**密宗**最高階**加持祈禱**。又稱**野狐**加持法。

◇驅狐咒法②（射祓）

令遭**狐憑**附身者躺在靶與弓座之間放箭的術法。能將**憑物**嚇跑。

◇驅狐咒法③（扔到十字路口）

在遭**狐憑**附身者背上寫三次「**犬**」字，再使勁拍打背部，就能將**憑物**打下來。把掉下來的狐靈扔到十字路口，或放入竹筒或壺等**咒具**中埋入十字路口地下。

◇驅狐咒法④（唱咒歌）

各種用於擊退**憑物**的咒歌。「即便是狐，若不明理，便不如狐，望汝成真狐。」此外，朗讀**狐憑**畏懼的**《百人一首》**，也是將之驅離的方法之一。

◇驅狐咒法⑤（張貼咒歌）

將咒歌「夏日之狐兮，猶如炎暑聲高鳴唱之蟬蛻其殼，各宜著適合己身之唐裝也。」寫在紙上並貼在房間裡。傳說將「**狐**」字拆開來寫，便可使狐憑逃走。

◇驅狐咒法⑥（放進河裡流走）

戴上斗笠浸入河裡。**狐**因畏水會往遭附身者的身軀上方爬，此時全身潛入水中，迅速摘下頭上的斗笠拋入水裡，無處可逃的狐憑便會隨斗笠一起流走。

◇驅狐咒法⑦（針灸）

針灸遭**狐憑**附身者特定穴位的**咒法**。在盛酒容器「枡」中燃燒艾草，也有與針灸相同的效果。

◇驅狐咒法⑧（穿源爲朝的草鞋）

穿上武將源爲朝的**草鞋**走入遭到**狐憑**附身者家中，狐憑會高聲驚叫「有可怕的東西進來了！」而逃離。

◇驅狐咒法⑨（以豆皮引誘）

利用**狐**靈愛吃的豆皮等供品將之

誘出，並以**咒術**將其封印於竹筒等容器內，放入河中隨水流走，或棄之於**十字路口**。

◇驅狐咒法⑩（刺陰針）

以陰針（兩種長短不同的鐵針，分別稱：男針和女針）刺入腳底特定穴位驅離**憑物**的**咒法**。

◇令狐憑附於敵身的咒法

於深山中以紅豆飯爲供品向惡狐祈禱。若祈禱生效供品便會消失，要不了多久，對方就會遭**狐**附身。

祓除穢汙（神道、陰陽道）

◇祓

①將身心的穢汙與罪惡依附到**禊**或**形代**上，將之排除、淨化的神道儀式。「祓＝拂」音義皆相近。源自日本神話中**素戔嗚尊**因犯罪而被逐出**高天原**的故事。例如夏越祓等。

②**陰陽師**所行的儀式，又稱「祓除」。將委託者的穢汙依附到人偶或衣服等**撫物**上，將其放入河川等處流走。

◇穢汙

被視爲災厄原因的事物，包括死亡、罪惡、**詛咒**等。日語中「穢（けがれ）＝気枯れ（けがれ）」音義皆相近。其中「氣」指的是生命力，古代人相信當氣枯竭時，就需舉行祭祀與神明交流，以恢復生命力。

◇觸穢

相信接觸到沾染**穢汙**的人或物品，穢汙便會轉移到自己身上的信仰。

◇禊

在海或河裡淨身，以水沖走**穢汙**的儀式。**神社**的手水就是禊簡化的形式。源自日本神話中**伊邪那岐**在河裡洗淨於**黃泉國**沾染的穢汙故事。

◇禊祓、禊拂

祓與**禊**合併而成的詞彙，義同祓，又稱修祓。指對抗**穢汙**的術式。

◇祓詞、大祓詞

「祓詞」爲與神對話所用的**咒文**，進行神事之前均需念誦。至於大祓詞，又稱中臣祓，則是在大祓式（清除**穢汙**或罪的神事）中念誦的咒文。

◇中臣祓

大祓詞的別稱。

◇三種祓詞、三種大祓

指祓除自己或他人的**穢汙**的三種**咒文**，分別是「吐普加身依身多女」「寒言神尊利根陀見」「波羅伊玉意喜余目出玉」。有時僅念誦「**吐普加身依身多女，祓除不潔，清淨一切**」一句。

◇一二三神歌

由據信能趨吉避凶的四十七個音節組成的**咒文**，據傳是**天照大神**躲藏在天岩戶時，天鈿女命邊舞邊唱的神歌。「人含道善命報名親，子倫元因心顯煉忍，君主豐位臣私盜勿，男田畠耘女蠶續織，家饒榮理宜照法守，進惡攻撰欲我刪。」

◇清祓

陰陽師所行的一種**祓**，以稱爲**祓串**的細長木棍貼上紙製的**御幣**插在家中，能在一定的時間內產生祓除的效果。

◇七瀨祓

陰陽師所行的一種**祓**，通常在河川或池塘等與水有關的七種場所進行。由天皇朝**人偶**或**撫物**吹氣將**穢汙**轉移其上，再放進水中流走。

◇河臨祓

陰陽師所行的一種**祓**，是在河川或池塘等水邊進行的儀式。將**穢汙**轉移到**人偶**上，並念誦咒文「南斗北斗三台玉女，左青龍，右白虎，前朱雀，後玄武，前後翼輔，急急如律令」，再將人偶放入水中流走。有時也與**七瀨祓**同時進行。

◇打播

陰陽師以撒穀物祓除**穢汙**的**咒法**。

◇伊勢流祓

伊勢神宮所舉行的一種**祓**。伊勢神宮主要負責爲國家或地區等公共性質的單位**祓除穢汙**，但在爲一般人祓除穢汙時，會採用稱爲伊勢流的儀式。

◇大麻奉祀氏

使用**神道**系的**神宮大麻**（御祓大麻）**祓除穢汙**的方法。伊勢神宮的神札（一種護身符），具有淨化不潔的效果。

◇鳥船

神道的一種**禊**。鳥船是神明所乘的船，配合呼喊聲做出划船的動作，有強心健體之效。

◇流離

轉移穢汙後放進河裡或海裡流走的雛人偶。雛祭原本是爲祓除穢汙舉行的除厄儀式，源自將罪孽或穢汙轉移到人偶上，再將其放進河裡等流走的儀式。又稱雛流或雛送。

祓除穢汙（呼吸法）

◇伊吹、息吹

古神道所傳承的**咒術**呼吸法。雙手使勁地在胸口中央合十，豎起兩根拇指貼近胸口。以口短促吐氣，再以鼻深吸氣，將**氣**注入**丹田**。再由口將聚積丹田的氣緩緩吐出，吐完再以鼻吸氣、以口吐氣。第三次，邊發出「呼呼呼」的聲音邊吐出全身的氣。反覆此循環，使全身充滿氣。忍者也有稱爲「二重伊吹」的呼吸法。

→忍者所用的「息吹」，參照76頁

◇伊吹法、息吹法

古神道所傳承的**咒法**。以吹氣祓除罪孽或**穢汙**、疾病或邪氣等。據傳源自**伊邪那岐**將狹霧吹走的神話。

◇氣吹流放

神道中一位名爲氣吹戶主的戰神，將匯自全世界的**穢汙**送往**黃泉國**時所使用的**咒法**。

◇伊吹法祓除

用**伊吹法**祓除邪氣的祕傳法。念誦三次**咒文**「神之息即爲我之息，我之息即爲神之息。以神之息吹之，不生穢汙，不留殘穢。阿那清明，阿那清明」，再使勁朝被魔物附身的人肩上吹氣。如此邪氣將被祓除，善氣得以引入。

祓除穢汙（其他）

◇吹加持祕法

以吹氣祓除**穢汙**、惡靈、病魔等的**咒法**。

◇燒卻、焚毀

將穢物投入火中祓除**穢汙**的行爲，有將妄想及依戀燒盡的淨化效果。有時候也會因**詛咒**而需火燒焚毀。

◇祓除邪氣的祕咒

祓除邪氣或妖氣的**咒文**。念誦三

次「神火晴明，神水晴明，神風晴明」。

◇撒鹽、鹽切

驅魔的**咒法**。感覺周遭有邪氣時，朝周圍或自己身上撒鹽。據傳是用海水進行**祓禊**的簡化版。

◇褪除撫物

將穿在身上的物品所沾染的**穢汙**之物擦拭掉，以此**咒語**來擺脫厄運。有時也會以將**梳子**、手帕、錢幣等物品悄悄丟棄在路口或村莊邊界的方式除厄。人們相信，如果隨意撿拾這些東西，將會受到被丟棄者的厄運傳染。

◇緣切

兒童的遊戲，觸碰到不潔的東西時口唸「緣喀嚓」，將食指與中指交叉，後退三步再吐口水的魔咒。

擺脫惡夢

◇惡夢

不吉祥、可怕的夢。自古夢就被視爲連結神佛、靈體和人間界的通道。將夢的內容視爲來自超自然存在的宣言並試圖解讀涵義，就稱爲**占夢**。

◇厭夢

不吉祥、可怕的夢。同**惡夢**、夢魔。

◇金縛

有意識但身體無法動彈的狀態。由**密宗**的**不動明王**的**不動金縛法**轉變而來。

◇祓除惡夢

方法有兩種，可念誦將惡夢轉爲吉夢的咒文或咒歌的「**岔夢**」，或將惡夢放進河裡流走的「**流夢**」。

◇岔夢

做惡夢後，爲避免夢境成眞而念誦**咒文**「惡夢著草木，吉夢成寶王」的**咒法**。

◇流夢

做**惡夢**後，早起到河邊念誦回向文「長夜已盡，深眠者皆醒，悠美音聲如行船破浪」，便能使惡夢失效的**魔咒**。由於人們相信河川通往大海，大海通往冥界，因此將**穢汙**或惡夢放進河裡流走，等同將其送往冥界。

◇三呼鬼神之名

做**惡夢**後，於早晨念誦三次帶來惡夢的**鬼神**之名「臨月天光」。據說一旦眞面目被揭穿，這位鬼神就會將惡夢轉爲吉夢。爲**岔夢**的一種。

◇餵貘吃掉惡夢

貘是吃夢的妖怪。做**惡夢**之後，於早晨朝東方唸三次**魔咒**「請貘吃掉」，就可使其變無害。之所以朝東方，是因人們相信日出的方位有驅魔之力。

◇眠臥作法

以右腋朝下側臥、雙腳交疊等姿勢睡眠，能避免受**厭夢**侵襲。

除魔、解厄

◇除魔、驅魔

爲了防止魔物或惡鬼入侵，事先採取迴避或是設置**結界**等事前對策的**咒法**。

◇避諱用字

被視爲禁忌的詞彙。爲避免**言靈**的**咒力**產生作用招來不祥之事，而忌諱使用的詞。例如在婚禮上會避免說「分離」等。

◇明言

直話直說。在**神道**中被視爲禁忌，不應恣意發表言論。**日本武尊**就是在伊吹山失言，因此遭到神的詛咒而死。

◇生祭

爲防止災害發生，而犧牲動物或人類的生命爲代償祭神的**咒術**。例如爲了防止洪水而將人活埋在橋墩中作爲人柱。

◇方位禁忌

爲了避開禁忌的方位「凶方」而隱居家中。凶方指**大將軍**、**金神**等主宰各方位的**方位神**所在的方位。金神所在的方位尤其受忌諱，據說若有侵犯可能造成七人死亡。由於方位神並非總是待在同樣的地方，因此需要擅長方位術的**陰陽師**以占卜確認方位神所在的位置與應迴避的方位。

◇避凶方

避開禁忌的「凶方」前往目的地的術法。根據**陰陽道**的信仰，如果非得朝凶方前進，離家後應先前往一個方位不同於凶方的地點住宿一晚，翌日再朝不同的方向前往目的地。

◇物忌

做了惡夢或占卜結果顯示將遭逢凶事時，在一段時間內盡量避免外出的**咒法**。這種時候應在柳枝或紙上寫下「物忌」綁在骨碎補（日本俗稱忍草）莖上，再插在帽子、頭髮或御簾上。

◇鎮宅靈符神法

召喚七十二位**鎮宅靈符神**來消災解厄的**驅魔咒法**。使用源自**道教**，具有消災等各種效果的七十二種**靈符**。

◇金神除祈願

迴避招致戰爭或疫病的**金神**降災的**咒法**。

◇⿰扌⿱合辛抬⿰扌⿱合辛抱護符

據傳佩戴神的**護符**能避免意外發生。傳說⿰扌⿱合辛抬⿰扌⿱合辛抱（發音 sa mu ha ra）是孔子的弟子曹子（曹卹）所信仰的生命守護神。

◇送蟲

將害蟲驅逐到村外的**咒術**儀式。**人偶咒術**。又稱趕蟲、蟲祈禱、百萬遍。

◇籠目、九字

佩戴在身上便能獲得咒力的**驅魔**記號。籠目是**安倍晴明**的**五芒星**，九字則是**蘆屋道滿**的格子圖案。

籠目

九字

◇撒香辟邪

一種**驅魔**的**魔咒**。感覺有邪氣時，在自己周遭撒**香**粉。

◇雅樂

具有祓除妖魔或召喚神明之力的**咒術**音樂。據傳雅樂的起源是天鈿女命爲召回藏身天岩戶的**天照大神**，而手持繫鈴之矛跳舞。

◇桑原桑原

避雷的**咒文**。桑原爲日本雷神**菅原道眞**的出生地。由於雷的語源是「神鳴」，被視爲神的怒意，因此遇雷鳴時念誦「桑原桑原」，意味著「這裡是天神誕生之地，請勿落雷」。

◇唵縛日羅達摩紇哩

千手觀音的**眞言**，梵文發音「om vajra dharma hrīḥ」。據傳女性獨自行走時念誦此眞言，便不會遭潛伏在陰暗處的妖魔侵擾。

◇枕神的咒歌

據傳念誦「吾之枕頭之神，夜深矣。若有來擾之人，敢請喚醒我」三次後再入睡，便可避免旅途中因爲睡著遭竊。

◇瞪視

以**咒力**瞪視。古來人們就相信視線帶有靈力，尤其認爲優秀的人眼中宿有強大的靈力。據傳瞪視能**驅魔**，甚至能戰勝強大的**詛咒**或**邪眼**。歌舞伎演員**市川團十郎**的見得（歌舞伎的一種演技。當演出達到最高潮時，演員做出一個瞬間靜止的姿勢，例如轉動頭部或將兩眼往中間移等動作。）或平清盛以瞪視驅離骷髏惡鬼的故事，都是知名的例子。

◇呼喚名字

感覺周遭有妖怪或惡鬼潛伏時，正確地喊出他們的名字是一種有效的手段。據傳害怕名字被知道的鬼怪就會不敢放肆而離去。有些妖魔甚至在被識破身分後會解除心防，經動之以理、提出解決之道後，便告消失。

◇眞名

實名。如同有些妖魔僅是被叫出名字就會逃離，在中國和日本均有避免直呼實名的風俗習慣。

◇吐口水

唾液自古便被認爲具有**咒力**。如果感到肩膀沉重，朝左肩方向吐三次口水，負重感就會消失。

◇撒鹽或米

在**驅魔**的**魔咒**中，鹽或米被視爲具有淨化的**咒力**。**《源氏物語》**中便記述了孕婦分娩時撒米的場景。

◇吊掛目籠

目籠是由竹子等編成格子狀的籠子。妖魔或惡靈討厭被瞪視，因此認爲看似許多「眼」的目籠縫隙具有**驅魔**的效果。據傳在竹竿前端吊掛目籠與柊枝後，掛在玄關、門口或屋簷下，便可使一眼**鬼**等妖怪感到不快而逃離。也有一說，目籠的縫隙狀似**五芒星**，讓鬼怪聯想起**安倍晴明**而感到畏懼。

◇吊蒜頭

懸掛被認爲具有**咒力**的大蒜等植物的**魔咒**。**桃核**、生薑、韭菜、蔥、芹菜、菖蒲、艾草、繡球花、辣椒、冬青等也有類似效果。

◇藏起大拇指

將大拇指握進手掌裡的**驅魔魔咒**。源自「妖魔會從拇指尖侵入」的俗信。「看到靈車就握住大拇指藏起來」也是這種**忌諱**的體現。

◇比手作狐

藉助狐靈的強大靈力**驅魔**。將拇指、中指和無名緊扣成**狐**形並念誦「退！」妖魔的氣息便會消散。

◇繞著貓遺骸轉

貓被視爲具有魔性的可怕生物。因此在**貓**死亡時，應吐三次口水並繞著其遺骸轉三圈，以防止其變成妖貓。

◇以鍋底黑灰塗抹額頭

將鍋底的黑灰塗抹在嬰兒額頭的**驅魔魔咒**。據傳這可被用來象徵火神或**灶神**的庇護。

◇做鬼臉

驅魔的魔咒。露出有驅魔效果的紅色的舌頭或眼皮內側的術法。

驅除惡靈、妖怪

◇迴避百鬼夜行的祕咒

迴避以百鬼夜行爲首的各種妖怪或**鬼神**的祕密**眞言**。「東海之神，名爲阿明，西海之神，名爲祝良，南海之神，名爲巨乘，北海之神，名爲禺強，四海之大神，迴避百鬼，消散凶災。急急如律令。」

◇夜行夜途中歌

驅魔的**咒文**。根據《拾芥抄》記載，念誦「カタシハヤ、エカセニクリニ、タメルサケ、テエヒ、アシエヒ、ワレシコニケリ」（katashihaya ekasenikurini tamerusake、teehi、asiehi、wareshikonikeri）這三十一個字，便可以避開百鬼夜行的災難。

◇節分

於二月三日撒豆子祓除惡鬼或邪氣、祈求健康平安的儀式。起源爲**追儺**，做法是邊念誦「鬼出去，福進來」邊撒豆子。使用豆子的原因，一說是豆子（mame）發音與「魔滅」（mametsu）相近。有些地區認爲將豆子撒在**岔路**或**十字路**口能辟邪。還有些地區會用同自己年齡數目的硬幣代替豆子，或是拋火吹竹或炒過的石子。

◇念誦《法華經》驅魔

據傳念誦《法華經》中的「念彼觀音力、眾怨悉退散」三次，便能阻止妖魔接近。

◇轉讀《大般若經》

念誦「降伏一切大魔勝成就」並在數秒間右、左、前地轉讀《大般若經》，便能阻止妖魔接近。

◇辟鬼術

道教用來避開幽靈或妖怪的**咒術**。

◇妖狐禁文

向**妖狐**等宣告「恣意妄爲者，殺無赦」的禁止作祟文。

◇防止鼠靈作祟的咒文

看到老鼠的屍體時念誦「鼠、鼠、此非我目，乃深山猿猴之目爾」，以避免被**鼠靈**附身的**魔咒**。

◇驅除河童的咒歌

據說唱出以下咒歌，便能將**河童**嚇跑：「兵主部啊，不可忘約，擅長游泳之男，即**菅原道眞**公之後也。」兵主部是九州地方對河童的稱呼。

◇驅除河童的魔咒

初次洗滌嬰兒尿布時使用的**魔咒**。朝河裡撒鹽和米，再舀起河水放入鍋中攪拌，便可防止**河童**侵擾。

◇驅除尾先的魔咒

據傳屏住呼吸並緊繃腋下，就能

防止**尾先**（一種靈狐）**附身**。據信尾先是從人的腋下進入人體的。

◇驅除犬神的魔咒

據傳**犬神**會從左腳大拇指進入人體。被絆倒時立刻扭一下左腳的大拇指，就能防止被犬神附身。

◇驅犬的魔咒

據傳快被**狗**咬時，邊念誦「戌亥子丑寅」邊將左手依序從大拇指逐一彎到小指握成拳，接著唱出「吾乃虎也，豈懼犬耶，獅之啃咬亦無所畏。」並朝狗伸出拳頭，就能把狗嚇跑。

◇驅除蛇神的咒文

據傳看到死**蛇**時，邊念誦**咒文**「蛇神速離，汝我非親子也。」邊通過，便可避免遭蛇神附身。

◇蕨的咒歌

驅除**蛇**的**咒文**。唱出「午睡於天竺之茅草間，或忘卻蕨恩乎？阿毘羅吽欠娑婆訶」這首咒歌便可驅蛇。其由來是蛇在午睡時遭茅草纏身無法動彈。所幸這裡長出的蕨草撐出缺口才得以脫身。蕨對蛇有恩，因此驅蛇的咒歌中經常提及「蕨恩」。

◇制服蛇的咒文

念誦**咒文**「天迷迷，地迷迷，吾不識時；天濛濛，地濛濛，吾不識蹤，左成渾鹿鳥。」並踏一步，再念誦「右成鳥鶵三」後踏兩步，最後唸出「吾乃大鵬、千年萬年王」，便可制服蛇。

最強咒術、萬能術式

◇步嚕唵

梵文「bhrūṃ」意指萬能且無敵的。僅需唸出這一字**眞言**並結**印**，就能使步嚕唵以外的其他眞言失效，調伏仇敵、**鬼神**、龍、**夜叉**、**阿修羅**等一切威脅。

◇一字金輪法

使用**梵文**步嚕唵的萬能**咒法**。一字指「步嚕唵」，金輪指「最優越的王」，而步嚕唵的手**印**稱爲一字金輪印。啓動此術即可使五百由旬（約三千五百公里）內的所有咒術失效，又稱五百由旬斷壞法。

◇聖天法

後醍醐天皇施行的，具有強大**咒力**的最極祕法。同**聖天供**、**一字金輪法**。

◇佛眼佛母法

唯一能對抗**一字金輪法**的**咒法**。

密宗裡一字金輪和佛眼佛母猶如一對父母的關係，因此唯一可能緩和一字金輪威力的，就是佛眼佛母法。又稱佛眼法。**眞言**爲「唵／沒馱羅佳尼／娑婆訶」（oṃ buddha-locani svāhā）。

◇唵阿毘羅吽欠

大日如來的**眞言**「唵／阿／毘／羅／吽／欠／娑婆訶」（oṃ a vi ra hūṃ khaṃ svāhā），具有成就一切願望的力量。

◇一切消災咒

念誦被稱爲「消災咒」的強大**陀羅尼**，消滅所有災厄的**咒法**。與**步嚕唵**同爲最強的調伏**咒文**。合掌後做一次深呼吸，只需念誦一次即可。

◇孔雀明王法

密宗裡中被視爲最大奧義的孔雀**咒法**。**役小角**亦體悟此術。施行這個咒法的術者能受**夜叉**或鬼類的庇護，成爲精通自在飛翔等各種術法的超凡**咒術**師。孔雀明王是將吞食毒蛇的孔雀神格化的神明。

◇光明眞言

據傳念誦便可袚除各種災厄、罪孽的**眞言**。

◇大元帥法

密宗所傳承的最強調伏法。祭祀呈憤怒相的佛大元帥明王，可毫不留情地擊敗一切敵人與災厄。這是一種僅可在宮內使用、被視爲國家機密的祕術，需要擺放刀箭各百，曾用於調伏**平將門**之亂與元寇入侵。又稱大元帥明王法。

◇地藏菩薩大慈大悲眞言法

念誦**眞言**「唵／訶訶訶／尾娑摩

曳／娑婆訶」（om hahaha vismaye svāhā）。以地藏菩薩的深厚慈悲抹消一切惡行與罪孽，一筆勾消所有罪行的**咒法**。

◇五壇法

設置**五大明王**的**護摩壇**所行的最強**護摩**法，又稱五大明王法。

◇熾盛光法

免除一切災難的護國大**咒法**。這是爲天皇施行的咒法，「熾盛光」代表以宇宙爲軀體的佛頂熾盛光如來。以北極星（**北辰**）爲中心的日月星辰的所有光芒，封印所有邪惡鬼或邪氣。

◇五段祈禱法

以**陰陽五行**說爲基礎的**陰陽道**系祈禱法。有成就各種祈願之效。

逆轉咒法

◇逆轉、顛倒

將通常的排列做左右、上下顛倒，或將順序前後顛倒進行的**咒法**。**步嚕唵**原有息災之效，但倒過來寫則能收調伏之效。據傳**陀羅尼**的**眞言**倒過來念誦，也會變成與調伏相關。

◇倒讀《般若波羅密多心經》

經文能讓妖怪感到不快。據傳將《**般若波羅密多心經**》倒過來唸，便成爲驅魔心經。

◇倒掛咒法

倒掛神佛畫像進行的調伏法。

◇倒穿衣物

一種祓除死亡**穢汙**、供養亡者的習俗。包括爲往生者著衣時，將衣襟左側朝上、足袋左右顛倒穿、繫腰帶時縱向綁結、**枕頭朝北**擺放等。由於冥界與現世相反，因此有一說認爲將一切倒過來有助於讓往生者在冥界活得更舒適。至於仍在世者如此倒穿衣物，則被視爲不吉。

◇枕頭朝北

指頭部朝北躺臥，爲倒穿衣物的一環。源自佛陀涅槃時頭朝北、臉朝西的姿勢，因此風水上認爲枕頭朝北擺放代表吉祥，是日本特有的風俗。

◇顛倒埋葬封印死靈

防止懷著怨念死亡者的靈魂作祟

的**魔咒**。將屍體頭朝下埋葬、俯臥代替仰躺、將喪服倒穿等，將一切反過來做，以封印亡靈。

◇逆箒

將**掃帚**當作**咒具**使用的習俗。有人認爲掃帚可以祓除邪氣，因此倒過來放能將遲遲不走的訪客掃地出門。

◇倒插髮簪

相傳藝伎若將髮簪倒過來插，能早點請走討厭的客人。

◇逆柱

上下倒立的柱子，一般被視爲不吉，但在栃木縣祭祀德川家康的日光東照宮裡有一支逆柱，據傳是爲了**驅邪**而倒立的。此外，也有一說認爲由於「完成的東西接下來會毀壞」，因此刻意不把某些部分完成。

◇逆札

京都傳統習俗。據傳將寫有安土桃山時代的大盜**石川五右衛門**行刑的「十二月十二日」的御札（神符）上下顚倒貼在玄關，每年一到十二月十二日就更新，具有防盜的效果。

第二章

防禦技巧、守備力的參考

「恢復、復活、輔助術式」

解放體能

◇氣

創造萬物的生命力根源。此觀念源自中國，在印度稱爲般納（prāṇa，又名普拉納或般尼克）。

◇經絡

氣在人體中流動的通道。大通道稱爲經（通道、經脈），小通道稱爲絡（網狀的脈絡）。**風水**學認爲大地也像人體一樣有經絡延伸，將大地的經絡稱爲「**龍脈**」。

◇經穴

即人體**經絡**上的要衝，全身共有三百六十五處，又稱穴位。爲人體的要害處，也是診斷與治療的重點部位。

◇點穴

刺戳**經穴**阻止**經絡**循環的技術。通常用於攻擊、止血，或防止毒素擴散。有時也被用來封鎖身體功能導致死亡。明清時期流傳的《小五義》等武俠小說中經常被提及。又稱閉血法。

◇脈輪

人體七個主要生命能量（**氣**）的集結點。源自梵文Cakra，意爲「車輪」，指這些點如車輪般轉動不息，維持體內與外界能量的交換與循環。脈輪被視爲爲供人超越肉身成佛所開的窗口，又稱凝集輪。下圖爲七個主要脈輪的位置。

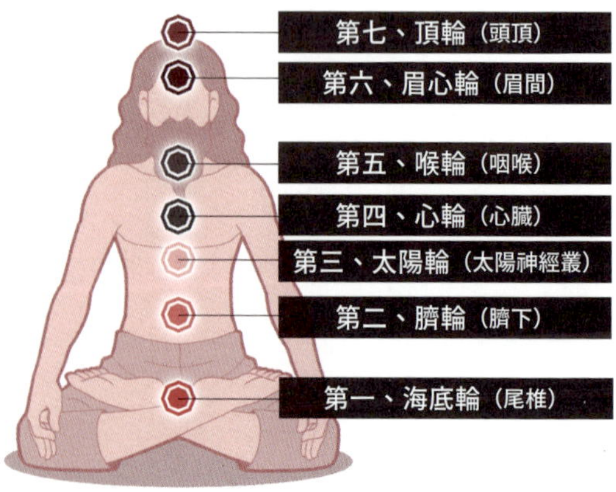

◇內丹法

道教中成仙需修煉的術法。藉冥想與呼吸練氣並煉成**丹藥**，以求長生不老之術。

◇內丹

藉**內丹法**由體內生成的藥物。

◇丹田

道教視爲人體中心的部位。有上丹田（頭部）、中丹田（心臟）、下丹田（臍下）三處。

◇內氣

道教的呼吸法。因相信**氣**這種生命的根源是從體內產生，不以口鼻，而是改採胎兒出生前在母體內的方式，稱**胎息法**呼吸。

◇外氣

道教的呼吸法。與**內息**相反，以口鼻呼吸，並須遵循如「鼻吸口吐」「吸氣後屏息，任**氣**於體內循環，再緩緩吐出濁氣」等規則，即導引法呼吸。

◇胎息法

道教所傳承的呼吸法，將**內氣**蓄積體內不外洩。爲成仙必修的術法之一。

◇服氣

行**胎息法**時第一個使用的呼吸方式。以**外氣**調整呼吸後閉合口鼻，鎖住自體內向外排出的**內氣**，並將之導至**丹田**。

◇行氣

將以**服氣**蓄積在**丹田**的**內氣**運至特定部位。

◇練氣

將以**服氣**蓄積在**丹田**的**內氣**運至全身，通體循環。

◇導引法

道教所傳承的體操術。藉彎曲和伸展身體促進血液循環，使體內的**氣**流暢循環，達到長生不老之效。行導引法時須以**外氣**呼吸。爲成仙必須掌握的技術之一。

◇八段錦導引法

導引法的一種，由**仙人呂洞賓**所授，包括以下八個步驟：

①寧神靜坐
②扣齒集神
③微擺天柱
④舌攪吞咽
⑤手摩精門
⑥左右轆轤
⑦托天按頂
⑧托按攀足

◇禹步

傳說夏王大禹的**道教**步法。具**驅邪**淨化之效，有時會在某些儀式前作爲準備動作進行。依照以下步驟，一步一步地走出北斗七星的排列形狀：

①兩腳並攏立正，先舉左腳，再舉右腳，接著左右兩腳併攏停步。

②先舉右腳、再舉左腳，接著右左兩腳併攏停步。

③反覆以上步驟。禹步也傳入日本，爲**陰陽道**或**修驗道**所採用。

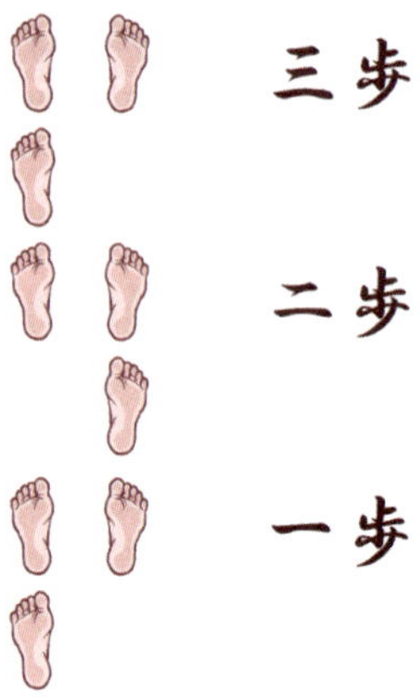

◇反閇

陰陽道的步行術，是從**禹步**衍生而來。在天皇或貴族外出時，以反閇（閉的古字）步行將邪氣踩實，以祈一路平安。

◇深草兔步

忍者的步法之一。彎低身子，腳掌踩在手背上行走。以這種方式步行最不會發出聲響，而且由於採低姿勢，遭到斬擊時也容易防禦。

◇腳法十條

忍者須習得的十種步法：拔足法、擦足法、締足法、跳足法、片足法、大足法、小足法、刻足法、走足法、常足法。載於《正忍記》。

◇拔足差足忍足

步行時不發出腳步聲的**忍者**步法。「拔足」是看似拔起腳的步法，是腳法十條中的一種；「差足」是悄悄地伸出腳的步法，兩者合稱「忍足」。其中訣竅是從小指輕輕把腳放下。

◇力抵

呼吸變急促時，將厚重的和紙夾在臼齒之間，可防吐出的氣息外洩。

◇千里善走法

伊賀流**忍者**的奔跑法。據傳使用**二重息吹**呼吸，便可維持體力長跑千里。

◇四股踏

相撲的基本動作。將大地踩實以

祓除地中邪氣，爲源自平安時代**陰陽師**的**反閇**的力士踏步動作。四股踏步驟如下：

①開張雙腿，雙手按住膝蓋，腰部下蹲。

②將體重移到一條腿上。

③將承載體重的腿伸直，高高抬起另一條腿並靜止不動。

④放下抬起的腿，雙手按住膝蓋，腰部下蹲。

⑤左右輪流重複做此動作。

◇邪眼、邪視

帶惡意的**瞪視**。自古眼神就被認爲具有靈力，被瞪視會帶來各種災厄。若遭邪眼瞪視，只要回瞪對方就能將詛咒返還。此外，據傳**憑物****牛蒡種**也具有邪眼般的咒力，遭牛蒡種附身者瞪視，身體會疼痛，植物也會腐爛。

◇持禁法（身體能力）

咒禁師所使用的**道教**系**咒術**，亦可用於防身。能使身體變得堅硬，不爲火、刀、沸水等所傷。

→關於「退魔」效果，參照38頁

◇探湯

修驗道的術法。念誦**眞言**或結**印**，即使將手放進鍋中沸水或遭沸水潑身，均能毫髮無傷。

◇明目法

在黑暗中也能像白天一樣看得清楚的**道教**術法。據傳以「持續食用楮實子一年」或「持續服用地黃八年」等方法，便可修得明目法。

◇服餌

爲了成仙服用特殊藥物改造肉身的方法。這些藥物包括**金丹**等**道教**的特殊藥，以及流傳至今的中藥等，通常分爲上藥（君藥）、中藥（臣藥）、下藥（佐使藥）三類。

提升潛力

◇顏色與屬性

根據**陰陽五行**說，每種屬性都有對應的顏色。要提升各種屬性的力量時，搭配屬性相配的顏色或有強化之效。

①木屬性對應青色

②火屬性對應紅色

③土屬性對應黃色

④金屬性對應白色

⑤水屬性對應黑色

◇強化方位的力量

陰陽五行說是**風水**學的基礎。據傳配置相合的顏色或物品，有助於強化各方位的力量。

①東搭配青色、會動的東西、會發出聲音的東西

②西搭配白色、浪漫的東西、各種飲食

③南搭配紅色、明亮的東西、華麗的東西

④北搭配黑色、讓人聯想到水或冬天的東西

◇以飲食之力強化力量

根據**陰陽五行**說，各種飲食也有對應的屬性，可透過進食將各種**氣**攝入體內。攝取與五行對應的食物，有助於強化力量。

①木屬性的食材可振奮情緒（青色、酸味的食物）

②火屬性的食材可釋放潛能（紅色、苦味的食物）

③土屬性的食材可加強與同伴的團結（黃色、甜味的食物）

④金屬性的食材可帶來幸運（白色、辛辣的食物）

⑤水屬性的食材可集中精神（黑色、鹹味的食物）

◇在西南角休息

根據**風水**學，西南屬於「土」的方位，因此在能提升生命力的西南角休息一下，有助於蓄積能量。

◇與新仙太一眞君感通的咒文

太一（太乙）眞君是**神仙道**中執掌大地根源的神祇。據傳念誦以下咒語能與太一眞君心靈相通，一掃邪氣，獲得強大的神祕力量：「奇一奇一乍結雲霞，宇內八方五方長男，乍貫九籤，達玄都，感太一眞君。奇一奇一乍感通，如律令。」

◇神樂

神道中**巫女**的舞蹈。原本是以取悅、迎請神明爲目的的歌舞，現今屬性較傾向藝術表演。日本神話中，**天照大神**隱居天岩戶時，天鈿女命在天岩戶前跳舞，被視爲神樂的起源。神樂的舞蹈有提升、激發靈力之效。天鈿女命的後代猿女君，在宮中的**鎮魂祭**上以神樂讓天皇的魂魄留在體內，並激發其活力。據傳古時曾透過被**神明附身**（神憑）的神樂舞者獲得**神諭**。

◇夜神樂

持續整晚、通宵進行的**神樂**儀式，花費十六小時將三十三番神樂奉獻

給神明的儀式。如今是國家級重要無形民俗文化財，以在宮崎縣的高千穗舉辦的「天岩戶神樂」最爲著名。起源爲天鈿女命的舞蹈等，可藉此驅逐惡靈、消除疫病、五穀豐收等，並提升靈力。

◇花見

源自相信樹木中有神靈的樹木信仰的**咒術**。帶有祓除邪氣、振奮靈魂、恢復活力的**搖魂**意涵。

◇房中術

成仙術的一種。藉男女性交獲得精氣、永駐青春、延年益壽。

◇五帝祭

陰陽道的祭祀，召喚上古傳說的三皇五帝儀式。在製作**靈劍**等時進行，以祈神的力量寄宿於神器中。

解放知性與精神力

◇虛空藏求聞持法

使記憶力暴增的**密宗**最強**咒法**。借助**虛空藏菩薩**之力將所見、所聞、所感知的事物無限地記憶到腦裡。**空海**在土佐的室戶岬修行時，經歷了**明星**（金星）飛入口中的奇蹟後，習得了這種**咒法**。虛空藏菩薩是天明時分特別閃亮的金星的化身，擁有無窮的智慧與功德。修行方法是百日間念誦虛空藏菩薩的**眞言**百萬遍，且最後一天必須是日蝕或月蝕之日。又稱明星咒法。

◇十字祕術

爲集中精神或消災解厄而行的**忍術**。在掌心寫下「天龍虎王命勝是水大圓」十個字，再做出將之握緊或吞嚥下去的動作。

◇唵阿儞怛夜耶摩利支娑婆訶

這是爲了心靈統一和避免災難而實行的**忍術**。據說，當唱誦梵文「oṃ ādityāya marīciye svāhā」時，能得到佛教守護神**摩利支天**的庇護，使恐懼心理得以消除。

甦醒復活

◇布瑠之言

神道傳承的死者復活**咒文**。源自史書**《舊事本紀》**據說其中有一段「**布瑠部，由良由良止，布瑠部**」的言靈。正式寫法爲「一二三四五六七八九十，布瑠部，由良由良止，布瑠部」。前半段的一到十代表饒速日命（比天皇家的祖先瓊瓊杵尊還早降臨地上世界的另一位天孫）從天上世界帶來的「**十神寶**」。據傳搖動神寶念誦布瑠之言，不僅能治癒各種傷病，還能發揮足以使死人復活的**咒力**。有學者認為此咒文與目前石上神宮所傳承的**鎮魂**法有所關聯

◇布瑠部，由良由良止，布瑠部

使死者復活的**咒文**，節自史書**《舊事本紀》**中的「**布瑠之言**」。「布瑠部」意指透過搖動讓停滯的氣流動，而「由良由良」也有「不停滯」的意涵。

◇一二三祓詞

同**布瑠之言**。

◇天之數歌

同**一二三祓詞**、**布瑠之言**。

◇一二三四五六七八九十

神道所傳承的**一二三祓詞**（**布瑠之言**）的一段。

◇振魂、搖魂

搖動失去生命力的魂魄，使其復生。屬於安定靈魂的「**鎮魂**」的一種。

◇呼魂、招魂

陰陽師喚回死者魂魄的**咒法**。爬上亡者家的屋頂或朝井底高呼亡者之名，將亡者魂魄喚回人世。江戶時代的文獻裡，載有老婦在聽見周遭人的呼喚後重返現世的故事。

◇泰山府君祭（復活）

安倍晴明所擅長、以替身交換使死者復活的**咒法**。相傳中國的泰山府君是執掌壽命的神祇。在《泣不動緣起》（不動利益緣起）中，便載有安倍晴明以僧侶証空行泰山府君祭的故事。

→關於「識破」真面目的效果，參照92頁

◇延命十句觀音經

江戶時期臨濟宗著名禪師白隱慧鶴所推廣的復活延命**咒法**。據傳念誦此經可使已死之人復生，亦可使瀕死之人迅速康復。曾有一位叫作森田平馬的武士常念誦《延命十句觀音經》，並積極向人推廣，某日卻突然氣絕離世。閻魔大王在死去的平馬面前現身，告訴他：「憑汝

一人之力推廣《延命十句觀音經》，功效有限。速見白隱禪師，託其廣傳此法。」平馬復活後，將此事告知白隱禪師，此經方得以廣爲流傳。

◇向閻魔大王祈求

曾有向地獄之王閻魔大王直訴或祈求，獲得許可而由死復生的例子。例如**小野篁**、**信誓**等。

◇以丹畫符復生

使被妖怪所殺者復活的**咒法**。據傳以丹（硫化汞）畫符，將之燒成灰後混水供死者飲用，接著在死者耳邊掛一面鏡子敲之，並呼喊死者名字，便可喚回死者的魂魄。載於東晉博物學者范汪的**醫書**。

◇以雞血復生

以雞血使亡者復活的**咒法**。據傳追趕一隻已拔毛的雞，待雞冠變黑後捕之並割開雞冠，放其血流入亡者口中，可使亡者復生。

◇以人糞復生

將人糞曬乾磨粉熬煎，使亡者復活的**咒法**。中藥方「**破棺湯**」，即死者破棺而出，由死復生之意。

◇以藥物或道具復生

這是使用藥物或道具使亡者復活的**咒法**。包括**返魂香**、**返魂丹**、**魂呼藥**、**破棺湯**、**生弓矢**等。

人體鍊成術

◇返魂術

喚來死者魂魄並注入死者體內的人體鍊成**咒法**。據傳平安朝末期的僧侶**西行**曾行此術。祕密收集骨骸並排成人偶，塗抹砒霜，以草莓及繁縷葉搓揉，再以藤蔓綁合。反覆以水洗淨，在該長毛的部位塗抹以山皂莢及木槿葉燒成的灰。接著在土上鋪榻榻米，使骨骸躺於其上，在無風處靜置十四日後，再燃沉香（印度產的香油）行返魂祕術。據傳若說出以返魂之術所造之人的名字，此人及施法者都將融化消失。

康復

◇烏樞沙摩明王法（治癒）

借烏樞沙摩**明王**之力的**密宗**康復**咒法**。念誦這位明王的**真言**就能驅除病魔，防止病魔入侵造成瘟疫。

→關於以烏樞沙摩明王法斷緣或結緣的術式，參照95頁

◇青面金剛法（治癒）

借青面金剛之力的**密宗**康復**咒法**。雖然是在日蝕或月蝕時進行的咒法，但據傳若五辛（帶辛味的蔬菜，尤其是韭菜、蔥、辣椒、生薑）或肉、酒入口就會失效。驅除病魔時要多次唸誦「婆帝吒／摩訶摩訶嚕／烏呼烏呼／羅阿晝吒帝／娑婆訶」。

→關於以青面金剛法調伏的術式，參照27頁

◇軍荼利明王法（治癒）

軍荼利明王的康復**咒法**。據傳治療由靈魂或亡靈所引起的鬼病，結軍荼利明王**印**並念誦**真言**，便可咒縛**鬼神**，病患將於吐血後康復。

→關於以軍荼利明王法探查的術式，參照92頁

◇宿曜祕法

奈良時代的**看病禪師**弓削**道鏡**曾使用的康復祕術。雖然這個祕術的詳細內容不明，但據傳曾成功治癒稱德（孝謙）天皇的疾病。

◇病者沐浴湯加持、解穢法

以神力淨化不淨的水的十一面觀音法康復**咒法**，通常在病人入浴前進行。結**印**，念誦「Ram」「Vam」等一字**真言**，以守護浸入浴缸的病人。「Ram」代表火，「Vam」代表水，有以火沸水，將水中的不淨燒盡，再以水淨化人的意涵。如此入浴，病人便獲得加持。這種咒法不僅適用於病人，有時施法者也會以此淨化自身的不淨。

◇瘧病法

鎮壓疫病，尤其是瘧疾的**密宗咒法**。召喚五大**明王**，然後依頭頂、左肩、右肩、後頸、背部的順序對病人全身進行加持與治療。

◇七佛藥師法

召喚包括藥師如來在內的七佛，行**加持祈禱**消滅病魔的**密宗**康復**咒法**。爲病人祈禱七天七夜，誦經四十九回，並在七尊佛像前逐一點共七燈，儀式中處處都有七×七＝四十九的數字。據傳藉此累積因緣數，所祈之福便可收數十倍之效。

◇十一面觀音法

借有十一張面孔的十一面觀音之力封印病魔的**密宗**康復**咒法**。據傳向十一面觀音祈禱，可以不遭**蠱毒**

詛咒、被下毒也不至喪命、不會患病、不會溺水、不會燒死、不會橫死、不會夭折等，不會因各種疾病或災難而死亡。

◇五體加持

對身體受病魔侵蝕者所行的**密宗**康復**咒法**。五體指構成身體的筋、脈、肉、骨、皮，或指頭、雙手、雙腳，代表全身上下。首先需製作五體加持所用的特殊**數珠**（念珠），接著邊念誦**咒文**邊以數珠撫刷或拍打病患的從頭到腳，疾病便可治癒。

◇黃瓜加持

使用黃瓜進行的**咒術**治療的總稱。據傳是由弘法大師**空海**帶回日本的加持法。傳聞將**不動明王**的靈力注入黃瓜中並向其祈禱，再以黃瓜撫刷自己的身體使**穢汙**轉至其上，或將黃瓜放進河裡流走、埋在寺廟中等，疾病便可治癒。通常在疫病可能流行的夏季進行。不同地區作法或有差異，據說如今**眞言**宗系的寺廟仍會進行。關於爲何使用黃瓜，有多種說法，例如黃瓜就如同人體主要由水分構成、容易腐壞、容易取得等。

◇痔疾咒

黃瓜加持的一種，用於治療痔疾的**咒術**治療。據傳購入十二根（閏年須十三根）黃瓜，在白紙寫下姓名，並寫上「**河童**大明神殿，望療吾痔」，再將黃瓜與信放進位於自己住家南方的河裡流走，痔疾便可治癒。江戶時代的怪談集《耳袋》中稱此爲「痔疾咒」。據說之所以要祈求河童治療痔疾，是因爲河童是會偷取人類的尻子玉（古日本認爲位於肛門內的假想臟器）的妖怪，與臀部有密切關係。

◇庚申信仰

在每六十天一次的庚申日熬夜不睡，以祈求延年益壽、疫去病痊的信仰。古時相信在這一天，**三尸**蟲會在人入睡後從體內爬出，向天上界的司命神密告此人的罪行。若告發的內容嚴重，司命神就會縮短此人的壽命。這種信仰源自中國的**道教**，於平安時代爲**陰陽道**所吸收。

◇庚申待

無病息災的**咒術**。**三尸**蟲在夜間從人體爬出，因此大家會在庚申日聚集在庚申神社等地飲食熬夜，防止三尸蟲離開體外。此習俗在江戶時代相當盛行，但到了明治時代便遭廢除。

◇三尸蟲調伏的魔咒

庚申在**陰陽五行**中所對應的是「金」，因此人們藉由迴避與金氣相關的事物防止**三尸**蟲爲害。此外，還有一種放置猴子擺飾以調伏三尸蟲的魔咒。

◇斬三尸九蟲桃板寶符法

讓在庚申日現身的**三尸**蟲在體內死亡，免除重病短命的**咒術**。畫三張稱爲「桃板寶符」的**靈符**，念誦咒文後將所有靈咒裝進錦袋裡掛在脖子上隨身攜帶。據傳這些靈符的**咒力**可使三尸蟲全滅。三張靈符每張分別對付一隻三尸蟲。

◇防精螻蛄爲害

精螻蛄是在庚申日早睡會帶來災厄的鬼怪，原型很可能是**庚申待祓**除的**三尸**蟲。據傳在庚申日念誦以下**咒文**，就能防止精螻蛄帶來的災害：「精螻蛄至吾家，吾不寐，吾裝寐，吾裝寐，吾不寐。」

→關於鬼怪精螻蛄，參照163頁

◇七曜星辰別行法

中國**密宗**僧侶一行所作的密教占星術經典**《宿曜儀軌》**中記載，向病魔入侵的曜日之神（星宿）祈禱，疾病便可康復，也稱宿曜術。

◇咒禁道

用於恢復體力的**道教**系**咒術**，由典藥寮執掌。有以下五種**咒法**：

①**禹步**
②**存思**
③掌決
④手印
⑤營目

◇油桶娑婆訶

流傳民間的驅疫**咒文**，即大日如來**真言**「**（唵）阿毘羅吽欠娑婆訶**」。在江戶時代的隨筆中，記載著一位老婆婆可以此咒文治百病。（「油桶」日文讀音「あぶらおけ」與「阿毘羅吽欠（アビラウンケン）」相近）

◇破洞小鍋

流傳民間的驅疫**咒文**，即**毗沙門天陀羅尼**「阿梨那梨／㝹那梨／阿那盧／那履拘那履」。根據江戶時代的禪書記載，這咒文對預防萬病十分靈驗，但若念錯咒文被人糾正，效果便會消失。（「破洞小鍋」日文發音與「那履拘那履」相近）

◇大麥三升二升五升

流傳民間的驅疫**咒文**，一說即《金

剛經》中的咒文「應無所住而生其心」。（二者日文讀音相近）

◇咒術治療

以**魔咒**進行治療的方法。多源自民間廣泛流傳的迷信與傳聞，實際效果不明。

◇懸掛猴手

驅除惡疾的**咒術**治療。猴子被視為家畜的守護神，因此會在畜舍中懸掛猴子的頭骨、手足、面具等。

◇寫牛字治瘡

咒術治療的一種。據傳在患部寫上「牛」字並念誦「牛啊牛啊吃草吧吃草吧，**唵阿毘羅吽欠娑婆訶**」，有治療皮膚疾患之效。這是由草＝瘡（皮膚疾患的總稱。「草」和「瘡」日文讀音同）和牛吃草的習性衍生的咒文。基於篤信「言語中蘊含咒力」的**言靈**信仰，許多**咒文**源於諧音產生的聯想。

◇以割草的鐮刀除瘡

透過做出以鐮刀除草的動作除瘡的**咒術**治療。源自「除草＝除瘡」的**言靈**信仰。

◇燒幼貓糞防禿

古人相信掉髮是因鬼舔頭所致，因此禿頭症被稱為「鬼舐頭」。為此衍生出一種將燒過的幼貓糞與陰曆十二月的豬油混合，塗抹在頭上治禿頭的**咒術**治療。

◇以莽草露治療眼疾

治療眼疾的**咒術**治療。據傳將取自落入墓地水中泡爛的日本莽草（又稱樒，禮佛用的木本植物），以其露滴眼便可治癒眼疾。自古人們相信莽草具有**咒力**，也可用於治療暈船或瘀血等的咒術治療。

◇止痰妙藥

止痰的**咒術**治療，據傳引用自墓碑削下的粉末便可止痰。至於為何有效則原因不明。

◇以麥稈拍打除疣

除疣的**咒術**治療。據傳綑麥稈成束拍打疣，再將這束麥稈埋入河畔濕地，就能使疣脫落。至於為何有效則原因不明。

◇人偶針法

以針刺**人偶**隔空治癒腹痛的**咒術**治療。在紙上繪一人偶，在人偶胸骨下方的凹陷下畫四個黑點、兩腋下畫兩個黑點，再以針刺點。男性由上依序刺其左、下、右、中央，女性由中央依序刺右、下、左、上。有時候也使用**稻草人**。

◇陰針法

人偶針法的一種。據傳在紙上描繪腳形，男性描左腳，女性描右腳，再在腳形上畫排成十字形的黑點，念誦「神之御針當病即癒」三次並以針刺之。接下來將刺著針的紙放進河裡或海裡流走，便可治癒腹痛等不適。

◇封縛病魔

以五色的線綁縛**稻草人**的身體或手足以驅除疫病的**咒法**。據傳線可以封印病魔，五種顏色則有使病魔畏懼的效果。將病魔轉移到稻草人上，再以兩層木盒封存。

◇詛咒祭

消除**詛咒**的**陰陽道**祭祀。由於認爲病魔侵蝕人體是因爲被他人下咒，因此**陰陽師**以將詛咒轉移到人偶上，再放進河裡流走的儀式驅除病魔。

◇招魂祭

恢復體力、祈求健康的**陰陽道**儀式。在**陰陽師**活躍的平安時代，人們相信當人倒下失去意識時，處於靈魂可能脫離肉體的狀態，因此相信舉行招魂祭能喚回靈魂，恢復生氣。值得一提的是，中國**道教**將招魂術視爲喚回死者靈魂的復活術，但在當時的日本，對死者施此術被視爲禁忌。

◇心經祕鍵印明

弘法大師**空海**所行的疫病封印**密宗咒法**。據傳空海行此法時，右手持劍，左手持念珠，身穿黃金衣祈禱。

◇病者加持作法

以借**不動明王**之力焚燒、淨化病魔的密宗**加持祈禱**治療疾患的**咒術**治療。

◇富士講

據傳曾於**富士山**人穴修行的戰國時代修驗者**角行**所開創、以富士登拜爲目的之富士山信仰團體，被認爲能以**加持祈禱**治癒疾病。曾在江戶時代流行，並擴散至江戶及周邊的農村地區。當時各地也曾造小型的富士山「富士塚」，讓不善登山者也能輕鬆參拜。

◇拭取加持

驅除病魔的**密宗咒法**。寫下「**鬼**」字並以拭取紙（守紙）擦拭病人全身。據傳如此可拭去邪氣，使人恢復活力。

◇疫病加持

這是融合了**密宗**祕傳的**神道**流巫術治療。其中的一些儀式包括念誦**十神寶**中的每一個，然後吹氣到患者身上（**伊吹法**），或者在唸咒後張開眼睛盯著患者（**辟邪法**）。

◇辟邪法

密宗驅除疫病的**咒法**。以稱爲「金剛眼」的憤怒眼神依序瞪視患者的右、左、上、下，讓疫病感覺彷彿被金剛夜叉**明王**瞪視而感到畏懼。

◇土公祭（康復）

陰陽道認爲土地神的憤怒是造成身體不適的原因。在這種情況下，可藉祭祀土地神的儀式恢復體力。

→關於以「土公祭」護家之術，參照81頁

◇容器封印法

封印惡靈的術法。將被視爲疾病源頭的病魔封入竹管或筒子裡，並祈禱除病息災。

→關於「容器封印法」，參照37頁

◇三年封印

封印法的一種，封印病魔的術法。在寫有病人名字及病名的符紙上寫下封印疾病的祕文，以紙張包裹，畫下九字及星形圖案，開四孔，並以**水引**穿孔綑綁，再將之放進竹筒中，加入煎過的豆子，讓病人吹入一口氣並加鹽巴，以紙蓋竹筒再以線綑綁後埋入土中。過程中，人們唱著歌詞「炒豆花開之前，不得解除此封印。」據傳如此可封印疾病三年。

◇黃瓜封印

封印法的一種，封印病魔的術法。在黃瓜上寫下病人名字、病名及年齡，行加持後埋入土中。據傳待土裡的黃瓜腐爛時，病情便會好轉。

療傷

◇治療火傷的咒文

治癒火傷的術法。念誦「大蛇棲息於猿澤之池，此水湧動之時，無腫無痛，無後患。」並朝患部潑水念誦「**阿毘羅吽欠娑婆訶**」，最後再吹三口氣。據傳猿澤之池位於奈良市的興福寺旁。

◇去除卡喉骨頭的咒文

咒術治療的一種。據傳若咽喉卡骨，念誦「天竺之龍們，令鯛魚之扁平骨，通過鵜鶘之咽喉。**阿毘羅吽欠娑婆訶**」便可解決。源自鵜鶘吞食並吐出食物的習性的**咒文**。

◇阿毘羅吽欠娑婆訶

群馬縣所傳承的解決咽喉卡骨念誦的**咒文**。**咒術**治療的一種。

◇如是相杯

江戶時代末期的隨筆中所記載的解決咽喉卡骨的**咒術**治療。據傳以墨在酒杯上寫上「如是相」，並用印以避免文字被上下倒置。將水倒進此杯喝下，便可使卡骨脫落。

◇不痛不痛

由「智仁武勇（讀音ちじんぶゆう）」的諧音衍生而來的**咒文**。據傳幼兒喊痛時撫摸他們並念誦此咒「ちちんぷいぷい」，便可使孩童的疼痛或創傷消失。一說亦有「智仁武勇爲御代之御寶」之意。

◇癇蟲封印法

安撫哭鬧孩童的術法。據傳行將被視爲引起孩童躁動的癇蟲逐出體外的儀式，小蟲就會從孩童指尖蠕動而出，孩童情緒隨後恢復平靜。

繫住魂魄

◇打結

栓住靈魂的**咒術**行爲。據說在宮中的**鎭魂祭**裡，神祇伯（日本古代律令制的神職高官）會將放進「魂筥」中的兩枚木棉綁在一起安撫靈魂。此外，還有每念誦十次**天之數歌**就打一個中臣結（中臣玉）的祕法。

◇魂結

防止魂魄脫離肉體的**咒法**。包括將線或細繩打成球結（＝玉），或將衣物的一部分繫上線。由於玉＝魂（兩字日文讀音皆爲たま），因此據傳打球結能繫住魂魄。

◇鼻結咒法

俗信中為防止「打噴嚏使魂魄出竅而死」，以線打球結以繫住魂魄的**咒法**。

◇固身

繫住行將脫離軀體的魂魄的**陰陽道**術法，保護遭到下奪命咒者魂魄的**詛咒返還**的一種。由**陰陽師**抱著魂魄行將出竅者的軀體，或在其眼前**畫九字**等為軀體建立屏障，防止魂魄出竅。

→關於用於固身的「安倍晴明的詛咒返還術」，參照124頁

◇延命法招魂作法

繫住行將脫離軀體的魂魄，使其返回現世的**密宗咒法**。對當事者的衣物行**加持祈禱**，再讓當事人穿上，衣物所形成的**結界**即可防止魂魄脫離軀體。

◇去識還來法

「**延命法招魂作法**」的別名。「識」在佛教中有類似魂魄的意涵，魂魄脫離軀體即為「去識」，也就是「死」。

◇北斗法

祈求**北斗**七星延命的**星供**的一種，為混合**密宗**、**道教**、**陰陽道**元素的日本獨創**咒法**。據傳對北斗七星祈禱七日，可改寫原本記錄在生死簿上的原定壽命延長陽壽。稱為「銷死籍添生籍」。

◇能延六月法

密宗裡被視為最祕法的延命**咒法**。據傳若行此法，即使瀕死之人也可暫時延壽，但延命時間僅限六個月間。

◇普賢延命法

向普賢菩薩祈禱的**密宗**延命**咒法**。據傳行此法可改天生的短命為長壽。傳說古印度降三世**明王**調伏諸天時，殺死了反抗最強烈的大自在天。事後發慈悲心使大自在天復活，所用的法術就是普賢延命法。

◇續命法

向藥師如來祈禱的**密宗**延命**咒法**。據傳可延續壽命、抵禦**厭魅**或**蠱毒**的**詛咒**，並防止橫死。「續命」為延續本應結束的生命之意。

◇鎮魂祭

使用**十神寶**進行的**神道咒術**祭祀。為緊急情況下為瀕死之人施行的延

命**咒法**。

長生不死

◇言靈延命法

據傳只要全心念誦，不僅能延年益壽，甚至瀕死之人也能暫時延命的強力祕咒。咒文爲「結縛魂魄，凝聚產靈，御產巢日之神，御靈飄搖萬世。」

◇抄寫壽延經

《壽延經》是一部融合**密宗**與**道教**元素的原創經典。向十七神祈禱，打一百個黃線結，並抄寫載有延壽之法的經文，便可發動延命**咒術**。還有一部對十五歲以下童子有效的《童子經》。

◇抄寫童子經

《童子經》是一部寫有可驅除附身於十五歲以下童子的十五個**鬼神**的**陀羅尼**的經典。其中記載了念誦鬼神之名並以線打結的延壽之法，抄寫這段就能祓除十五鬼，讓孩童活到十五歲。

◇息長法

神道的呼吸法，據傳習得便可收長壽之效。傳說**武內宿禰**就是以息長法活超過三百歲以上。

◇外丹法

道教的術法。道教試圖提煉吃了可不老不死的**丹藥**。從人體內部煉出丹藥者稱爲**內丹法**，從外在自然中造出丹藥者則稱爲外丹法。

◇煉丹術

以**外丹法**的理念爲基礎，煉出使人不老不死的成仙**丹藥**的**道教**祕術，以硃砂等礦物煉製**金丹**等靈藥。這些礦物近火會釋出水銀，毒如砒霜，不少人因服用這些丹藥而喪命。丹藥的種類有伏丹、丹華等。

◇屬星供

密宗所傳承的星象占卜延命**咒法**。以供養當事者當時的「**九曜**」消災解厄、延年益壽。

◇本命祭

祀奉本命星，以祈長壽與幸福的**陰陽道**祭祀。本命爲根據出生年月日算出的干支。儀式中，**陰陽師**會召喚天曹、地府、司命、司祿、河伯水官、掌籍、掌算等神祇。據信在平安時代主要爲天皇和貴族舉行。

◇天曹地府祭

由**泰山府君祭**轉變而來，**陰陽師**於十一世紀左右所行的祭祀。僅於天皇繼承皇位時進行，以祈禱祓除天皇家可能遭遇的一切災厄，並祈求延年益壽、百病不侵。據信直到江戶時代仍行此儀式。

◇六道冥官祭

同**天曹地府祭**，又稱天官地符祭。

鍊身修心

◇即身佛

指活生生成爲活佛木乃伊。爲拯救現世中受苦的眾生，放棄自己的生命木乃伊化，也稱肉身菩薩。

◇十界修行

一種**修驗道**的修行，確立於室町時代。目的在於透過修行達到即身成佛。修行的種類包括地獄行（床堅）、餓鬼行（懺悔）、畜生行（業秤）、修羅行（水斷）、人間行（閼伽）、天行（相撲）、聲聞行（延年）、菩薩行（穀斷）、佛（正灌頂）。

◇閉窟、閉關

指**修驗者**閉居山裡的岩石後或洞窟中修行。

◇瀧行

修驗者在瀑布下方被水流擊打，以祓除煩惱或困擾的修行。又稱水行。

◇斷食

指戒絕一切飲食，或特定飲食的修行。

◇山林抖擻

修驗者的修行之一。行於山間、在山上過夜等，在嚴酷的大自然中淨化心靈的修行。

◇奧驅

於**大峰山**進行的**山林抖擻**修行，走遍約一百八十公里的山路，參拜山上宗教聖地的修行。

◇木食

修驗者的一種修行，戒絕五穀，僅食用樹果及草類。

◇土中入定

修驗者的一種修行，將自己活埋土裡，成**即身佛**。

◇捨身

修驗者的一種修行，爲供養或救濟而跳下斷崖絕壁犧牲生命。

◇秋峰

於羽黑山進行的**修驗道**修行。在八天內從事焚燒辣椒讓室內充滿辣煙的「南蠻燻」、**斷食**、**護摩**等形形色色的修行與儀式。

◇驗競

修驗道比賽修行後所獲得的**驗力**的競賽。

◇上刀山

驗競的一種。在刃上行走，或攀爬由刀組成的梯子等。

◇過火

驗競的一種。在**護摩**的餘燼上行走。

◇蛙跳

於**吉野山**舉行的**驗力**競技。現今舉行的，是重現一位被變成青蛙的男子，藉**法力**恢復成人的傳說中的儀式。

◇砍竹會

於**鞍馬山**舉行的**驗力**競技。**法師**兩人一組，比賽哪一組最快砍斷模擬大蛇的四米長青竹，以占卜該年是吉是凶。

◇抄經

以修行或祈願爲目的抄寫佛教經典。通常最常見的是抄寫《**般若波羅密多心經**》。

◇冥想法

閉上雙眼、集中精神的**道教**術法。將體內陰陽混合的**氣**轉爲僅有陽氣。據傳學會此法，就能得道成仙。很多時候與**胎息法**一同進行。

◇存思

道教冥想法的一種。由於道教相信人身內外皆有神，因此此法需集中精神觀想體內各部位的諸神，例如心臟的朱雀，膽囊的玄武，肺的白虎，肝臟的青龍，脾臟的鳳凰等。

◇守一

道教冥想法的一種。其含義爲「守護（保護）一」，一指的是被認爲位於上丹田（頭部的**丹田**）的太一（太乙）神。目的是藉存思冥想與太一神合而爲一。

◇阿字觀

密宗的一種**冥想法**。集中精神，在心中觀想**梵文**的「阿」。

◇辟穀

被視爲成仙的第一步的**道教**修行法。避食米、小麥、大麥、粟、豆等五種穀物，僅攝取蘑菇、松子、藥草等野生食物。據傳有驅除侵蝕體內的**三尸**，保持身心清淨之效。

◇採燈護摩

修驗道的修行之一，又稱柴燈**護摩**。最初是在野外燒樹枝進行護摩，後來演變成以圓木搭建**護摩壇**供眾人參與的儀式。在佛堂等室內舉行的護摩稱爲內護摩，如採燈護摩等在戶外舉行的護摩則稱爲外護摩。

◇山伏問答

修驗者在**採燈護摩**前進行的儀式。參加者會被詢問**修驗道**相關的知識，必須逐一回答。

◇法弓作法

修驗者在**採燈護摩**前進行的儀式。朝四方、中央及**鬼門**射箭，召喚五大神龍王以受其守護。

◇閼伽作法

修驗者在**採燈護摩**前進行的儀式。「閼伽」爲梵語「水」之意。念誦**咒文**，並以桶盛閼伽水供之。

◇法螺作法

即吹**法螺**，爲**採燈護摩**前進行的最後一個儀式。

◇天蓋護摩

爲行使**神通力**而在室內進行的**護摩**。將龍神的**靈符**放入以紙製成的天蓋中，懸掛於**護摩壇**上。但需小心不能讓天蓋被護摩之火燒到。

◇鳴聲護摩

護摩的一種。將甑（蒸食用具）放進煮沸的鍋上，放入糯米，以所產生的蒸氣聲和水蒸氣祓除邪氣。

◇**息吹**

忍者的呼吸法。以呼吸將**氣**填滿體內，提升體力與精力。以正確的姿勢如線香的煙般輕輕地以鼻吸氣，將氣蓄積於腹部。呼氣時也是從鼻子徐徐呼出。熟練後便能在身體活動過後立刻進行。經過持續修行，還能習得不發出任何聲響呼吸的無息忍之術。

→關於祓除穢汙的「息吹」，參照44頁

◇**二重息吹**

忍者的呼吸法，**息吹**的應用方式。靜靜地並長時間地以吸氣、呼氣、呼氣、吸氣、呼氣、吸氣、吸氣、呼氣的順序調整氣息。熟練後即使在奔跑或跳躍時都能以二重息吹呼吸。

◇**神足法**

忍者修行的一種。習得無聲的跑法或走法、不發出腳步聲的無足忍等技巧的修行。包括**深草兔步**、爪尖步法等。

◇**飛神行**

忍者修行的一種。鍛鍊腿力、跳躍力、臂力及指力，磨練出**隱形術**和**遁走術**所需靈活性的修行。

◇**天狗昇**

忍者修行中的**飛神行**的一種。挖一個窄到雙膝無法彎曲的洞鑽進去，待**氣**充滿全身，再如**天狗**般一鼓作氣從洞中一躍而出。

◇**天狗飛跳**

忍者修行中的**飛神行**的一種。種植麻或向日葵，每天由上跳過鍛鍊跳躍力。

◇**縮地**

忍者修行中的**飛神行**的一種。以斜板爲壁，全速疾馳跑上牆面，並在過程中逐漸降低木板傾角的修行法。

◇**輕身**

忍者修行中的**飛神行**的一種。這種方法是站在裝滿水的桶邊，訓練至不會從桶邊掉下來，還能移動自如。過程中逐漸減少桶內水量。

◇**金剛行**

鍛鍊強韌體魄的**忍者**修行。

◇**固骨**

忍者修行中的**金剛行**的一種。爲強化骨骼抵禦突如其來的攻擊，以竹或棒等敲打自己全身的修行。

◇虎爪

忍者修行中的**金剛行**的一種。為鍛鍊出如虎般強勁的爪力，將指尖伸入沙子或碎石中，或以指倒立、以指握枝懸掛樹上等。

◇明眼之法

忍者修行的一種。提升視力以在黑暗中行動自如的修行。方法包括在暗處不眨眼地凝視燈火等。

◇聽微聲

忍者修行的一種。鍛鍊諸如能聽見針掉在木板或石上的聲響，或聽出掉下幾根針的聽力修行。

對抗病魔

◇鬼氣祭

陰陽師為驅除病魔所行的祭祀。通常在病患家門口舉行。據傳瘟疫發生時，則在內裏（天皇所居住的皇居）的正門羅城門，或南側的建禮門舉行。

◇四角四界祭

為防止疫病侵入整個都城而行的**陰陽道**的**結界**術，又稱四角四境祭。儀式在家的四角與國家的四界舉行，設都城於**平安京**時，是在大內裏的四角與都城**邊界**的四處舉行。儀式須準備刀與人偶，並由**陰陽師**招請**道教**系諸神。念誦以下祭文：「東至扶桑，西至虞淵，南至炎光，北至弱水。千城百國，精治萬歲，萬萬歲。」

◇張貼圖像

近世所流傳的防疫**咒法**。據信描繪、張貼或佩戴諸如**阿瑪比埃**、**件**、**倫鄉**、**神社姬**等**預言**獸的圖像，就能免於疫病侵襲。

→關於預言獸，參照166頁

◇張貼角大師的護符

據傳將繪有鬼的**護符**貼在家門等處，有對抗疫病之效。傳說在平安時代，一位降伏力高強的元三大師**良源**，曾親自化身為**鬼**驅逐病魔。人稱化身為鬼的良源為「**角大師**」，弟子畫其形，便成防避疾病侵害的護符。

診察病魔

◇六三除、六算除

查明身體不適原因的**咒術**算式。將發病時的年齡（用數字計算的年齡）除以九，若能整除就表示病源在頭部；若無法整除，則根據餘數以公式判斷出相應的患部。

◇知生死法

以觀察使者的模樣與行爲判斷生死的**密宗咒法**。

◇寄加持、疫病加持

修驗道等所傳承、用於找出並驅除病魔的咒法。方法類似使惡鬼附身於**寄坐**將之調伏的**阿尾奢法**，但寄加持是使病魔附身於寄坐，再以**靈符**的**咒力**將之驅除使患者病癒。

提升防禦力

◇犬子

在孩童的額頭上寫下「犬」字，祈求能平安成長的魔咒。犬字爲有驅魔之效的標誌「×」的變形。

◇順產法

祈求安全分娩的咒法，據傳念誦**咒文**「夏唎修拉哈嗟奇唎夏拉啊／娑婆訶」一千次，便可順利生產。由於在江戶時代嬰兒死亡率高，分娩常得冒生命危險，因此有許多與生產相關的**咒術**和**魔咒**。

◇變成男子法

在懷孕三個月內進行便可生男的**咒法**。據傳攜帶或吃下特殊的**符咒**並加以祈禱，腹中的胎兒就會變成男嬰。

◇門戶大開

爲祈求順利分娩，打開家中的門、窗、鍋蓋等閉合物的**魔咒**。藉由打開門戶象徵打開產道。

鎮魂

◇鎮魂

指撫慰魂魄，也有賦予魂魄活力使其甦醒的「**振魂**」的意涵。亦指撫慰魂魄的儀式。

◇歸神

指神附身於人體。又稱**神憑**（神懸）。通常，在被神附身者的身邊會伴隨一位**審神者**，以確認**附身**之神的身分。（相當於台灣的乩童與桌頭、筆生）

◇鎮魂歸神

神道的終極**咒法**。安撫魂魄使其停留在體內（**鎮魂**），並使神附身（**歸神**），與神合而爲一。

◇一靈四魂

相信神和人身上均有和魂、荒魂、奇魂、幸魂四種靈魂，以及執掌這些靈魂的直靈的**神道**觀念。

◇御靈信仰

相信死於非命的人會成爲**怨靈**引發災厄的觀念。須祭神以安撫成爲怨靈的靈魂。

◇斷末魔印言

可免除斷末魔之苦的佛教**咒文**。末魔爲「關節」之意，「斷末魔」在佛教中意指人在臨終時，因身體的骨肉和皮膚剝離、關節斷裂而承受極大痛苦。但據傳可借**不動明王**之力免除痛苦，平安往生。

◇使病人迅速成佛的祕法

幫助在不治之症中痛苦掙扎者順利往生的佛教祕術。據傳念誦具**咒力**的經文《般若理趣分》，可使病患順利成佛。

◇流灌頂

在卒塔婆（佛塔）上灑水，以供難產而亡的女性、使其成佛的咒法。

◇一膳飯

依照習俗，守靈（通夜）時會爲死者準備最後一餐。煮一碗飯，在碗中盛裝成山狀，再垂直地插入筷子。出殯時將此碗打破，以使亡者對人世不再有任何留戀。

◇臨終作法、成佛作法

使瀕死之人平靜往生的佛教**咒法**。結**印**並念誦「唵／嚧計攝縛囉囉闍／紇里」（梵文讀音 oṃ lokeśvara-rāja hrīḥ）三次。

◇逆修咒法

生前預先爲自己死後修佛事，以祈求死後的冥福，稱爲「逆修」。

◇御座

入葬後七日內以**口寄**與亡者對話，

引導其成佛之術。據信若不如此，死者可能會無伴一同踏上冥途。爲從祕密念佛（違反禁令祕密維持信仰的信徒）衍生而出的祕密宗派茅壁教與壇那殿教的**咒法**。

導魂

◇曳覆曼荼羅

將寫有**眞言**的經帷子穿在亡者身上，祈求其往生。曳覆即經帷子，根據信仰，將經文或**陀羅尼**寫在遺體或衣物上，可助亡者往生。

◇念佛

在心中默想佛的形象並念誦佛陀名號。有立誓堅定信佛，望能在其導引下進入**極樂淨土**的意涵。

◇光明眞言土砂加持法

將經過光明**眞言**加持的土砂撒在亡者身上，以保其遺體柔軟不僵，得以順利前往**極樂淨土**。亦有治癒疾病之效。此外，若以此土砂餵**貓**，則貓將不再捕**鼠**；獵人食之，則子彈將無法命中獵物；漁夫食之，則漁網將無法再撈到魚。

◇補陀落渡海

乘坐由外釘固的船隻航向「補陀落」。補陀落爲梵語的「potalaka」，爲南海彼岸的觀音菩薩淨土。這種犧牲自己生命的修行稱爲**捨身**行。

◇保久利信仰

年邁又罹患不治之症時，祈求阿彌陀如來讓自己驟然往生、迅速解脫的信仰。（保久利，日文讀作ぽっくり，有驟然、猝死的意涵）

鎮魔

◇死後化身害蟲作祟

據傳死於非命者，死後可能化身爲稻蟲等害蟲。平安時代末期的武士齋藤實盛因稻草將馬匹絆倒而爲敵所殺，死後化身稻蟲報復稻米。爲安撫實盛的亡魂，發展出一種名爲「實盛祭」的**咒術**除蟲儀式。

◇封印怨靈的儀式

戰國時代的武將在戰勝後會舉行封印**怨靈**的儀式。在查驗首級時會爲首級清洗修整，並先一鞠躬再開始查驗。對於死相帶怨氣的首級，則會行稱爲「首祭」的**鎮魂**祭祀。

◇驅除姑獲鳥的魔咒

若採土葬，俗信認爲亡故的孕婦會在棺中產子，化爲一種名喚姑獲鳥的妖怪。要預防這種情況發生，須以**稻草人**（**形代**）爲替身置入棺中施咒。據信這樣做可使孕婦以產下孩子的樣子安心成佛，不至於變成**怨靈**。

◇焚符儀式

以火燒卻並祈禱、供養前一年使用過的舊**護符**或**護身符**的儀式。通常在每年一月十五日前後舉行。一般認爲護符的有效期間約爲一年，因此在平安度過一年後，應懷感謝之情將其燒卻。**神道**與佛教皆行此儀。有時是打算丟棄遺物或貴重物品時舉行的供養儀式。

◇火祭

燃火祭神的儀式。各地過年時都會舉行諸如燃燒**門松**與**注連繩**等類似火祭的儀式。

保家

◇大口眞神

擔任神明使者的**犬神**。原本是狼，因吃過許多人而被視爲可畏的眷屬神。據傳此「大口眞神」可保護家庭免受**狐神附身**等各種災厄。知名的例子有埼玉三峰神社及東京御嶽山的大口眞神等。

◇防解火災祭

在新建內裏、御所等建築時，以祈福預防火災的**陰陽道**儀式。又稱火災祭。除了防解火災神，**陰陽師**在儀式中也會召喚水神河伯及火神朱童，並念誦：「河伯爲水精，朱童爲火神。水剋火，即水勝火。」依**五行相剋**的觀念，水能滅火，因此以水神壓制火神，便可防止火災發生。

◇土公祭（守護）

向掌管土地的土公神祈禱的**陰陽道**祭祀。土公神的所在位置隨季節遷移，春於灶，夏於門，秋於井，冬於庭。據信在這些位置造房修屋會觸怒神明，因此不得不開工時，會請**陰陽師**舉行土公祭。

→關於以「土公祭」治病之術，參照69頁

◇建城地鎮祭

建築城堡時也會使用**咒術**。在戰國時代，由以咒術輔佐武將的**軍配者**（類似軍師）負責占卜地勢、方位，以及適當的開工日期等。

◇大將軍祭

需遷往大凶的**方位神大將軍**所在的方位時，爲祈求搬遷順利而舉行的**陰陽道**祭祀。

衛國

◇轉法輪法

密宗所傳承的調伏**咒法**。用於解救遭鄰國侵略或內亂爆發等全國性的危機。由於召喚的是有「摧毀一切魔怨」意涵的摧魔怨菩薩，因此又稱摧魔怨敵法。

◇摧魔怨敵法

轉法輪法的別名。

◇安鎮家國法

安撫潛伏於大地、引起重大災害的地靈，以祈國家安泰的宏大**密宗**儀式。

◇五大虛空藏法

借五大**虛空藏菩薩**之力抵消天災地變的**密宗咒法**。儀式於六十年一度的辛酉年舉行。五大虛空藏指於虛空藏菩薩的功德下誕生的五位菩薩。據信**後醍醐天皇**也曾使用此法調伏仇敵。

◇蒙古調伏祈禱

在鎌倉時代，曾向神佛祈禱，兩度以暴風雨擊退元寇的侵襲。此一事件被視爲日本神國思想的開端。

◇後七日御修法

弘法大師**空海**爲祈求天皇與國家安穩無災而開創的**密宗咒法**，爲在宮中專爲天皇舉行的祕儀。因於每年的正月八日開始，故稱後七日。

第三章

「特殊能力、預知、預言術式」

創造故事、插曲的參考

自然、移物

◇精神念力

念力。念動力。僅憑心想無需動手碰觸，就能使物品移動的**超能力**。現代科學仍無法解釋。

◇心靈傳動

同**精神念力**。念力。念動力。

◇念力顯影

僅憑心想就能在底片上形成影像的能力。有名的例子包括世上第一位成功以念力顯影的**長尾郁子**等。明治末期的**靈能者三田光一**，曾兩度成功以念力將前所未見的月球背面顯影。

◇飛缽法

據傳**命蓮**與**性空**曾使用的移物之術。可使缽騰空浮起、自如飛翔。繪卷《役行者》中，描述**役小角**攜母前往大唐途中，持缽讓母親坐於其上，自己則乘坐五色雲彩飛行。

◇埋火

忍者所使用的火術。將裝有構造不明的火藥的埋火埋進土裡，敵人踩到時便會引火爆炸。類似地雷。

◇火生三昧

修驗者過火修行的一種。從自己的身體發出火焰，祓除惡鬼與煩惱的術法。

◇祈雨

召喚雨雲使其降雨的術法。知名的例子有**密宗**的**祈雨法**，**陰陽道**的**五龍祭**，**修驗道**的**孔雀明王法**等。

◇祈雨法、轉讀孔雀經

祈雨的**咒法**。念誦孔雀明王的**真言**祈禱，並轉讀（快速翻閱）《孔雀經》。據傳能召喚雨雲降雨。

◇請雨經法

密宗的**祈雨**儀式。在平安時代，弘法大師**空海**曾應淳和天皇之敕命舉行祈雨儀式，成功降雨。

◇五龍祭

祈求五條呼風喚雨的龍降雨的**陰陽道**祭祀。在平安時代，**安倍晴明**曾奉一條天皇之命舉行五龍祭，成功降雨。

◇水天法

祈請諸龍王之主「水天」降雨或使雨停的術法。若將其激怒，可能引來旱魃或洪水。

◇弘法靈水

以錫杖擊地使水湧出的術法。據傳**弘法大師空海**於德島縣興建寺廟時，曾以錫杖掘地，湧出了乳白色的水，此水源至今依然泉湧，稱爲「弘法靈水」。

◇迦樓羅天法

以祈請古印度神話中的**迦樓羅天**操縱天候的術法。可降雨亦可使雨停。迦樓羅（garuda）爲古印度神話中的巨鳥，因以可引起暴風雨的大龍及化爲煩惱的小龍爲食，被認爲亦能呼風喚雨。

◇小野小町的和歌

據傳**小野小町**在發生旱災時吟詠了一首**和歌**：「若見旱情持續，神亦雷霆大發，速開天門之溝。」結果開始降雨。亦有一說認爲他吟詠的是「吾國若爲日之本，日照本當然。若在天之下，降雨又何妨。」此即爲「雨乞小町」的傳說。

變身

◇變裝術

隱藏原本身分，僞裝成他人的技巧。例如**忍者**的**七方出**等。

◇七方出

忍者祕技中的變裝術。《正忍記》記載忍者能變裝七種職業，即**七方出**，包括**虛無僧**、**猿樂師**、商人、出家人、**山伏**、**放下師**、**常形**。

◇虛無僧

忍者的**七方出**之一。頭戴藺笠，能在遮蔽顏面的同時觀察四方，非常適合忍者變裝時利用。

◇猿樂師

忍者的**七方出**之一。由於戰國大名偏好能劇，作這種裝扮較容易潛入敵區。一說認爲能役者（能劇演員）觀阿彌、世阿彌其實是忍者。

◇放下師

忍者的**七方出**之一。以表演魔術或雜耍爲業，爲**幻術師**的原型。利用這種身分，可以博取敵方子女或家長的信任獲取情報。

◇常形

忍者的**七方出**之一。如生根的草般在特定地區長期生活，融入環境蒐集情報。泛指農民或武士。

◇變身術

變化成不同樣貌的技術。多爲**妖術師**所使用。

◇變身蛤蟆之術

變身成**蛤蟆**的**妖術**。即**兒雷也**、**七草四郎**等擅長的**蛤蟆術**，可以變身成巨大的蛤蟆演出壓垮屋形（公家或武家等有一定身分者的居館）的幻象，或從口中吐出虹彩等。

◇變身蜘蛛之術

歌舞伎**《戻橋背御攝》**中**蜘蛛術師七綾姬**所用的術法。據傳她能變身蜘蛛潛入敵營，取回重要寶物。

◇變身蝴蝶之術

變身成蝴蝶的**妖術**。即**藤浪由緣之丞**所擅長的**蝴蝶術**，據傳在蝴蝶背部可以依稀看出由緣之丞的身影。

◇變身鼠之術

戰國時代的**幻術師果心居士**所用的術法。據說這位居士曾被判處磔刑，但他變成一隻老**鼠**擺脫捆綁，成功逃脫。

飛行、移動

◇懸浮

飛行術。使人或物體懸浮空中的**超能力**，如**修驗道**和**天狗**的**神通力**。

◇飛天術

能飛翔於天際的**道教仙人**祕法。據傳**修驗道**的創始者**役小角**在修行後習得此術。

◇不溺法

在水面上行走的**道教**術法。據傳能走得像在陸地上般自如。

◇出神

仙術的一種，**仙人**以自身的氣移動的術法。十九世紀末一位名喚黃元吉的仙人施展稱爲「白日升天」的出神之術，在人群眼前飛上天空，消失在雲層裡。

◇神足通

天狗的**神通力**之一。能在空中飛翔自如的術法。

◇渡虹

《冠辭筑紫不知火》中的狐魅術士**惡田惡五郎**所用的飛行術。據傳他能操**狐妖術**在空中畫出一道彩虹，與狐群一同渡虹。在近松門左衛門的淨瑠璃（日本傳統敘事曲藝）《傾城島原蛙合戰》中，**妖術師七草四郎**亦施展了此一術法。

◇騎蛤蟆

在**《兒雷也豪傑譚》**中，**兒雷也**可以召喚出巨大的**蛤蟆**騎乘移動。

◇騎蜘蛛

江戶時代的通俗讀物**《白縫譚》**中，**若菜姬**所用的**蜘蛛術**。讓召喚來的蜘蛛朝空中吐絲，並走在蜘蛛絲上朝空中移動。此外，還能站在巨大的**土蜘蛛**背上，在海上移動。

◇乘蝴蝶

蝴蝶**妖術師藤浪由緣之丞**所用的飛行術。在幕末時期的長篇通俗讀物**《北雪美談時代加賀見》**中，由緣之丞在習得祖母的亡靈所傳授的**妖術**後，能騎乘祖母的魂魄所變成的巨大蝴蝶在空中飛行。

◇水術、踏水術

忍者跨越沼澤或溝渠所用的祕術。可使用包括踩在水蜘蛛上浮於水面、悄聲划水的「拔手」泳技、潛水等方法。順帶一提，忍者潛水時是否會以竹筒呼吸，尚無定說。

◇地降傘

忍者的跳躍術。在一躍而下的同時展開羽織，使衣物被迎風撐開產生空氣阻力，減輕著地時的衝擊。

探索、入侵

◇找出竊賊之術

製作寫有「何年男急急如律令甲弓山鬼神大急用」的**護符**及**人偶**貼在門口，便能在七天內查明竊賊所在之處。若七天內仍找不到，可念誦「唵／欠婆那／欠婆那／娑婆訶」，並以**針**穿刺人偶肚臍或周圍。

◇穴蜘蛛地蜘蛛

挖掘洞穴侵入房屋等的**忍者**術。尤其是在地板下挖土潛行之術稱爲「土台掘」。

◇九之一之術

九之一爲女性**忍者**之意。在男性難以潛入的情況下，可由女忍者僞裝成女侍者潛入敵陣取得情報。

◇隱蓑之術

九之一之術。以躲進貨物中被搬進敵營的方式潛入。貨箱底部有夾層可供藏身。

◇下緒七術

「下緒」爲繫在**忍者**刀鞘上約三公尺長的繩子，可用於潛入、設置陷阱、捕縛、止血等。

◇釣刀法

忍者的攀爬術。爲**下緒七術**之一，將刀立於牆，口咬下緒，以刀柄或刀鍔爲踏板立於刀上翻牆，再手拉下緒將刀取回。

◇夜忍

忍者的竊聽術。爲夜間的諜報活動，將忍筒（忍竹）貼在天花板或地板上豎耳傾聽。

◇犬走、狐走

忍者的步法之一。在地板底下等狹窄的地方行走時，彎低身子以雙手雙腳爬行，稱爲犬走；爲了更加無聲而踮起手腳爬行，則稱爲狐走。

逃遁、隱身

◇隱形法

道教和**密宗**中隱藏身形不爲人所見的術法。可能在路上走著走著突然消失，或鑽進壺裡或畫出來的門內。據傳服用特殊的**仙藥**也能隱藏身形。

◇摩利支天隱形法

密宗的**隱形法**。借陽炎之神**摩利支天**之力，將自己藏身於光中。結一種名曰隱形印的手印並念誦**眞言**「唵／摩利支／娑婆訶」或「唵／阿爾怛夜耶／摩利支／娑婆訶」消除自己的形跡，便可不爲人見、不爲人所察、不爲人所傷。

◇隱形術

迅速隱匿身影，給人猶如突然消失的錯覺的術式。不僅**忍者**擅長此術，據信武士和盜賊也曾使用。**密宗**中稱爲**隱形法**。

◇觀音隱法

隱形術之一。躲入陰影中，以衣袖遮掩臉部，僅露出雙眼。保持雙眼一動也不動，靜靜等待敵人通過。

◇木葉隱法

隱形術之一。躲進樹木陰影中。

◇霧隱法

隱形術之一。躲入霧中。

◇牙籤隱法

隱形術之一。彈射牙籤，趁敵人分心的瞬間隱藏身形。

◇扇子隱法

隱形術之一。以扇子遮擋敵人視線，乘隙隱藏身形。

◇鶉隱法

隱形術之一。將身軀蜷曲成鵪鶉蛋般的球狀，貼近岩石等物體隱藏身形。

◇狐隱法

如**狐**狸般跳入水中的**隱形術**。僅臉部露出水面，並以蓮葉或樹葉等遮蔽。

◇狸隱法

如**狸**貓般爬上樹木等待敵人通過的**隱形術**。以樹葉茂密的大樹爲佳。

◇義經霧隱之印

拋沙、灰等短暫剝奪敵人視覺的**隱形術**。

◇遁走術

忍者等所用的逃脫術。據傳忍者的逃脫方式有五遁三十法。五遁是根據**陰陽五行**說的木遁、火遁、土遁、金遁、水遁；三十法則分爲天遁、地遁、人遁。

◇木遁術

藏身於樹間或推倒樹木干擾追兵之術。一說源賴朝深諳此術，曾於石橋山之戰兵敗時以木遁術脫身。

◇火遁術

利用引爆火藥等的火焰逃脫之術。一說源義經深諳此術，曾於高館遭攻陷時縱火焚城，乘亂逃脫。

◇土遁術

利用土逃脫之術。例如躲入牆內或藏於穴中。

◇金遁術

使用金、銀、銅、鐵的逃脫術。撒出錢幣或鐵棘菱乘隙逃脫，即金遁的一種。

◇水遁術

利用水逃脫之術。跳進城堡的護城河或河川等逃脫。經過訓練，可長時間藏身水中而無恙。

◇無息忍

讓對手聽不到自己呼吸聲的**忍術**。據傳藉由**息吹**的鍛鍊可以習得。

◇以白狐之咒力隱身

據傳殺**白狐**祭之，剖開白狐顱骨頭纏於額頭，身形便可不爲人所見。然而此術亦有在沙地上會留下足跡，背陽處會照出影子，氣息會爲狗所感知等諸多弱點。

◇滋岳川人隱形術

《今昔物語集》中，載有**陰陽師滋岳川人**偕大納言外出時遇敵，借隱身逃過此劫的軼事。然而使用的是何種**隱形術**則未有說明。

識破、調查、看穿

◇千里眼

能看見遠到肉眼難以瞧見的光景

或物體的**超能力**。《耳袋》中載有一則故事，敘述一名從江戶前往長崎赴任的男子患了思鄉病，爲此接受出島一位荷蘭醫生診治，醫生請他把頭浸入盛水的容器中，並張開雙眼。男子照做，看見了正在縫紉的母親。待他回到江戶後告訴母親這件事，母親表示在他接受治療的同日同時同刻，也看到了兒子的臉浮現在牆上。這是一個分隔兩地的人也能彼此透視的罕見例子。又稱**遠方透視**、遠隔透視。

◇透視、遠方透視

能看到肉眼無法看見的光景的能力，又稱**千里眼**。明治時代末期的**御船千鶴子**以此能力而聞名。

◇天眼通

神通力的其中一種。看穿一切的能力，能預知肉眼無法看見的遠方或未來。

◇天耳通

神通力的一種。聽到遠處音聲的能力。

◇他心通

神通力的一種。讀取他人心思的能力。即心靈感應（telepathy）。

◇讀心術

同**他心通**，讀取他人心思之術。即心靈感應。

◇宿命通

神通力的一種。知道他人或自己的前世，能辨識上輩子人生的重要岔路的力量。

◇靈視

看透他人心思，或看見過去或未來光景的**超能力**。

◇見通、見融

與對象初次見面的情況下，無需聽對方做任何陳述，僅用眼看即可洞悉其性格、身分，以及希望占卜的內容之術。又稱見通占。爲流行於鎌倉時代的一種民間**陰陽師**的占卜法，僅靠對象來時的方向、日期等便可進行占卜。《**安倍晴明**秘傳見通占卷》中便留下了見通占的詳細記載。

◇見鬼術

識破妖怪眞實身分的**道教**術法。

◇陰乾蚯蚓

以陰乾的蚯蚓爲芯，蛤蟆油爲燃料點燈，識破幽靈或惡怪的**驅魔**術。爲高知縣幡多郡所傳承的術法。

◇泰山府君祭（識破）

安倍晴明所擅長的復活**咒法**。《**簠簋抄**》中記載，晴明曾以泰山府君祭識破近衛天皇所寵的美女**玉藻前**其實是隻**九尾狐**。

→關於「復活」的效果，參照62頁

◇指相識別祕法

看出附身靈體身分的佛教脈診**咒法**。根據《指相識別之大事》的描述，凝視左手並念誦「諸余怨敵皆悉摧滅」七次，接著以右手在每根手指頭上寫下「鬼」字，最後使勁且快速地朝手掌吹一口氣並迅速張開手掌。如此一來便可根據手指的抽動看出是遭到什麼**附身**。例如，食指表示亡靈，中指表示神靈，無名指表示**生靈**或**野狐**，小指表示**詛咒**等。

◇鬼子母神敬愛法

使**神附身**於幼女回答問題的術法，用於查明對自己有所隱瞞者的眞正想法。爲**密宗咒法阿尾奢法**的一種。

◇鬼子母神骷髏法

骷髏使喚法，又稱現身法、骷髏使役祕密法。借鬼子母神之力以骷髏召喚靈魂的術法。據傳可使喚骷髏爲己助力，亦可對骷髏提問求得解答。

◇軍荼利明王法（探查法）

用於勘探地底礦物的**咒法**。據傳每日結**印**、**念咒**並以錫杖敲擊地面三次，便可藉聲響判斷地底是否蘊藏礦物。

→關於軍荼利明王法的康復術式，參照64頁

◇善惡探知法

判斷眼前對象是善人還是惡人的祕言。閉目並在心中念誦「神火清明、神水清明、神心清明、神風清明、善惡應報、清濁相見」。據說對初次見面的對象尤其有效。

◇從袖口窺視

感覺對方可疑時，將臉藏入懷中從袖口窺視對方以判明對方眞實身分的**魔咒**。載於江戶時代的隨筆《嬉遊笑覽》中。

◇由物下窺視

從物品底部窺視對方以判明其眞實身分的**魔咒**。有時改變觀看角度，可能將同一個事物看成完全不同的模樣。江戶時代的隨筆《嬉遊笑覽》中有一則故事，敘述一名男子以這種方法看穿變身的**狐**狸。男子感覺坐在灶旁的女子看來可疑，便從灶下火焰中窺視，看出她是一隻狐狸。但從灶上看不出她是狐狸，只會看到一位普通的女子。

◇口水抹眉

唾液自古以來就常被用於**驅魔**。據傳將口水塗抹在眉毛上，就能看出**狐**等妖魔的眞面目。此外，狐在變成人時連人的毛孔都會數，因此被認爲把眉毛沾濕，狐就會數不清毛孔數，無法變成自己的樣貌。

◇狐窗

可看穿**狐**等妖魔眞實身分的**驅魔咒**。左右雙手掌心一前一後交錯叉指成孔，由孔中窺視對象，便可看出對方的眞實身分。一說朝狐窗吹三口氣，便不會爲其所騙。另一種方法是握指成圓孔，從中窺視。

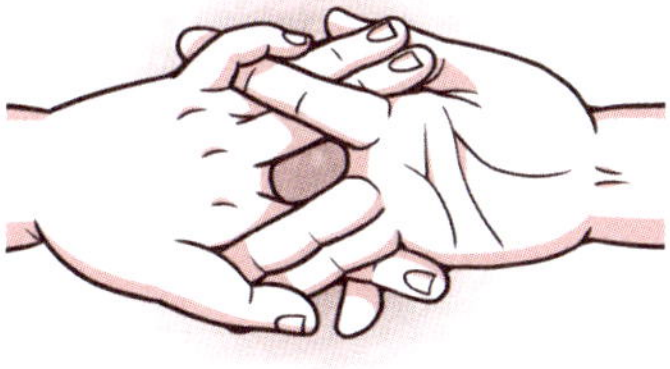

◇吐口水

以唾液辨識對象是否遭**狐附身**的方法。悄悄將口水吐在飯上再端給對方，若不吃就代表遭狐附身。

◇辨識對象是否遭狐附身的祕法

兩人一組檢查彼此是否遭**狐附身**的診斷法。一人將兩手十指扣成圈，另一人在圈的中央騰空寫「**狐**」字，再以針灸字。據傳扣指成圈若遭狐附身的話，會感覺到像被針灸似的身體發熱。

◇握手辨識對象是否爲狸

握住對象手掌，若骨骼感覺平坦就是人，若感覺圓潤就是**狸**等魔物變身而成。

◇貓眼時鐘

據傳**忍者**能利用貓眼隨光強弱變化大小的習性，以觀察貓眼推算時刻。據信這種「貓眼時鐘」源自中國唐代，於室町時代傳入日本。

◇察天術

利用風、雲的移動及天際的顏色等預測天氣的**忍者**祕術。據傳夜間可藉觀察**北斗**七星的位置確認時刻。

◇山脈護身

忍者所活用的占術。計測自己的頸部左右即雙手手腕的脈搏，若脈搏不規則，就需對周遭提高警戒。

◇見魂歌

南北朝時代的百科全書《拾芥抄》中所載的招魂**咒文**。據傳念誦此咒便可看見亡者魂魄。但文意不可考（全文見索引）。

操弄人心、施加暗示

◇鬼道

邪馬台國的**卑彌呼**所擅長的**咒術**。「鬼」在古代中國代表「死者的魂魄」，因此能自在操控亡靈之術，被視同能操縱人心之術。一說也認爲這是占卜術或**道教**的祕術。

◇催眠術

對人施加暗示，使其進入類似睡眠的狀態以加以操控的術法。一說是由榎本武揚首度引入日本。

◇分身術

使魂魄脫離身軀，分身成多人的術法。據傳八仙之首**李鐵枴**（鐵枴**仙人**）以口吐氣就能吐出分身。

◇八方分身術

忍者所擅長的**分身術**。在瞬間以暗示**催眠**對手，使對方產生自己分身成多人的錯覺。熟練此術，便能以分身從八方包圍敵人。

◇神遊觀

據傳習得後便可製造出眾多分身的祕傳**忍術**。

◇和合祭文

留住對方的心的**陰陽道**祭祀**咒法**。製作三種分別代表一對男女的**人偶**，將它們面對面地放在祭壇上祭拜，念誦**和歌**與咒語祈神，便可喚回對方的心。爲奈良道元興寺所傳承的儀式。

◇離別祭文

操控伴侶的心，使對方對自己失去興趣的**陰陽道**祭祀**咒法**。雖然製作三種分別代表一對男女的**人偶**的祭祀步驟與**和合祭文**相似，但包括離別法常使用山鳥尾羽等，在製作人偶的材料與祭祀方式上略有出入。

斷緣、結緣

◇斷緣

斷戀人、親子、兄弟姊妹等之間的緣分。日本很多地方都有斷緣地藏、斷緣稻荷、**斷緣榎**、**斷緣廁**、斷緣石、別離松等斷緣信仰。

◇結緣

主要為祈求男女結緣的術法。將寫有兩人名字等資料的紙張捻成紙捻綁在樹上。原本是類似**常陸帶**的男女相性占卜法，後來逐漸演變成男女結緣之術。

◇常陸帶

常陸國（今茨城縣）鹿島神宮所傳承的**結緣**占卜。由神官將寫有想占卜的兩人名字的兩條帶子綁在一起，藉結帶的形狀占測兩人的感情。又稱帶占。

◇宿世結

源自鹿島神宮的**常陸帶**的娛樂。將每位參加的男女名字寫在紙上捻成紙捻，每次抽取一條隨機組合。據說遊女常玩這種遊戲。

◇拋梳子

斷緣的俗信。自古傳說拋出**梳子**，撿到梳子的人就會與拋梳子的人緣斷成為陌生人。源自前往**黃泉國**的**伊邪那岐**拋梳子，與妻子伊邪那美斷絕緣分的日本神話。

◇烏樞沙摩明王法（斷緣、結緣）

向火神**烏樞沙摩明王**祈求**斷緣**或**緣結**的術法。若要斷緣，需燒卻兩人之間寄宿了怨念的物品；若要結緣，則要燒卻兩人之間的阻礙。

→關於以烏樞沙摩明王法治病的術式，參照63頁

◇求馬古祕密印法

這是一種向摩醯首羅天（印度的濕婆神）祈求**結緣**的術法。**絕食**、**結印**，多次念誦**眞言**、意中人的名字與「速速前來！」據傳持續祈禱七日，心儀的對象就會來到你家。

◇戀合咒

結緣的**咒法**。以紙張製作兩個**人偶**，念誦**眞言**「藍鑁」（ram vam）並以硯磨墨，在兩個**人偶**上分別寫下自己和意中人的名字與**干支**。將寫有字的一面貼合以線綑牢。念誦愛染明王的眞言並詠唱**神歌**之後，人偶就會悄悄跑到意中人的枕下。

◇拔勺底

祈求安產或避孕的**魔咒**。源自據傳供奉一個無底的勺子或無底的袋子便不會懷孕的俗信。

占卜命運、預知、預言

◇預言

預知、預測未來的能力。方法有預感、預知夢或以幻覺實際看見未來等。「預言」則指由神所下達的預測性**神諭**。

◇相術

以觀察一個人的相貌讀出其性格、命運和未來的術法。除了**手相術**和**面相術**之外，還有觀察印章、刀劍之相的印相、劍相，以及占卜動物性格的相馬、相牛等。

◇手相術

以觀察手掌紋路的長度及形狀推斷一個人的性格或運勢的**占術**。據傳起源可追溯至約三千年前的印度河文明。

◇面相術

以觀察相貌推斷一個人的性格或運勢的**占術**。起源可追溯到古希臘時代。中國的面相術不只看臉相，還有看骨骼、嗓音等特徵占卜。

◇鼠占

起源自將老**鼠**視爲福神的信仰，以觀察老鼠的活動卜卦吉凶的**占術**。例如老鼠若在天花板上代表吉，在地板下亂竄代表凶，而老鼠突然從家中消失，則預示將有天災地變。

◇未來夫婿

流行於遊廓中的**占卜**。據傳中秋深夜兩點至三點在一間八疊（大約四坪左右）大的房中祈禱並窺探鏡子，就能看到未來夫婿的臉。另一種方法是在**丑時三刻**（約凌晨兩點），點燃紙捻走進廁所，以火照亮便池，就能看到未來夫婿的臉。據傳若不慎讓紙捻掉到這張臉上，會在掉落的位置造成燙傷。現代也有類似的都市傳說，在深夜零時，口啣剃刀看向盛滿水的洗臉盆，就能看到未來的夫婿。傳聞若不慎讓剃刀掉進洗臉盆裡，未來見到的這位夫婿臉上就會有傷疤。

◇白虹

看起來呈白色的虹。在**陰陽道**中，白虹若貫穿太陽，便是戰爭爆發的前兆。

降諭

◇神諭

神明**附身**於人，或在夢中顯靈並傳達訊息。又稱神託。

◇鳴釜神事

吉備津神社所行的占卜，神事由**阿曾女**與神官執行。在鍋中將水煮沸，放上蒸籠並甩動裝有糙米的容器。如此會發出如**鬼**咆哮聲般的聲響，再根據這聲響占卜吉凶。源自主神**吉備津彥命**（大吉備津彥命）斬斷惡鬼**溫羅**首級的傳說。

◇占卜生死的祕術

占卜同伴生死的**神仙道**系**咒術**。進入雪隱（廁所）閉上雙眼，念誦「有請埴安大神諭知生死」。據傳若眼前浮現藍色的幻影，就表示死期將近。

◇立御座

長野縣的**木曾御嶽山**所傳承的一種**附身祈禱**。由被神附身者傳達**神諭**，回答各種問題。據說最常請示的是個人的煩憂、向祖先詢問事情，以及該年收成是吉是凶。

◇羽山籠

福島縣所傳承的民俗活動。由淨身後登上羽山、稱為ノリワラ（行此儀式的男性神職人員）的寄坐（乩身）傳達**神諭**，預告該年吉凶。

◇立川流

混合**眞言宗**與**陰陽道**等元素的異端教派，全名爲眞言立川流，以男女性交爲奧義。據傳在此教派奉爲本尊的骷髏上塗抹和合水（混合精液與愛液的液體），神便會透過骷髏的嘴傳達**神諭**。

◇狐狗狸

日本的**降靈術**。將硬幣放在寫有五十音和數字的紙上，以手指按著硬幣召喚出狐狗狸，硬幣便會自己移動回答問題。據傳狐狗狸的眞實身分是**狐**等靈體。過程中若抱著玩笑心態可能會招致詛咒。（西洋稱爲「通靈板」，華人圈則稱爲「碟仙」）

◇天使

日本的**降靈術**，類似**狐狗狸**的占卜術，兩人面對面而坐，在寫有五十音字母、數字、入口、出口等字的紙上握著鉛筆或自動鉛筆發問，鉛筆會自己移動回答問題。

◇邱比特

類似**狐狗狸**或**天使**的**降靈術**，差異在於這是由一個人單獨進行。將一枚十圓硬幣放在寫有五十音、數字及愛心符號的紙上，手指按在硬幣上召喚出邱比特發問，請其回答問題。

夢占卜

◇誓寢

爲了透過夢境了解神意而入眠。

◇靈夢

被視爲含有神佛開示的奇異夢境。

◇占夢

以夢境內容占卜運勢的占術。日本自古以來就視此爲接受**神諭**之術。在平安時代，人們相信於寺廟或神社內閉關祈願，便可獲得夢告（神佛的曉喻）。

◇解夢（者）

判斷夢境的吉凶。也指判斷夢境者。當做夢者無法理解夢境含義時，可由解夢專家解讀夢境，並指導當事人應採取哪些行動。

◇買夢

由於人們相信夢有靈力，在平安時代人們會購買他人的吉夢以獲得力量。**《宇治拾遺物語》**中便載有**吉備眞備**購買他人吉夢的故事。某日眞備在**解夢**的**巫女**處偷聽到國司之子敘述他所做的吉夢的內容。待國司之子離開後，眞備便付錢向巫女買下了該夢。眞備按照巫女的建議，照著與國司之子所敘述重新說了一遍夢境，最後眞的成爲大臣。

◇反穿衣袖入眠

夢見戀人的**術法**。源於《萬葉集》和《古今和歌集》中的詩歌，例如**小野小町**的「焦苦愁戀情，心思伊人不堪時，烏玉黑夜中，返袖返衣祈入眠，還願晤得在夢中」等。

宣誓、立約

◇誓約

古代日本所行的言語**咒術**。公開宣誓，再根據結果占卜諸事的成敗、善惡、吉凶。日本神話中便有**素戔嗚尊**及景行天皇等行誓約的傳說。亦可寫作宇氣比。

◇盟神探湯

古代所行的神事。亦可寫作**探湯**或誓湯。欲判定某事眞僞，可向神明宣誓，再將手浸入滾燙的熱水中。據信說謊者會遭嚴重灼傷，誠實者則將毫髮無傷。

◇南無阿彌陀佛

梵文「Namo Amitābha」，是佛教中的一種念佛。「南無」是「皈依」之意，阿彌陀佛則是救濟無量眾生的阿彌陀如來，故全句帶有宣誓「皈依阿彌陀如來」的意涵。

◇南無妙法蓮華經

佛教的日蓮宗所唸誦的經文，稱爲「題目」。「南無」即「皈依」，故全句意爲奉《妙法蓮華經》這部佛教經典爲信仰的依歸。

◇勾小指

一說如今殘存於「**打勾勾**」這首兒歌中的勾小指動作，起源於江戶時代的吉原。據傳當時在遊廓工作的娼妓將自己的手指剁下送給心儀的男性，當作一種表達愛意的儀式。也曾有男性剁指的情況發生。

動物、植物、自然占卜

◇龜卜

自古傳承的**占術**，以火焚燒赤蠵龜的殼，依燒出的裂痕占卜吉凶。於飛鳥時代從中國傳入，並在奈良時代確立爲正式的占卜法，由卜部（日本古代律令制的官僚）負責執行。如今在大嘗祭中用於決定新米收穫地的「齋田點定之儀」中仍行使這種占術。

◇卜筮

道教的基本**占術**。以使用龜殼的**龜卜**及筮竹詢問神意、占卜命運等。

◇太占

自古傳承的**占術**。以榛樹皮焚燒牡鹿的肩骨，依燒出的裂痕占卜吉凶。又稱鹿卜、鹿占。**《古事記》**中記載著藉由以鹿的肩骨占卜得知應以何種方法打開**天照大神**隱居的天岩戶之情節。

◇易

以**八卦**爲基礎的世界觀，相傳由中國神話人物**伏義**所創。如同**陰陽五行**說，也成爲**陰陽道**思維的基礎。使用易的占術稱爲易占或**易筮**。

◇八卦

古代中國由陰陽衍生而出的八種模組符號化的卦象。八卦分別由三條稱爲爻的線組成，被視爲構成世界要素有乾、兌、離、震、巽、坎、艮、坤八種符號，各自象徵天、澤、火、雷、風、水、山、地。**易**就是以這八卦的六十四種組合（六十四卦）進行占卜。

◇易筮

以**易**占卜吉凶的**占術**。據傳正式做法應使用五十支以蓍草（菊科的多年生草本，其莖外圓內方）的莖製成筮竹，但實際上多以竹籤替代。從寫有爻的五十支筮竹中隨機抽出六支組成一「卦」，再以六十四卦解讀結果。

◇斷易

古代中國的**占術**，爲一種特殊的**易**。相傳由戰國時期的鬼谷子所創。

◇筶

中國傳承的**占術**。投擲兩片蛤蜊狀的木片，以落地時所呈的正反面組合占卜吉凶。

◇鳥占

根據鳥的鳴叫聲、所停枝頭的方向、飛翔方向占卜吉凶的術法。

◇流鏑馬

騎馬射箭占卜吉凶的**咒法**。據信有祓除魔物及妖怪的靈力。

◇鼠靈憑依占法

由兩人一組，以讓**鼠靈**附身進行的占卜。先在一人背上寫三次「鼠」字使鼠靈附身，再由另一人詢問想占卜的問題。據傳結束時在被**附身**者背上寫三次老鼠天敵的「**貓**」字，此人就會恢復原狀。

◇魑寄

設壇召喚魑靈附身於**依代**身上，以聽取**神諭**、占卜吉凶的儀式。由於遭魑靈**附身**的依代會不受控制地橫衝直撞，因此需有**審神者**及複數助手在場。此外，據傳要解除魑靈附身頗爲困難。

◇野干吉凶占卜法

據傳以野干（一種類似**狐**狸的動物）鳴叫的時機占卜吉凶的占卜法。例如「在寅日鳴叫代表南北會有人死亡」「在午日於西方鳴叫代表可獲得財寶」等。

◇望氣術

觀測大地的「**氣**」的術法，觀察土地靈氣發散的方式占卜軍隊勝敗或土地吉凶。據傳由姜子牙所創，日本戰國時代廣爲**軍配者**（軍師）所使用。

◇水占

使用水的占卜法。觀察被放入水中的豆子等的浮沉狀態、水的清濁度、卡在河中拉繩子上的漂流物等占卜吉凶。

◇石占

使用**神社**境內等處的特別石頭的占卜法。根據石頭是否能被拿起或輕重等判斷吉凶。

◇投占

投擲石頭、棒、杖等判斷吉凶的占卜法。也有投擲錢幣以正反面判斷吉凶的占卜法。

場所、時間占卜

◇辻占

古代的占卜術。走到**十字路**口，根據第一個路過的人說了什麼或路人之間聊了什麼來判斷吉凶，在《萬葉集》中也記載了此術法，又稱「往占」「夕占問」。在江戶時代，有時也稱販賣寫有吉凶的紙張生意爲「辻占」。

◇安倍晴明的辻占

安倍晴明在掩埋**卜筮**器具的地點行的一種**辻占**。可以此術判斷吉凶。

◇橋占

在橋上或橋邊施行的一種**辻占**。根據往來橋上的行人說了什麼來占卜吉凶。由於人們相信橋通往神靈居住的**異界**，因此認爲在橋邊聽到的話裡蘊含神意。又稱占問橋。

◇夕占

在黃昏進行的**辻占**。辻占原本就是應在**黃昏**進行的。

食物占卜

◇米占

將米粒放進沸騰的鍋中，根據米粒排成的形狀占卜吉凶。也有以容器盛米觀察其排列的占卜法。

◇粥占

使用粥的占卜。將米和水放進鍋裡煮成粥，在粥內插入竹筒，讓粥逐漸溢入筒中，再取出竹筒將之剖開，根據筒中米粒的數量及排列形狀占卜當年的豐凶。又稱筒占。

◇豆占

使用大豆的占卜。將代表十二個月分的十二顆大豆放在爐灶的灰上，根據烤焦的程度占卜該年的天候。若代表每個月分的大豆呈白色就代表天晴；微焦就代表多雲；全焦就代表天雨等。

觀星

◇天文密奏

陰陽寮的天文博士所行的占卜。古人認爲天文現象或天候能影響國家與政治，因此會在出現異變時占卜吉凶。由於占卜結果屬於國政機密，必須封存上奏天皇，因此稱爲天文密奏。

◇星辰

指星星、星座，源於中國崇拜星體的星辰信仰，辰則指龍神。日本的**陰陽道**神祇和祭祀，許多即源於星辰信仰。

◇北辰

北極星的別名。在古中國，靜止不動的北極星被喻爲受周遭星體拱立的天子或宮殿。由此產生了將北極星奉爲最崇高星辰的北辰信仰，將其神格化。

◇北斗

即北斗七星。在**道教**中，北斗被視爲**北辰**的臣屬，爲統籌死亡和命運的神祇。日本也崇拜北斗，相信人若爲惡就會受到北斗之神的裁罰。**密宗**也有祈求北斗延壽的儀式「北斗供」。

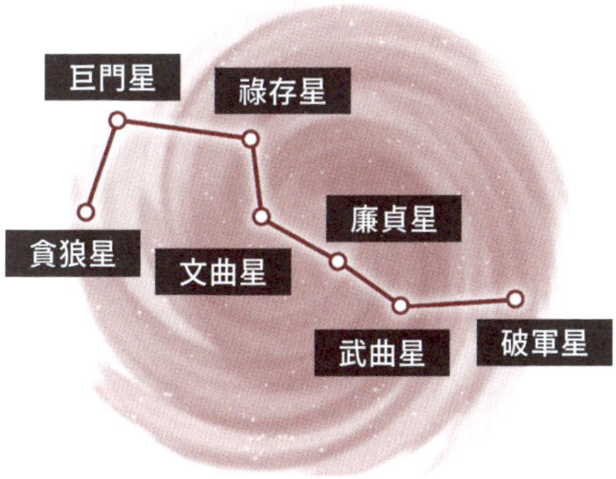

◇貪狼星

北斗七星中的一顆星。子年出生者的**屬星**。

◇巨門星

北斗七星中的一顆星。丑年和亥年出生者的**屬星**。

◇祿存星

北斗七星中的一顆星。寅年和戌年出生者的**屬星**。

◇文曲星

北斗七星中的一顆星。卯年和酉年出生者的**屬星**。

◇廉貞星

北斗七星中的一顆星。辰年和申年出生者的**屬星**。

◇武曲星

北斗七星中的一顆星。巳年和未年出生者的**屬星**。

◇破軍星

北斗七星中的一顆星。午年出生者的**屬星**。北斗七星也被合稱爲七星劍，故此星也稱作劍先星。

◇南斗

即南斗六星。在古中國曾是信仰的對象。**道教**視其爲與執掌死亡的**北斗**相對的生命之神。

◇屬星

陰陽道和**密宗**所稱每個人的守護星，爲支配命運的星辰。以出生年的干支決定對應**北斗**七星中的哪一顆星。又稱本命星。

◇屬星祭

陰陽道的祭祀。在**道教**視**北斗**七星爲神的信仰普及後，人們開始認爲星辰能左右每個人的一生。

◇五星

指水星、金星、火星、木星、土星。**陰陽道**常將五星奉爲信仰的對象。

◇歲星

古代的木星名稱。爲執掌春季的星辰。

◇熒惑星

古代的火星名稱。爲執掌夏季的星辰。有時稱「災星」。

◇太白星

古代的金星名稱。爲執掌秋季的星辰。因是宵之**明星**，故稱「太白星」。由於「金」音近「禁」，太白的方位被視爲凶方。人們相信若太白有異狀，就代表將有災難發生。

◇明星

即金星。黎明時出現在東方的金星稱爲「晨星」（又稱啓明），而黃昏出現在西方的金星稱爲「昏星」（又稱長庚）。此外「宵之明星」指的是**太白星**，若僅用「明星」一詞則通常指晨星。**密宗**的**虛空藏求聞持法**又稱「明星**咒法**」。

◇明天子

同**明星**。

◇辰星

古代的水星名稱。爲執掌冬季的星辰。

◇鎭星

古代的土星名稱。爲執掌四季、有助豐收的星辰。

◇三星合

從地球上觀察，金星、火星和木星看似排成一列的行星運動。古人視爲不祥之兆。

◇三合厄年

陰陽道視火星、木星和土星接近的年分爲厄年。

◇九曜

源自印度曆法，日月火水木金土七星再加上**羅睺星**與**計都星**，合稱九曜。以九曜爲基礎的占卜術被稱爲九曜星占，在日本爲**陰陽道**所採用。

◇日曜星

九曜之一，即太陽。據信對應日曜星的年分全年風調雨順，尤其是五月到七月間，事事都會順遂。

◇月曜星

九曜之一，即月亮。據信對應月曜星的年分必須小心與水、火有關的災害，但若能謹慎度日一切便可順遂。

◇火曜星

九曜之一，即火星。據信對應火曜星的年分容易發生災害。

◇水曜星

九曜之一，即水星。據信對應水曜星的年分，尤其在秋冬，事業運吉。

◇木曜星

九曜之一，即木星。據信對應木曜星的年分全年諸事順遂，但絕不可伐木。

◇金曜星

九曜之一，即金星。據信對應金曜星的年分容易發生爭執，不宜購買房屋或土地。

◇土曜星

九曜之一，即土星。據信對應土曜星的年分往往吉凶交雜。

◇羅睺星

九曜之一，被認爲導致日蝕和月蝕的虛構天體，被視爲凶星。據信在對應羅睺星的年分須事事謹慎。

◇計都星

九曜之一。並非實際存在的天體，一說是日月軌道的交會點，亦有一說是顆帶來災厄的彗星。據信對應計都星的年分，尤其在春夏，容易發生災禍。

◇宿曜術、宿曜道

東洋**占卜**術的一種，因由**空海**所傳入，所以又稱「**密宗**占星術」。以太陽、月亮、火星、水星、木星、金星、土星七大星體（七曜）及二十七宿（或二十八宿）等的組合占卜吉凶。使用宿曜術占卜者稱爲宿曜師。

◇彗星

繞著太陽運行的天體。自古被視爲凶兆，**陰陽道**也將之視爲代表某些天意的預兆。又稱掃把星。

◇赤氣

紅色的雲或彗星。自古被視爲凶兆。近年研究認爲，鎌倉時代藤原定家的《明月記》中所提到的「赤氣」可能是指極光。

◇星供

密宗以祭拜星宿祓災祈福的儀式。又稱**星祭**或星供養會。源自**陰陽道**的影響。

◇星祭

即**星供**。有時也指七夕。

◇九九八十一

一種寫在**符咒**上的**咒文**。看似出自九九乘法，但一說是代表**九曜**之一的**木曜星**的數字。據信可能與《易經》有關，但詳情不明。

曆法、干支

◇十干

一旬（十天）內的十個日子，即甲、乙、丙、丁、戊、己、庚、辛、壬、癸的總稱。將**陰陽五行**說的「**木火土金水**」分爲兄（陽性）與弟（陰性），分別對應甲（木兄）、乙（木弟）、丙（火兄）、丁（火弟）、戊（土兄）、己（土弟）、庚（金兄）、辛（金弟）、壬（水兄）、癸（水弟）。搭配**十二支**使用。

◇十二支

用於標示月分、時間與方位等的十二個字，即子、丑、寅、卯、辰、巳、午、未、申、酉、戌、亥，也各有相對應的動物。每個字都有五行的屬性與意涵。搭配**十干**使用。

◇十干十二支

由**十干**（甲、乙、丙、丁、戊、己、庚、辛、壬、癸）與**十二支**（子、丑、寅、卯、辰、巳、午、未、申、酉、戌、亥）搭配而成的六十種曆法組合。如「甲子」「庚申」等。四柱推命等與五行相關的**占卜**術均使用十干十二支。又稱**干支**。

◇干支

即**十干十二支**。

◇曆占

日月曆的年月日時上的曆注（日本傳統日曆、月曆上記載當日吉凶宜忌的注解）上註記的當日吉凶、**十二直**、方角的吉凶等。如今以「運勢曆」的形式被保存下來。

◇曆法

制定曆的方法，或制定曆的學問。古日本將天子視爲「時間的支配者」，因此曆受到極大重視。須由天皇命**曆博士**制定曆，於**陰陽寮**集結編纂後上奏天皇，再分發至各政府機關。

◇十二直

曆占的一種。結合**北斗**七星的柄部分與方位（**十二支**），判定當天做哪些事是吉、做哪些事是凶。有**建**、**除**、**滿**、**平**、**定**、**執**、**破**、**危**、**成**、**納**、**開**、**閉**十二種。

◇建

十二直之一。天帝創造世界的日子。開始做某事或建築開工爲吉，其他則爲凶。

◇除

十二直之一。天帝祓除一切凶厄的日子。爲掃除、治病、洗澡的吉日。

◇滿

十二直之一。天帝堆積寶藏的日子。爲五穀豐收、追求財富、興建倉庫的吉日。

◇平

十二直之一。平安日。爲興建屋宇、搬家或舉行婚禮的大吉日。

◇定

十二直之一。天帝決定客人應該坐哪個位置的日子。爲確定職責或訂立法規的吉日。

◇執

十二直之一。天帝擁有一切的日子。爲爲了獲得某個事物而努力的吉日。

◇破

十二直之一。一切被破壞的日子。爲攻城、戰役、漁獵等的吉日，其他則爲凶。

◇危

十二直之一。做任何事都危險的日子。一旦開始做什麼壞事就會接連發生、無法成功的日子。

◇成

十二直之一。萬事皆能成功的日子。是最適合滿心期望開始做某些事的吉日。

◇納

十二直之一。天帝將萬寶納入寶庫的日子。是進行購物、把物品帶回家等各種行爲的吉日。

◇開

十二直之一。天帝打開寶庫之門的日子。爲創立事業、開始賣藝等的大吉日。

◇閉

十二直之一。天帝鎖上寶庫的日子。由於天地陰陽在此日閉塞，做任何事皆爲大凶。

◇九星氣學

古中國的**占卜**術。「九星」並不是指星座，而是指結合**陰陽五行**、**干支**等的「九種**氣**的能量」。以九星和**方位神**的位置等推斷出該年各方位的吉凶與運勢。

◇四柱推命

源自古中國的**占卜**術。以出生年、月、日、時爲四「柱」，搭配**干支**來推算命運。

◇奇門遁甲

源自古中國、結合占星術與**易筮**的**占卜**術。遁甲的意思是「從**十干**中剔除甲」，以九干、九星、八門等配置，占卜方位和時期的吉凶。相傳是由天神傳授給黃帝，也有一說是三國時代的諸葛亮向**仙人**習得，當時用於軍事目的。

◇八門遁甲

即**奇門遁甲**。相傳在日本爲**忍者**所活用。

◇八陣遁甲圖

據傳為以**奇門遁甲**中的八門排成的作戰陣形，但詳情不明。相傳諸葛亮曾使用過。

◇式占

源自中國的**占卜**，在奈良時代於**陰陽寮**進行。將形狀不同的天盤、地盤兩片式盤以類似輪盤的方式旋轉，以停止時的位置占卜吉凶。據傳除了太乙（太一）式、遁甲式、**六壬式**三式，還有一種雷公式。自平安時代起主要使用的是六壬式。

◇六壬式

陰陽師安倍晴明所用的**占卜**術。又稱「六壬」或「六壬神課」。使用名曰「六壬式盤」的**占術**道具，根據月、日、時刻排出天文與**干支**進行占卜。方法載於安倍晴明所著的**《占事略決》**。此占術最初源自古中國，據傳由人面鳥身的九天玄女傳授給黃帝。

其他占術

◇五行占

奈良時代於**陰陽寮**進行的占卜。

◇究字占法

由**龜卜**簡化而成的占法。由占卜的對象在**人偶**上寫下許多「究」字，接著從中挑出一枚人偶，以字的寫法占卜該人的運勢、性格與吉凶。

◇小道巫術

以**神靈附身**占卜吉凶的**占術**。雖曾被用於治療等用途，但在飛鳥時代隨《僧尼令》的頒布遭到禁止。

◇足占

占卜法的一種。占卜者交替念誦吉、凶兩字步行一段距離，以走到終點時的步數或以哪隻腳抵達進行占卜。將鞋子高高踢起，根據掉到地上的狀態占卜明日天氣的遊戲，也是足占的一種。

◇數珠占

伊邪那岐流的**占術**。占卜者邊念誦**咒文**，邊以左手握住念珠、右手使勁掐捻，以左手指間握到的念珠是奇數還是偶數，來判斷吉凶或是對錯。

◇繩占

忍者的占卜法。懸掛繩子，以選

擇的是哪一邊的繩子來占卜吉凶。

◇首飾勾玉之祕傳

忍者所用的占卜法。以項鍊占卜世間萬物。具體方法不明。

◇眼脈

忍者的占卜法。以手指按住內眼角時通常會看到白光，若是沒看到便可能是有壞事即將發生的前兆，需保持警戒。

遂願

◇荼吉尼天法

借**荼吉尼天**的駭人**咒力**實現一切願望的極祕**咒法**。以骷髏爲**咒具**，在**加持祈禱**的最後將供品供奉**野狐**。又稱荼吉尼天頓誠悉地法，「頓誠悉地」爲立刻實現願望之意。一如其名，此咒法可使人輕易獲得財富和權力，但最後將以悲慘死亡告終。在日本原爲**修驗道**的祕法，但隨著荼吉尼天與稻荷神同一化，此法也被視爲類似**飯綱法**的使喚**狐靈**之術。

◇尊勝佛頂陀羅尼法

最強大的**陀羅尼**之一。據傳對祈求消弭罪惡、消除煩惱、治療疾病等均有效果。結**印**，並念誦「曩莫三滿多／勃陀喃／迦隆／毗戟囉吶般／娑／俉修泥嚇／娑婆訶」。

◇木簡咒術

使用木簡的**咒術**。將祈願內容的文字或圖案寫或畫在被裁成**人偶**的木板上。爲現代的**繪馬**或七夕短箋的前身。

◇祈願

古來的遂願之術。參拜寺廟或神社，以祈禱和供奉供品祈求願望實現。**繪馬**也是祈願的一種。自江戶時代起，人們也開始以諸如忍受戒除所愛事物、水垢離（向神佛祈禱前，先泡進冰冷的河水中洗淨身心）等苦行手段換取願望實現。

◇太古神法

基於「紙」與「神」同音（日文發音皆爲かみ），藉由「折疊、包裹、接合」一張和紙與神明產生聯繫的**咒法**。以太古神法折出來的特殊折紙稱爲「紙符」，例如神紙符等。

◇綁縛地藏

以許多繩子纏繞地藏**祈願**。許願時以繩綁縛地藏，願望實現時再將繩子解開。

◇吸引力法則

認為只要強烈、積極相信自己的願望一定會實現，就能將遂願的運勢吸引過來的思維。最重要的是對心想一定能事成要有強烈信念。

祓除煩惱、開運招福

◇深沙大將的祕術

消除煩惱、開運招福之術。深沙大將為佛教的守護神，但有一說將其與**道教**及**陰陽道**的**泰山府君**視為同一神祇。

◇地天法

以地天之力得福的術法。地天指名叫堅牢地神的大地之神。結地天**印**，念誦**陀羅尼**「唵／傴唎梯微葉／娑婆訶」（om pṛthiviye svāhā）。

另一種術法是將青馬（一說為白底混灰毛的馬）的尾毛分成二十一束，**護摩**後福神便會現身授福。地天法有豐收及延年益壽之效。

◇百福成就法

藉由祈求**吉祥天**得福的**咒法**。將以吉祥天的**陀羅尼**加持過的牛尿注入水壇及十五歲的少女所織的絲綢安置釋尊像。再由佛畫師用特殊材料繪製吉祥天。在正月、三月和七月時行此法，尤其容易使願望成真。

◇漏盡通

神通力的一種。具有消除各種欲望和雜念的力量。

祈求豐收

◇動物祭

剝奪動物的生命祭神的**咒術**行為。主要用於**祈雨**或祈求豐收。

◇雷公祭

陰陽道的祭祀。由於「雷」字由「雨」和「田」組成，因此演變成祈求降雨和豐收的儀式。

◇高山祭

陰陽道的祭祀。為祈求豐收、消滅害蟲而舉行。根據記載**陰陽師滋岳川人**曾主持過此儀式。

祈求勝利、天下太平、國家繁榮

◇帝釋天必勝祈願法

祈求**帝釋天**保佑戰勝的**咒法**。在開戰的三日前、七日前等特定日期供養帝釋天，念誦**真言**。雖然向帝釋天祈願可以保佑國家繁榮，但萬一觸怒了祂，可能會爲國家帶來戰爭或災難。

◇御衣加持御修法

每年從四月四日開始的七日間，於天台宗的總本山延曆寺舉行的大法會，被視爲天台**密宗**最高祕法。祈願內容包括身體健康、天下太平、萬民豐樂等。

◇舍利法

以釋迦的遺骨，也就是佛舍利爲國家與天皇行**加持祈禱**的**密宗咒法**。一旦舍利的**咒力**被啓動，全天下直到世界盡頭都會降花，花朵會轉化成金銀財寶，令全世界蒙福。

◇聖天供

借聖天（歡喜天）的**咒力**迅速實現願望的**密宗咒法**。然而，與聖天接觸絕不可輕率。雖然聖天的強大**咒力**可以實現任何願望，但若在過程中中斷祈禱，便會遭到聖天的懲罰，甚至禍殃子子孫孫。因此使用這種咒法，必須承擔畢生受聖天擺布的風險。

獲得金銀財寶

◇宇賀弁財天法

向由弁財天和宇賀神合體的日本神祇——宇賀弁財天祈求財運的術法。據傳每日念誦**真言**及**陀羅尼咒文**一百零八次，財寶就會如下雨般從天而降。

◇大黑天飛礫法

借福壽神大黑天之力致富的**咒法**。清晨時念誦大黑天的**真言**「唵／摩訶迦羅耶／娑婆訶」，並且把用蕎麥粉做成的寶珠投進豪宅中。據傳如此便可吸取該戶人家的財運。

◇地藏菩薩法

吸來財運的**咒法**。地藏菩薩所持

的**如意寶珠**爲能夠獲得所求財寶的終極**咒具**，據傳向地藏菩薩祈禱，便可獲得無盡財富。

◇借錢母

由向栃木縣日光外山的**毗沙門天**借錢（福錢），並以此錢爲本金營商，隔年歸還兩倍金額，便可使財富增加的信仰衍生而來的**咒術**。

◇毗沙門天三事成就法

以向財富之神**毗沙門天**行**加持祈禱**出現的煙、火、暖氣三相保障致富的**密宗**術法。據信若有煙冒出，代表一切心願皆能實現；若有火焰冒出，代表能使所有人遵從；若有暖氣冒出，代表能獲得無窮的福氣。

◇毗沙門天供

據信供養背對背站立的兩尊**毗沙門天**像，便可「福」「智」兩獲的**密宗咒法**。

◇伏藏開顯法

在可能有礦藏的地點向**軍荼利明王**祈禱的佛教術法。據信邊念誦**咒文**邊挖掘該處，就能發現礦物。亦有以**金剛杵**擊地，在所擊之處聽音尋礦之術。

◇寶藏天女法

以儀式召喚寶藏天女（一說召喚的是**吉祥天**），以靈交與之結爲夫妻，後來成爲王后的天女便會賜予財運的**咒法**。

◇玄旨歸命壇

向**摩多羅神**祈禱的天台宗口傳儀式。後來演變成有助於獲得財寶及愛欲的術法。

其他咒術、儀式

◇讓離家出走者歸返的咒法

讓離家出走者歸返的**密宗咒法**。將串念珠的線綁在朝東生長的胡桃樹枝上，念誦**眞言**一萬遍、**《般若波羅密多心經》**七回。結束後，將離家出走者的鞋子貼上寫有「不動」兩字的**護符**，埋在三叉路的路邊。據信離家出走者就會歸返。

◇吸引離家出走者歸返的術法

吸引離家出走者歸返的**咒法**。將**草履**左右反過來穿，並念誦以下**咒文**：「踏苦咁/里嗚里嗚/奇嗚奇嗚/唆嗚爹咿/唆嗚爹咿噉哆嗚爹咿/苦咁/諾苛嗚薩咿爹/諾咪苛哆哈。爲天神地神之居所、集眾神之力，在此處安達、樂壽壽。一切皆為大日如來之所化身，向金山祈求，天籟之音如沙和三位吉祥天如法說法，使雨停風息，為眾生開示正法，唵阿毘羅吽欠娑婆訶。」（前段唱誦為音譯，且語意不明）

◇吸引離家出走者歸返的返還術法

離家出走者因前述咒法生效而返家時念誦的**返還咒文**：「惡去，福留，三神立於此，今離家之人因神力歸返，陰霾得以消散，如願奉獻，祈求諸神保佑，將天竺之教尊崇奉上，謹祈得神應允。」

◇呑牛之術

看似吞下活牛的**幻術**。戰國時代的**幻術師加藤段藏**擅長此術法。

◇無言神事

指群馬縣富岡市一之宮貫前神社的特殊儀式「御鎮神事」。據傳在向稱為「御鎮大神」的塚奉獻供品的儀式過程中，若發一言便會死亡。過去曾有宮司（高階神官或神社的負責人）因為不小心說了一句「火會不會太大」立刻猝死，也有神職人員只是叫了一聲「啊」便暴斃身亡，因此備受敬畏。咳嗽及神馬的嘶鳴亦被視為禁忌。

◇護法奔馳

岡山縣所傳承的一種**憑依祈禱**，至今仍以傳統活動的形式繼續舉行。由經過七日修行使護法神附身、名曰護法實的**寄坐**在神社境內奔馳。

厄運迷信、不祥之兆、傳說

◇厄運迷信、忌諱

指認為做某些事不詳或會招來厄運的傳說或習慣。例如「睡覺時**鏡**子照到自己，魂魄就會被奪走」「晚上剪指甲會無法見到父母臨終前最後一刻」「在墓地跌倒不吉」「襪子從左腳穿起不吉」等。有時是因負面思考或過去的失敗經驗使自己為凶兆的**咒詛**所縛。

◇天譴

做壞事會遭到相應懲罰的觀念。而這些懲罰來自神佛、**怨靈**等超自然、神聖的存在。

◇詛咒他人，害人害己

形容企圖咒殺他人者，最終也會遭受同樣災害的諺語。源自**陰陽師**試圖用咒殺人時，須有自己也可能遭**詛咒返還**而亡的覺悟，也就是說除了為對方挖墳，也要預先為自己挖好一座墓穴。

◇草鞋的夾腳帶

俗信將草鞋的夾腳帶斷裂視為凶兆。一說源自古時埋葬死者後，會將鞋丟棄在墓地入口或切斷草鞋的夾腳帶，以防止潛伏墓地的魔物穿上草鞋四處徘徊的習慣。

◇扣齒七次，彈指三次

防止烏鴉不吉的鳴叫聲導致家中有人死亡等凶兆的**魔咒**。唸誦「乾元亨利貞」三次，再緊咬牙關（稱為「叩齒」）七次，最後以拇指與食指彈三次（**指彈**）即可化解凶兆。

◇指蛇爛指

源自對唾液的**咒力**信仰的**魔咒**。據傳**蛇**容易招致厄運，只需以手指蛇就會遭到**詛咒**，同時只要朝指蛇的手指吐口水便可化解。

◇藏貓

為防止貓附身到屍體上成為**妖貓**，因此有人死去時必須將貓藏起來。據傳讓貓從屍體上跳過或坐在棺材上，也會導致「死者復活」或「屍體永不腐爛」。

◇沓脫石埋嬰

將死去的嬰兒埋在沓脫石（穿脫鞋子用的石頭）下的**魔咒**。人們認為如此可鎮住遺骸，防止死靈**作祟**。

◇封印遺骸

封印因意外或拷問等懷恨而死的怨靈的**魔咒**。將遺體倒置、捲裹、綁縛手腳、俯臥、**倒穿壽衣**等，再將之埋葬在象徵陰陽兩界**邊界**的十字路口等地點，以封印死靈的活動。

→關於顛倒埋葬封印死靈，參照53頁

◇百物語法式

數人聚在一起，依序講述怪談的「百物語」的**厄運迷信**。據傳說完第一百個故事時，妖怪就會出現。江戶時代的怪談小說集《御伽婢子》中便有「講鬼妖現」的記載。

◇紫鏡

若到了二十歲還記得「紫鏡」一詞就會死亡的都市傳說。據傳只要記住「白色水晶」「黑色康乃馨」等詞，便可擺脫紫鏡的**詛咒**。

遊戲中的咒術

◇童謠

兒童之間傳唱的歌曲，又稱兒歌。據傳其中有些是隱含古代**咒術**傳統的咒術歌曲。

◇《日本書紀》的童謠

《日本書紀》裡的一首載於齊明天皇六年十二月的一則神祕**童謠**，爲一首意義不明的六十四字歌：「摩比邏矩。都能俱例豆例。於能幣陀乎。邏賦俱能理歌理鵝。美和陀騰能理歌美。烏能陛陀烏。邏賦俱能理歌理鵝。甲子。騰和與騰美。烏能陛陀烏。邏賦俱能理歌理鵝。」據傳民間突然流行起來的**童謠**，多爲可怕的凶兆。

◇籠中鳥

日本自古流傳至今的兒童遊戲。一說籠中鳥源自模仿神寄的動作。福島縣至今仍有稱爲「地藏遊戲」的遊戲，人群包圍一位被當作**寄坐**的孩童，當地藏附身到孩童身上，周圍的人群便可開始提問，向地藏尋求解答。

◇踩影鬼

當**鬼**的孩童追逐逃跑的孩童並踩他們的影子的捉迷藏遊戲。在明治時代僅在舊曆九月十三日的晚上玩。據傳從前是一種踩鬼影的娛樂。

◇打勾勾

訂下承諾時所唱的歌曲。歌詞中的「拳萬」指以拳頭打一萬次，「針千本」則代表吞下一千根針，象徵違反承諾就得受嚴厲懲罰。據傳鎌倉時代初期的確曾有剁手指的刑罰。到了江戶時代，這演變成表達愛意的儀式。

◇彈指

以食指指尖彈拇指指腹發出聲響，類似彈彈珠的動作。**密宗**有一種「彈指」**咒法**，據信有祓除邪氣之效。

◇扮鬼臉

由以眼神的**咒力**互相**瞪視**的**咒術**對決演變而來的遊戲。玩的時候喊的「啊噗噗」意義不明，或許曾是某種**咒文**。

◇圍棋

源自中國、代表古代宇宙觀的遊戲。黑白代表陰陽，圓形的棋子與方形的棋盤象徵天地，即動態的天與不動的大地。

◇下雨歌

一首**童謠**。根據都市傳說，唱到第三段時會受到**詛咒**，將有幽靈現身。

◇托米諾地獄

一個與詩有關的都市傳說。據傳朗讀西条八十的詩集《砂金》中的〈托米諾地獄〉將啓動這首詩的**咒力**，除了帶來不祥之事，甚至可能導致死亡。事實上，西条八十並沒將這首詩當成**詛咒**來寫。

◇一人捉迷藏

這是現代的**降靈術**。準備一個填入米和自己指甲的玩偶，按照儀式步驟，在凌晨三點玩捉迷藏。同時，也要準備一杯裝有鹽水的杯子。如果忘記了，就無法結束遊戲，而且變成**妖怪**的玩偶會來找你。

◇四角遊戲

現代的**降靈術**。四人聚集在一個正方形的房間裡，各自站在一個角落。A沿牆壁朝相鄰的B移動並拍B的肩膀；B再朝C移動拍C的肩膀。一路玩下去，最早移動的A原本站的角落本應無人，但會突然出現第五個人。

神祕現象、超自然現象

◇靈外質

原本空無一物的地方出現液體等超越物理法則的現象。據信異物是從**靈媒**的身體、口或鼻中湧現的。**長南年惠**以此聞名。

◇自動書寫

本人無意，手卻自發地寫起文字或畫起圖的現象。據信是由靈異的力量所促成。

◇靈魂出竅

魂魄脫離軀體的現象。多由曾經歷瀕死狀態者所描述。

◇**物理靈媒**

能使物體產生移動、出現或消失等物理現象的**靈媒**。

◇**騷靈現象**

發生於住家的神祕現象。指物體自行移動、發出聲響等靈異現象。

◇**靈異照片、靈異影片**

拍到幽靈等非人類靈體的照片或影片。屬於靈異現象的一種。

第四章

激發角色靈感的參考

「術者、異能者、異形」

王、皇族、貴族

◇卑彌呼

約三世紀時據傳以稱爲**鬼道**的神祕術法統治邪馬台國的女王。在《**魏志倭人傳**》中記載：「名曰卑彌呼，事鬼道，能惑眾。」推測她應是某種**巫女**或**咒術**師。

◇日本武尊

記載於《**古事記**》《**日本書紀**》的英雄。日本武尊倭建命在伊吹山看到一隻神化身的豬，公開**明言**其爲「神的使者」，因說錯招致神罰而喪生。

◇當麻皇子

聖德太子之弟。曾於用明天皇的時代擊敗棲息於三上獄（今大江山）的**英胡**、**輕足**、**土熊**三個**妖怪**。據傳擅長妖術的土熊法力高強，當麻皇子以一面神所賜予、具有**咒力**的**鏡**子加以照射，破解了土熊的妖力，成功制服了它。

◇吉備津彥命

在《**古事記**》《**日本書紀**》中登場的皇族將軍。因擊敗吉備國（今岡山縣）的鬼**溫羅**而被尊爲英雄，擅長變化之術等**妖術**。當溫羅變成鯉魚逃進河裡時，吉備津彥變身成鵜鶘，捕捉變成鯉魚的溫羅。

◇天武天皇

在公元六七二年的壬申之亂中獲勝即位的天皇。天武天皇以名曰式盤的占卜工具成功戰勝，並設立了**陰陽道**的機關**陰陽寮**。《**日本書紀**》中記載其「能天文、遁甲」，是一位擅長陰陽道術法的高強**咒術**師。

◇稱德天皇詛咒事件

據《**續日本紀**》記載，聖武天皇之女不破內親王曾三度竊取稱德天皇的頭髮，放進佐保川的骷髏裡帶回宮中念誦**咒文**，祈求藉由將頭髮（生者）放進骷髏（死者）中，將生者送進死靈之地。後來這起詛咒被斷定爲誣告。

◇光仁天皇詛咒事件

公元七七二年（寶龜三年），皇后井上內親王對丈夫光仁天皇下咒。據《水鏡》記載，皇后製蠱後將其投入井中，並召來巫師下咒。翌年二度下咒時爲人所察，井上內親王因犯了**厭魅**及**巫蠱**的大逆之罪而遭廢黜。

◇後醍醐天皇

歷經鎌倉到南北朝時代的天皇。以親身行使稱爲「**聖天供**」的**咒法**成功推翻了鎌倉幕府。聖天供又稱「**聖天法**」或「金輪法」（**一字金輪法**），是**密宗**祕法中的祕法，其強大**咒力**不僅能懲罰仇敵，還能保證行此法者將成爲「一國之王」。金輪指古印度神話中統治全天下的金輪聖王，後醍醐天皇將自己比擬爲統治全天下之王，祈求推翻幕府。最後此願望得以實現，鎌倉幕府數百人自盡，就此覆滅。

神職、巫女

◇巫覡

侍奉神明，以**神樂**及祈禱迎神下凡，傳達**神諭**之人。女性爲「巫」，男性爲「覡」。合稱巫覡。

◇巫女

薩滿。侍奉神明的女性。主要在**神社**中服侍神、在神事中表演**神樂**。亦有如**潮來**或**幽塔**般供**神附身**、傳達神靈之聲的民間女巫。

◇市子

在神前演奏**神樂**的舞姬。或召喚神靈、傳達**神諭**的女性。同**巫女**。

◇梓巫女

撥動**梓弓**之弦迎神附身、擔任**口寄**的**巫女**。同**市子**。

◇潮來

在青森縣的**恐山**召喚死靈，行**迎神**、**占卜**、**加持祈禱**等的現代**巫女**。受委託的潮來會先念誦稱爲「口說」的**咒文**，在進入朦朧狀態時召喚死靈附身，借其口發言。

◇幽塔

行**迎神**、**占卜**、**加持祈禱**等的沖繩**巫女**。名稱源自「說話」的琉球語「幽塔/幽塔哭」。如同**潮來**能召喚先祖亡靈等附身，借其口發言。

◇祝女

琉球王國（今沖繩）的神官、官

僚**陰陽師**。負責執掌各聚落的祭祀儀式。

◇阿曾女

於**鳴釜神事**的御釜殿行神事的女性神職。

◇流浪巫女

不隸屬於特定神社，而是浪跡全國各地行**神樂**、祈禱、傳達**神諭**的民間**咒術**師或占卜師。據《**今昔物語集**》記載，由美作國（今岡山縣）獻祭山中**猿神**的**巫女**演化而來，奉**貓**的頭骨及猿手爲本尊。

◇望月千代女

武田信玄的甥女，望月遠江守信雅之妻。一說認爲她其實是率領**流浪巫女**從事諜報活動的女**忍者**。武田信玄任命在戰爭中成爲寡婦的千代女爲**巫女**頭。千代女以信濃（今長野縣一帶）爲據點，集結一群孤兒少女，表面上的身分是流浪巫女，實際上是透過嚴格修行將她們培養成女忍者。後來千代女命這群流浪巫女遊走諸國，探查各地方武將的動靜並向信玄稟告。

◇審神者

古代在祭祀中負責判別**附身**於神主的神是何方神聖的術者。據傳若爲邪神，審神者亦有能力祓除。

陰陽師

◇陰陽師

陰陽道中占卜吉凶，對抗惡鬼及災厄，施**咒術**者。在平安時代，除了如**安倍晴明**等隸屬於官方的官人陰陽師，也有在民間活動的**法師陰陽師**。

◇法師陰陽師

相對於平安時代供職於朝廷的官人**陰陽師**，在民間活動的陰陽師稱爲法師陰陽師。據說**陰陽寮**中的官人陰陽師通常有二十名左右，當時平安京內的法師陰陽師則超過一百名。

◇唱門師

民間的**陰陽師**，亦可寫作唱文師、聲聞師。他們居無定所，浪跡天涯，除了行祈禱、占卜等，也會賣藝演出，社會地位比**法師陰陽師**還低。

◇隱陰陽師

在民間活動，不隸屬於**陰陽寮**、

非國家公認的**陰陽師**。在《**今昔物語集**》中登場的隱陰陽師，據說無需使用**式神**等道具，只要聽到對象的聲音或看到對象的臉就能施咒。

◇曆博士

隸屬於**陰陽寮**的官人。負責製曆。

◇安倍晴明

活躍於平安時代，史上最有名的**陰陽師**。供職於朝廷，除了占卜吉凶，也留下曾以祈禱治病、能自如操控**式神**等多項傳說。曾師事賀茂忠行，習得**陰陽道**及天文道。關於其出生地有多種說法，傳說其以**白狐葛葉**爲母。爲陰陽道**土御門家**始祖。

◇土御門家

奉**安倍晴明**爲始祖的家族。擅長天文道與**陰陽道**，自平安時代起長期供職於朝廷。

◇安倍晴明救白蛇

收錄在《**簠簋內傳**》中的一則故事。年幼的**安倍晴明**救了一條被孩童欺負的白蛇。白蛇其實是**龍宮**的乙姬化身，晴明因此獲邀進龍宮。龍王向晴明致謝，餽贈了一個能將任何疾病轉移到其他物體上的「**龍王祕符**」，以及能夠知道人的前世與過去，並能聽懂動物叫聲的「青眼」。返回原本的世界後，晴明利用這些龍王贈與的道具開始發跡。

◇安倍晴明與蛙

一則展現**安倍晴明**法力的故事。當他造訪一座位於嵯峨的寺廟時，被僧侶及貴族問及：「你能操控**式神**取人性命嗎？」晴明回答：「是能取人性命，但無法使人復活。並無益處。」此時他看見寺廟庭院裡有數隻蛙跳躍，有一位貴族說：「若所言爲眞，請以那些蛙來證明。」無奈之下，晴明摘了些庭院裡的草，唸咒並將草朝蛙一抛，蛙群果然死去，圍觀者見之無不驚恐。

◇安倍晴明與花山天皇的頭痛

安倍晴明的一則故事。花山天皇爲頭痛苦惱不已，晴明卜卦後稟告：「陛下前世是一位尊貴的行者，但死後頭顱被夾在岩石間受到擠壓，現世才會頭疼。」實際勘查晴明所指的地點，的確發現一顆被夾在岩石間的骷髏，便將之移到空曠處。據傳花山天皇的頭痛就此痊癒。

◇安倍晴明與算木

一則敘述**安倍晴明**如何操縱人的情感的故事。算木爲古中國用於易占及計算的工具。庚申之夜，晴明對聚集在宮中的人說：「容我表演一段餘興，博諸君一笑。」說完便開始排列算木。此時雖然沒什麼好笑的，大家卻開始笑了起來。晴明又將算木挪動一番，笑聲便戛然而止。

◇安倍晴明的詛咒返還

有一回，**安倍晴明**見到烏鴉拉糞落在一位名叫藏人少將的貴族身上。晴明看出烏鴉是**陰陽師**所操控的**式神**，便以**固身**法拯救遭**詛咒**的少將，徹夜抱著他唸咒祈禱。後來化爲烏鴉的式神被驅回，下咒的陰陽師遭到晴明返還的式神攻擊而死。

◇安倍晴明與靈劍

傳自百濟的「**守護劍**」與「**破敵劍**」在平安京的大火中遭到焚毀，**安倍晴明**於是奉村上天皇之命製作了新的靈劍。一說**靈劍**是經**賀茂保憲**之手復活，晴明僅是扮演助手的角色。

◇蘆屋道滿

與**安倍晴明**互爲宿敵的**法師陰陽師**。出生於播磨國（今兵庫縣）。一說食用人魚成爲不死之身的**八百比丘尼**之父秦道滿，即爲蘆屋道滿。

◇道摩法師

平安時代的**法師陰陽師**，被認爲

與**蘆屋道滿**可能是同一人物。曾試圖下蠱殺害藤原道長。據傳他將咒物埋在法成寺境內，以使道長踏上該地而受**詛咒**。然此陰謀被**安倍晴明**的**式神**識破。

◇安倍晴明與蘆屋道滿鬥法

某日，宮中舉行了一場誰能猜出藏有十五顆蜜柑的長櫃內裝有什麼的鬥法競賽。**蘆屋道滿**回答：「蜜柑十五顆。」**安倍晴明**便將蜜柑變成老**鼠**，回答「鼠十五隻」而獲勝。

◇安倍晴明與蘆屋道滿對決

宿敵**安倍晴明**與**蘆屋道滿**的最後對決。被逐出京都的道滿與緊追不捨的晴明，最後在兵庫縣鱧飛橋展開對決。雙方放箭互射，最終均力竭而死。

◇賀茂家

包括賀茂忠行與**賀茂保憲**父子在內、卓越**陰陽師**輩出的菁英家族。據傳賀茂家屬**修驗道**始祖**役小角**（賀茂役君）一系。

◇賀茂保憲

平安時代的**陰陽師**，爲**安倍晴明**師兄。十歲時就能見鬼神，並由其父賀茂忠行傳授各種**陰陽道**術法。後於宮中執掌占卜及**祈雨**儀式等。

◇大津大浦

活躍於奈良時代的**陰陽師**。出身於**陰陽道**世家，以僧侶身分前往新羅（曾存在於朝鮮半島的國家）留學後，還俗成爲陰陽師。原本爲藤原仲麻呂效力，但得知仲麻呂意圖謀反後向朝廷密告，就此發跡。後因摯友和氣王圖謀叛亂，大浦亦遭貶謫。

◇弓削是雄

活躍於平安時代前期的**陰陽師**。**《今昔物語集》**載有他以**式占**拯救一名差點遇害的男子的傳說。

◇滋岳川人

活躍於平安時代前期的**陰陽師**，曾官拜**陰陽寮**的首長陰陽頭，擅長天文觀測及隱形遁甲之術。**《江談抄》**中有川人主持**五龍祭**的記載。

◇山上船主

活躍於奈良時代末期至平安時代初期的**陰陽師**。曾官拜**陰陽寮**的首長陰陽頭，但後來失勢遭到貶官。後因意圖以**厭魅**謀害桓武天皇之罪被流放至隱岐群島。一說其乃作品被收錄於《萬葉集》的知名歌人山上憶良之子。

◇圓能

平安時代的**法師陰陽師**。因協助推翻左大臣藤原道長勢力者，而企圖以**符咒**咒殺左大臣被捕。

◇鬼一法眼

《義經記》中登場的**陰陽師**。雖然以文武雙全知名，但傳說他寫有兵法的祕笈為源義經所竊。

武將、武士

◇坂上田村麻呂、坂上田村丸

活躍於平安時代初期的武將，為擊敗阿久良王、金平鹿、八面大王等眾多的**鬼**怪的英雄。在故事裡名字被寫作坂上田村丸。

◇藤原秀鄉

平安時代中期的武將。傳說曾以沾有唾液的箭鏃擊敗三上山的大蜈蚣，當時的人相信人類的唾液具有某種**咒力**。秀鄉於討伐舉旗反叛朝廷的**平將門**時立下大功。

◇源賴光

平安時代中期的武將。曾與四天王一同擊敗**土蜘蛛**及在京都肆虐的**酒吞童子**。

◇渡邊綱

平安時代的武將，臣事**源賴光**的四天王之一。在與名為牛鬼的妖怪戰鬥時砍斷其臂。據傳事後為防止該臂被取回，命宿直（宮廷與貴族夜宿宮中的警備）每晚以**蟇目**防之。

◇源義家

別名「八幡太郎」的平安時代武將。據《平家物語》記載，堀河天皇為煩惱所困夜夜難眠時，義家**鳴弦**三回並喊出自己的名號「前陸奧守源義家」，天皇旋即康復。

◇源賴政擊敗鵺

源賴政是平安時代以弓術聞名的武將。據《源平盛衰記》記載，曾在二条天皇病倒時效法**源義家鳴弦**。而**《平家物語》**及《吾妻鏡》中則記載，後來賴政發現天皇的病因是一種名為**鵺**的妖魔所致，便射箭將鵺射殺。

◇平清盛的眼力

平清盛擁有足以驅除妖怪的強大眼力。有一回他眺望著積雪的庭院，看見無數骷髏聚集成一個約四十五公尺高的巨大骷髏凝視著他。清盛毫不驚慌地定睛回瞪，骷髏便消失得無影無蹤。

◇平良門

平將門的遺孤。曾受奇人肉芝仙傳授**蛤蟆妖術**，其姊**瀧夜叉姬**一同圖謀推翻朝廷。在讀本《**善知鳥安方忠義傳**》中，他能將小石變成**蛤蟆**使其互鬥。而通俗讀物《時話今櫻野駒》中則敘述其向土蜘蛛習得**蜘蛛妖術**。

◇源義經

從與武藏坊弁慶在橋上的對決、在壇之浦之役中接連從一艘船跳到另一艘船的「八艘跳」等，可以看出源義經擁有**忍者**般的不凡身手。一說認爲忠臣伊勢三郎義盛可能也是忍者。

◇源實朝的凶兆

源實朝在鶴岡八幡宮遭到暗殺之前，身邊出現了各種凶兆。前往八幡宮途中，他夢見了一隻受神使喚的鴿子被殺，後來果眞有鴿子死亡。在八幡宮時，鴿子群起騷動，實朝還折斷了自己的劍。但實朝沒因這些凶兆加強警戒。

◇瀧口武者

平安時代後期在宮中擔任警備工作的武士，據說在以武力戒備的同時，也扮演以**鳴弦**、**流鏑馬**等**咒術**祓除**穢汙**的咒術師性質的角色。

◇細川勝元

室町時代中期的武將，精通**蛤蟆術**。根據奇談集《玉箒木》中的記載，他曾化身成一隻巨大的**蛤蟆**威嚇潛入京都龍安寺的數名盜賊。醉心於**飯綱法**的細川政元爲勝元之子。

◇魔陀羅左衛門

操**犬神**術的浪人。身穿斑紋衣物，額上有一「犬」字。能變身成有斑紋的大狗盜取卷軸。爲通俗讀物《犧駲松金糸腰簑》中登場的角色。

◇毛利元就

咒術常被用於權力爭奪。據傳毛利元就曾在嚴島神社製作一具尼子晴久的人偶，以其行調伏祈禱，人偶的頭在第七天掉落，晴久也在同一年猝死。

僧侶、法師

◇**空海**

活躍於平安時代初期的**密宗**僧侶，也是日本**咒術**界最重要的人物之一。諡號**弘法大師**，生於讚岐國（今香川縣），十五歲前往京都。十八歲進入大學，但後來離開轉投入山岳修行，期間獲一位僧侶傳授**虛空藏求聞持法**。後與**最澄**一同以遣唐使的身分前往中國學習密宗，後推廣眞言宗。留有曾鎮撫**早良親王**的**怨靈**、成功祈雨、讓大日如來現身於嵯峨天皇面前、以杖擊地使泉水湧現等諸多傳說。**高野山**有一位名喚維那的仕侍僧，至今仍每日向空海的靈廟供奉兩餐。

◇**眞魚**

空海的乳名。

◇**弘法大師**

空海的諡號（死後贈予的尊號）。

◇**最澄**

平安時代的**密宗**僧侶。與**空海**一同赴唐，歸國後創立天台宗。傳說當時**比叡山**住有一名行惡多端、名叫**伊吹童子**的**鬼**怪，最澄以**法力**將其驅逐出山。

◇**修圓**

平安時代的僧侶。爲**空海**的宿敵。擅長向生栗祈禱將其煮熟。據傳有回修圓在皇帝面前如往常般祈禱煮栗，遭藏身暗處觀察的空海以**咒力**阻撓。雙方就此結怨，因彼此懷恨而相互施咒。據信爲**守敏**的藍本。

◇**守敏**

在**空海**故事中登場的虛構僧侶，爲空海的宿敵。據信其藍本即**密宗**僧侶**修圓**。

◇**空海VS守敏①（祈雨對決）**

《**弘法大師**御本地》中**空海**與**守敏**以祈雨比劃**咒力**的故事。因在天皇面前顏面盡失而對空海懷恨在心的守敏，以咒力將全世界的龍神封印於瓶中後，提議以**祈雨**比劃咒力。但空海召喚出未被封印瓶中的龍神善女龍王，成功降雨度過難關。

◇**空海VS守敏②（咒術大戰）**

《**弘法大師**御本地》中**空海**與**守敏**以**咒術**對決的故事。守敏爲咒殺空海，於西寺行**降三世明王法**，得知消息的空海則於東寺行**軍荼利明王法**。兩者的**咒力**相抗，降三世明王與軍荼利明王放出的箭在空中相互碰撞，天地為之撼動。此時空海心生一計，放出「空海敗於守敏而死」的謠言。守敏聞之，放鬆警戒停止祈禱，空海乘隙施咒，守敏眉心遭軍荼利明王所放之箭射穿，吐血而死。

◇守敏與地藏菩薩

守敏相關的又一則故事。藏身埋伏的守敏朝**空海**背後放箭，但附近供奉的地藏菩薩代空海受箭，空海因此毫髮無傷。從此守敏失去**法力**，西寺亦隨之荒廢。

◇源信

平安時代的天台宗僧侶。據傳有回源信在**比叡山**遇見一名喚羅剎女的**鬼**女。羅剎女告知自己奉主之命抓捕人類，但未能成命而被殺，懇求源信助其成佛。源信便供養為眾鬼所殺的羅剎女，以**法力**使其順利成佛，轉生天界。以著有將死後世界及地獄的概念引介到日本的《往生要集》而知名。

◇西行

平安至鎌倉時代的僧侶兼歌人。西行本為武士，因不明原因於二十三歲時出家。根據**《撰集抄》**所載，西行三十二歲時，在高野山修行時曾蒐集棄置野原的人骨行**返魂術**。

◇玄翁、源翁

全名源翁心昭，南北朝時代曹洞宗的僧侶。傳說曾以法杖擊碎**九尾狐**變化而成的**殺生石**。金槌也因此故事而被稱為「玄翁」「玄能」。

◇信誓

天台宗的僧侶。當父母死於瘟疫時，信誓誦《法華經》祈求父母復生。後來在夢中收到閻魔大王寫有「我將延你父母壽命，使他們從冥土歸返」的信，夢醒時父母果然復活。

◇良源

平安時代的天台宗高僧。京都爆發瘟疫時，良源於祈禱時看見鏡中的自己長出獠牙變身成**鬼**，便命弟子畫出他變鬼的模樣，製成**護符**廣發於京都，疫情旋即止息。他也因此傳說被稱為「**角大師**」。此外，還有源自其他傳說的諸多別名，例如因其忌日為正月三日，因此又稱「元三大師」；或因曾變成豆粒般大小進宮晉謁天皇，因此又稱「豆大師」；或因擁有滅魔靈力，所以又稱「魔滅大師」等。

◇賴豪

操可怕**妖術**的平安時代天台宗僧侶。曾奉白河天皇之命祈禱皇子順利誕生，但由於延曆寺阻撓未能得到本應獲得的報酬。賴豪怒不可遏，百日不剃髮、不剪爪，**護摩**、**詛咒**，絕食而死，之後皇子也隨之夭折，賴豪的**怨靈**化身爲鐵牙、石軀的巨大**鼠**妖鐵鼠，破壞了延曆寺。

◇命蓮

習得**飛缽之法**的**眞言宗**僧侶。也寫作明練。居住於信濃國（今長野縣）信貴山中的命蓮，曾遣缽飛入山裡奪取富人的食物。惱火的富人將飛來的缽關進倉庫裡。結果整座倉庫隨缽騰空朝信貴山飛去。曾有傳說命蓮人未出山，便治好醍醐天皇的病。

◇性空

平安時代的**密宗**僧侶。據傳其出生時手上持針，自幼便行有許多奇蹟。亦有擅長**飛缽法**、佛經湧米等諸多術法的傳說。此外，據說他還有**毗沙門天**所賜予的兩名名喚**乙**、**若**的**護法童子**隨從。

◇日藏

平安時代的僧侶，又稱**道賢**。據傳曾在山中修行時一度死亡，又在十三日後復生。於死去期間遊地獄到極樂，曾見到成爲日本大政威德天的**菅原道眞**以及被打入地獄的**醍醐天皇**。

◇道賢

日藏的法名。

◇明惠上人

鐮倉時代前期的華嚴宗僧侶。當明惠上人計畫渡海時，一名住在附近的懷孕婦女突然浮出半空，站在鄰近天花板的拉門（障子）的門楣（鴨居）上，高呼「春日大明神在此」，阻止了明惠上人的渡海計畫。當上人同意放棄後，這名女性又如飛鳥般輕盈地飄降下來。

◇文觀

鐮倉時代末期的僧侶。在**眞言宗**中被視爲邪教的**立川流**之集大成者，名弘眞，又稱小野僧正。因調伏北条高時之罪而失勢，遭處流刑。後雖隨鐮倉幕府的滅亡返回京都，但之後又再度失勢。

◇天海

輔佐德川家康的宰相。根據**陰陽五行**說建造**江戶城**的**密宗**僧侶。留有**法力**驚人、曾咒殺家康之敵，並以**祈雨**術拯救受旱魃之苦的百姓等傳說。據信曾向名喚**殘夢**的僧侶習得長壽祕方，辭世時高齡一百零八。

◇殘夢

室町時代據傳壽命超過三百五十歲的會津僧侶。本名秋風道人。據傳習得「長生之術」的長壽祕方，講述三百年前的源平合戰時宛如曾親身親歷。一說與**源義經**死後倖存並不老不死的**常陸坊海尊**爲同一人物。曾與**天海**見面，據傳殘夢告知天海自己吃混有枸杞的飯，天海實踐此法，因此活到一百零八歲。

◇祐天上人

淨土宗僧侶，被譽爲江戶時代首屈一指的**咒術**師之一。據傳精通除靈之術，留有對名叫**累**的惡靈加以規勸，使其成佛的傳說。

◇證空

鎌倉時代三井寺的僧侶。三井寺一位名叫智興的高僧臨終前，年輕弟子證空主動提議以己命交換，**安倍晴明**便行**泰山府君祭**交換智興與證空的壽命。雖然證空因此死亡，但**不動明王**出於憐憫爲他落淚，代替他下地獄。最終，在閻魔大王的安排下，兩人都得以延長壽命。這就是流傳至今的《泣不動緣起》或作《不動利益緣起》的故事。

◇晦巖道廓

江戶時代末期的奇僧。腳底有「大」字斑，據傳將此斑塗上墨並印成**護符**，有驅除惡靈等效果。此外，傳說他也曾在刑場坐禪，以**法力**使死囚的**怨靈**得以成佛。

◇看病禪師

宮廷中的祈禱僧。在皇室成員或貴族生病時，以**咒術**進行治療。名喚**弓削道鏡**是知名的看病禪師之一。

◇道鏡

奈良時代獲稱德（孝謙）天皇寵信而得勢的**看病禪師**弓削道鏡。曾以「宿曜祕法」治癒孝謙天皇的疾病，因此獲得信賴、掌握權力。但因捏造宇佐八幡的**神諭**而失勢，並遭貶謫。據推測，他所使用的宿曜祕法可能是**宿曜道**的一種，但當時宿曜道尚未傳入日本，因此實際上是何種**咒法**尚屬不明。

◇八百比丘尼

據傳因吃了人魚而活到了八百歲的女性。人們相信人魚的肉是長生不老的妙藥，但亦傳殺害或食用人魚會引發災厄。

◇雷童子

雷所賜予的孩子。擁有非凡怪力，曾擊退棲息於元興寺的**鬼**。爲《**日本靈異記**》中登場的角色。

修驗者、山伏

◇役小角

奈良、飛鳥時代的人物，**修驗道**的開山始祖。三歲時已識字，八歲時入學，十七歲閉居**葛城山**學習**孔雀明王法**，累積修行後練就了能操飛行之術、降雨之術等的超凡**咒力**，並有名喚**前鬼**和**後鬼**兩名**鬼神**隨侍左右。因遭到葛城山的**一言主神**在朝廷以讒言中傷，並以其母爲人質要脅下，役小角遭逮捕並流放至伊豆大島。儘管被流放，役小角「在海上奔跑，如鳳般翱翔」「每晚飛往**富士山**修行」等傳言依然不斷。據傳最後成爲**仙人**，飛升天界。雖爲實際存在的人物，但這類超自然故事不斷流傳，逐漸成爲傳說人物。又稱役優婆塞、**役行者**。

◇役行者

即**役小角**。

◇修驗者

修驗道的修行者。又稱修驗僧或**山伏**。大多手持金剛杖，身掛**法螺貝**。以修行得來的**法力**行**加持祈禱**、調伏妖魔、傳達**神諭**等活動，也以從軍祈禱師或間諜等角色活躍於戰時。

◇山伏

即**修驗者**。

◇山人

厭惡俗世、隱居山林的人。山民。從事狩獵、製鐵、燒炭等工作，據傳也與**山伏**交流。

◇能除太子

在**役小角**之前，活動於古墳時代後期至飛鳥時代的神祕**修驗者**。又稱能除仙、蜂子皇子。長有大眼、長鼻、口裂至耳、面色紅黑的異相。出身貴族，為崇峻天皇之子、**聖德太子**的堂弟，因崇峻天皇遭蘇我馬子殺害而逃到東北，於羽黑山修行，後浪跡各地治病救人。據傳亦通曉**神仙道**，活到一百二十五歲高齡。

◇泰澄

傳說中活躍於奈良時代的**修驗者**。為白山**修驗道**開山始祖。於福井縣越知山修行後獲得**驗力**。能以咒文隨心所欲移動石頭，可操飛行之術，亦能**祈雨**、治病。據傳有**臥行者**、**淨定行者**兩名同樣擅長飛行術及**飛鉢法**的**護法童子**隨侍在側。

◇法蓮

擅長**咒術**治療，活躍於飛鳥時代至奈良時代的**修驗者**。於**英彥山**修行後，以**加持祈禱**等治癒了許多病人。據傳活到數百歲高齡。

◇萬卷

在一日內念誦萬卷佛經而得名的**修驗者**。於各地修行後，在箱根落腳，傳說曾以**法力**驅除棲身於蘆之湖的惡龍。

◇淨藏

平安時代的**天台宗**僧侶、**修驗者**。七歲時展露操縱**護法童子**等的**驗力**天賦，能使用**加持祈禱**調伏**怨靈**、操**飛鉢法**等多種咒術。**平將門**發動叛亂時，淨藏於延曆寺行大威德法。祈禱時大威德**明王**的**鏑矢**朝將門所在的東方鳴響飛去，之後，將門便被擊潰。此一傳說載於**《古事談》**等。**《撰集抄》**亦提及他擔任宰相的父親去世，送葬行列經過一条橋（後改稱一条戻橋）時，與行列擦身而過的淨藏以**法力**使其重生。由於宰相在此復活，一条橋也被稱為戻橋（日文「戻」字有返回之意）。

◇修入

平安時代的天台宗僧侶、**修驗者**。為淨藏的宿敵，《古今著聞集》中有一則淨藏與修入進行**驗競**的故事。兩人面對面站在一塊巨大的岩石前，淨藏使**護法童子**附身在岩石上將石浮起，修入則唸咒試圖使浮起的岩石落下。雙方的力量僵持不下，最後岩石裂成兩半。

◇相應

平安時代前期擅長以**不動明王法**調伏惡靈及惡鬼的僧侶、**修驗者**，因以**驗力**拯救了遭病魔附身的藤原良相之女而聲名大噪。後來也治癒了清和天皇及醍醐天皇等人的疾病。**比叡山**所流傳的**山林抖擻**修行、千日回峰行，均爲相應所創。

◇寂仙

傳說擁有**預言**能力且曾經歷輪迴轉世的傳奇**修驗者**。寂仙原是一位在伊予國（今愛媛縣）石槌山修行的修驗者，臨終時留下一句遺言：「二十八年後，吾將轉生爲名喚神野的皇子。」過了二十八年，當時的天皇桓武天皇迎來了一位皇子，並將他命名爲神野親王。後來，神野親王即位成爲嵯峨天皇。此故事載於**《日本靈異記》**。

◇金蓮

由獵師轉爲**山伏**的奈良時代**修驗者**。某日，一隻金色的狼出現在出雲國（現今的島根縣）獵師依道眼前。當他準備朝正要進入洞窟的狼放箭時，**地藏菩薩**突然現身，告訴他至今犯了多少殺生罪行。此時狼變成一位尼姑，自稱登攬尼。依道於登攬尼指導下修行，後出家，以金蓮爲號。兩人結爲夫婦，以山伏與**巫女**的**法力**活躍世間。

◇聖寶

平安時代的眞言宗僧侶、**修驗者**。以復興**役小角**所創始的**大峯山**修行及**奧驅**而聞名。留有曾在大峯山因毒**蛇**出沒，但無法進行奧驅時擊敗毒蛇的傳說。

◇圓珍

「靈蓋」頭形的平安時代**修驗者**。靈蓋指頭頂尖凸的頭形，據傳有此頭形者能**預知**未來，圓珍果然擁有驚人**法力**。傳說曾預知遠在中國的一座寺廟將發生火災，然他身在日本即將火勢撲滅。

◇常陸坊海尊

曾任**源義經**家臣的僧侶。傳說義經死後，倖存的他成爲**山伏**，練就不老不死之身。一說認爲其與江戶時代爲人所目擊的僧侶**殘夢**實爲同一人物。

◇木喰

江戶時代的**修驗者**木喰五行明滿。曾以修驗者的身分遊走全日本，在各地調伏惡靈、治療疾病。同時也是一位留下許多佛像的佛像雕刻師。

◇角行

創立**富士講**的**修驗者**。生於戰國時代後期的長崎，十九歲時在夢中接獲**役小角**的**神諭**，於**富士山**的**人穴**開始修行。據傳德川家康曾爲面見角行造訪人穴。

◇林實利

明治時代的**修驗者**。二十五歲時獲龍王**神諭**出家，於**大峯山**修行十六年。明治十七年從那智大瀑布一躍而下，**捨身**入定。

◇猛覺魔卜仙

開創求菩提山的**修驗者**。曾以**法力**擊敗棲息於犬岳的八鬼（一說此非其名，而是指八個鬼），並將其封印於甕中。

◇怪玄

居住於**吉野山**天狗堂的**修驗者**。同時也是能使喚兩名叫作奪魂鬼和縛魄鬼的鬼，並精通**隱形術**及變身術的**妖術師**。唸咒誦經時，會出現蚤、虱、蚊的妖怪。此外，怪玄本人還能變身成約一點五公尺長的孑孓，從尾部噴水克敵。這些故事載於通俗讀物《松梅竹取談》中。

◇魔風太郎

繼承**役小角**祕術的**修驗者**。本名我慢坊。一日，其兄大熊丸遭京都討伐使**坂上田村丸**所殺。決定繼承其兄成爲山賊首領的我慢坊施展**咒術**撼動群山，並躍上從天而降的黑雲翱翔空中，從此易名爲魔風太郎。

仙人

◇仙人、僊人

道教修行的最高理想，遠離俗世，居於山林，能操空中飛行等各種**神通力**，據傳幾乎不攝食也能活，而且不老。道教經典**《雲笈七籤》**中，將仙人區分爲以下位階：上仙、高仙、大仙、玄仙、眞仙、神仙、靈仙、至仙。

◇神仙

不老不死、能操**神通力**的**仙人**。有時也指生來就是仙人者。

◇神人

仙人的別名。爲一種接近神的存在。指生來就具備成爲仙人素質者。

◇眞人

仙人的別名。是指悟道、修行後成爲仙人者。

◇天仙

位階最高的**仙人**。能自由翱翔空中，居於天界。一說唯有天仙能飛上空中。

◇地仙

居住在地上的**仙人**。他們在地上修行，以成爲天仙爲目標。

◇水仙

居住在河川或湖泊等水中的**仙人**。

◇屍解仙

死後捨棄血肉之軀成爲**仙人**者。據傳太極拳創始者張三豐曾於死後兩百年再度現身，向人們傳授成仙的方法。

◇屍解

指肉體死亡後，魂魄成爲**神仙**。屍解爲「解化屍體」之意。

◇八仙

傳說中著名的八位**仙人**，有**鍾離權**（漢鍾離）、**呂洞賓**、**曹國舅**、**韓湘子**、**張果老**、**藍采和**、**李鐵拐**（鐵拐李）、**何仙姑**八人。

◇鍾離權

呂洞賓的師父，**八仙**之一，又稱漢鍾離。據說他在戰爭中逃入山中迷路，遇見名叫東華帝君的**神仙**，向他習得了各種**仙術**。

◇呂洞賓

八仙之一，爲中國最受敬仰的**仙人**，又稱呂祖。本爲一名官員，在山中遇見八仙之一的**鍾離權**，經過修行習得了各種**仙術**。成仙後四處救助貧苦及患病之人，贏得了民眾的愛戴。香港與台灣的占卜師尊他爲守護神。

◇曹國舅

八仙之一。某日，曹國舅正在修行時，巧遇路過的**鍾離權**和**呂洞賓**，二人問他「在從事何種修行」等問題，聽到曹國舅對答如流，甚喜，便向他傳授**仙術**，引入仙班。

◇韓湘子

八仙之一。年約二十歲時行蹤不明，數年後返家時已能操**仙術**。據傳能操使剛種下的花立刻開花等術法。

◇張果老

八仙之一。移動時總是騎著一匹據說能日行數萬里的白驢。據傳此驢能如紙張般摺疊收起，澆水後又變回驢形（**紙驢**）。

◇藍采和

八仙之一。據傳永遠青春不老，總是穿著奇裝異服、唱著充斥**仙人**教誨的歌曲遊走大街小巷。夏著厚衣，冬著薄衣，僅穿一鞋，衣衫襤褸，腰繫黑木帶等，打扮相當奇特。一說就連是男是女亦無法判定。

◇李鐵拐

八仙之一。隨身拄著鐵杖，「鐵拐」即鐵杖之意。據傳原本身形魁梧，某日將肉體託付給弟子，僅以元神出遊。不料弟子誤將肉體焚毀。李鐵拐回來後發現無肉體可依，於是便附身到附近一位行將餓死的跛腳男子身上。李鐵拐被描繪成持杖男性，正是緣由於此。

◇何仙姑

八仙之一，仙班中唯一的女仙。十五歲時在夢中遇見一位**神仙**，被傳授成仙之法。她依夢中「持續食用雲母粉」的指示行之，漸漸變得身輕如燕，最後便能翱翔天際。

◇西王母

居於**崑崙**的仙女。擁有食之能不老不死的**仙桃**等。雖被描繪成絕世美女，但博物古籍《山海經》將之描繪成有如虎尖牙、如豹長尾的形象。

◇王遠

漢朝時期**仙人**，擁有預知未來的能力。據傳其死後遺骸消失，**屍解**成仙。

◇壺公

漢朝時期**仙人**。遭逐出天界後於人間賣藥。進入壺中便可往返於仙界與人間。

◇彭祖

活躍於殷商時期的道家大師。據傳當時已是超過七百六十歲高齡，但外表仍是青年模樣。擅長**房中術**與**煉丹**。

◇天森道人

幕末插畫長篇小說《小野小町浮世源氏繪》中登場的**仙人**。此道人將帶有天上二十八宿的星辰加持，及地上代表八百萬神的特殊團扇贈與坂上田村丸。據傳田村丸以此團扇破解了**魔風太郎**的術法。

◇國安仙人

明治時代出現的人物，被認爲是日本最後一位**仙人**。擁有能隱形或從天降魚蟹的**神通力**，並曾擔任天皇的諮詢顧問。

◇久米仙人

傳說可操飛行術的**仙人**。據傳某日久米仙人在大和國飛行時，遇見一位在河邊洗衣的年輕女子，並因對方的白皙小腿太令人入迷而從天墜落。後來他與這位女性結爲夫妻，在俗世過著平凡的生活。

◇白道仙人

被認爲是**安倍晴明**師父的**仙人**。晴明的傳說中，有一則他以**泰山府君祭**讓晴明復活的故事。晴明遭**蘆屋道滿**殺害後，白道仙人收集、排列了晴明的骨頭，行泰山府君祭助其復活。

◇天狗小僧寅吉

江戶時代一名遭**天狗**擄走的孩童，本名高山寅吉。他被帶到**神仙**界，習得**仙術**後自**異界**返回人間。

方士、道士

◇方士

道教能操**方術**者。

◇道士

依**道教**教義持續修行，練就特殊能力者。有時也指操**方術**的**方士**。

◇符咒師、符籙師

專司製作除妖**靈符**的**道士**。

◇老子

思想家，被視爲道家思想的開山始祖。著有《老子》，或稱《道德經》。老子的生平充滿謎團，留有許多被神格化的傳說。

◇徐福

仕官於秦始皇的**方士**。他向秦始皇上書「東海有**蓬萊**、方丈、瀛山三座仙山，山上有長生不死藥」，奉命前往東海，其後音訊全無。傳說徐福一行就此東渡日本。

忍者

◇忍者

使用**忍術**進行諜報等活動者。「忍」爲悄悄行動之意。一說或爲**修驗道**之祖**役小角**所創始。

◇道臣命

《**日本書紀**》中登場，被譽爲**忍者**始祖的人物，效忠於神武天皇。深諳將暗號藏入話語或歌曲中，以防敵人識破的「諷歌倒語術」，據傳也擅長以出奇不意的手法攻敵。

◇大伴細人

被**聖德太子**授與「志能便」一職的人物。一般認爲此人即爲**忍者**的原型、甲賀流忍者之祖。

◇服部半藏

著名的「服部半藏」並非人名，而是代代相傳的家族統領頭銜。其中在德川幕府建政過程中貢獻卓著的服部半藏正成尤其活躍，被尊稱爲「**忍者**之父」。

◇風魔小太郎

效忠於後北条氏的**忍者**首領。生於相模國（今神奈川縣）風間村，「風魔小太郎」並非人名，而是代代相傳的家族統領的頭銜。第五代小太郎是一位身高超過兩公尺的彪形大漢，據傳其叫喊連五公里外都聽得見。經過特訓練就夜視能力，擅長夜襲。

◇猿飛佐助

《立川文庫》中登場的虛構人物，爲效忠於眞田幸村的十名勇士——眞田十勇士之一。原向戶澤白雲齋學習甲賀流**忍術**，十五歲時爲眞田幸村所發掘。

◇霧隱才藏

《立川文庫》中登場的虛構人物，爲眞田十勇士之一。原學習伊賀流**忍術**，當過盜賊，遭猿飛佐助等人抓到後改邪歸正。

◇熊若

效忠於武田信玄、疾走如飛的**忍者**。傳說能在約四個小時內跑完兩百五十六公里左右。雖曾背負竊盜嫌疑，但成功捕捉到眞凶——**幻術師加藤段藏**。

◇**韋駄天**

效忠於豐臣秀吉、疾走如飛的**忍者**。據傳一天能奔馳兩百公里左右。

◇**松尾芭蕉**

遊歷全日本的俳句師。松尾芭蕉的出生地正是伊賀，其俳句師父與**服部半藏**正成又有血緣關係。由於一日能走數十公里山路，加上旅費似無匱乏，故一說可能是效忠於德川家族的**忍者**。

◇**眞田眾**

據傳戰國時代效忠於眞田家的眞田眾，操甲賀流所傳承、具**咒術**性質的山間修驗**忍術**「飯繩術」。相傳他們以特殊供物祭祀飯繩山的飯繩權現，因此獲傳**忍者**的祕術。

◇**藤田西湖**

日本最後的**忍者**，大正至昭和時代的甲賀流**忍術**高手。傳聞曾利用忍術兼任政府的匿名間諜。擅長不感覺疼痛的刺針術，據說身刺五百根針依然神色自若。此外還能操空手捧沸水、**過火**等術法。

幻術師、妖術師

◇**幻術師**

使用詭異技法、製造奇異幻象迷惑他人者。又稱**幻術**者。**妖術師**。

◇**妖術師**

擁有超越凡人的技術或力量，使用神祕**妖術**者。同**幻術師**。

◇**果心居士**

戰國時代的**幻術師**。曾在以織田信長爲首的眾多戰國大名眼前表演**幻術**。據傳有回松永久秀邀請果心居士到他的居城，問道「能否讓多次在戰場上出生入死的他感到害怕」。果心居士於是製造出久秀數年前亡故妻子的幻影，使久秀驚駭不已。此外，果心居士也曾在豐臣秀吉面前表演**幻術**，但揭露了秀吉極力隱瞞的往事，爲此觸怒了秀吉，在即將遭處決時，他化身爲**鼠**鑽出繩縛（**變身鼠之術**），讓一隻鷹夾在嘴裡，不知飛向何方。傳說後來又於慶長十七年（一六一二年）在德川家康面前現身。

◇加藤段藏

備受戰國大名畏懼的**幻術師**，亦稱加當段藏。擅長彷若一口吞噬整隻牛的「**吞牛術**」，屢在城鎮上表演。某日有名男子無端找他的碴，怒不可遏的段藏持扇揮了揮一旁的牽牛花的雙葉。花莖旋即長到兩呎（約六十一公分）高。段藏以小刀割下花莖，已經走遠了的男子立刻腦袋落地。此外，在參加上杉謙信的徵才考試時，段藏演出奪取重臣直江景綱的刀、殺死看門狗、劫持其女兒的技巧。據傳這使謙信對段藏的種種奇技心生畏懼而命人伐之。後來段藏投奔武田信玄，但信玄對他同樣感到畏懼。

◇自來也

江戶時代的讀本《自來也說話》中登場的蛤蟆**妖術師**。自越後國（今新潟縣）妙香山的奇人（其實是一位蛤蟆精）習得**蛤蟆術**。能變身成一隻巨大的蛤蟆（**變身蛤蟆之術**），亦可操縱蛤蟆吐出彩虹橫渡天際（**騎蛤蟆**）等**妖術**。以義賊的身分活動，弱點是若被**蛇**血噴到手，術法就會遭破解。

◇兒雷也

蛤蟆術師。比《自來也說話》晚約三十年繪製的通俗讀物**《兒雷也豪傑譚》**中登場的人物，是一位美男子。自仙素道人習得蛤蟆**妖術**，角色設定與**自來也**類似，使用的術法也相同（如**變身蛤蟆之術**、**騎蛤蟆**等）。宿敵爲蛇**妖術師大蛇丸**，戀人則是蛞蝓妖術師**綱手**。

◇大蛇丸

蛇術師。在**《兒雷也豪傑譚》**中以盜賊身分登場，是與**兒雷也**及**綱手**對立的宿敵。從大蛇腹中誕生，擅長魂體分離之術。兒雷也的蛤蟆、大蛇丸的大蛇、綱手的蛞蝓在海上互相牽制、三強鼎立的對峙場面相當有名。

◇綱手

《兒雷也豪傑譚》中登場的蛞蝓術師。遵從仙女「妳命中註定成爲**兒雷也**之妻」的預言，雲遊四海到處尋找兒雷也。後來在**大蛇丸**壓制兒雷也時出場，以短刀蛞蝓丸攻擊大蛇丸，使之畏戰逃離。

◇瀧夜叉姬

骷髏術師。爲**平將門**遺孤，本名五月姬。瀧夜叉姬於鎌倉時代與弟弟**平良門**一同立志顛覆天下，爲報父仇向貴船明神祈禱，獲授**妖術**。曾在相馬的古內廳召喚妖怪考驗前來降妖者，並拉攏他們加入。能以妖術操控骷髏，並召喚各種妖怪。在**《善知鳥安方忠義傳》**中則描述她自弟弟良門習得妖術。亦寫作瀧夜刃。

◇七綾姬

蜘蛛術師。歌舞伎劇目**《戻橋背御攝》**等作品中登場的美女，爲**平將門**遺孤。爲報父仇習得**蜘蛛術**，能變身成蜘蛛奪回曾爲其父所有的重要卷軸（**變身蜘蛛之術**）。其他被設定成平將門遺孤的知名角色還包括**蛤蟆術師平良門**、**骷髏術師瀧夜叉姬**等。

◇若菜姬

蜘蛛術師。江戶時代的通俗讀物**《白縫譚》**中登場的人物。爲切支丹（基督徒）大名大友宗麟之女，自蜘蛛精習得**妖術**。女扮男裝，自稱「白縫」，立志再興大友一家。擅長結**印**召喚巨蜘蛛吐絲縛敵，還能使喚蜘蛛竊取密書和攻敵、將蜘蛛變身爲遊女潛入敵營擔任間諜，以及藉朝空中吐出的蜘蛛絲在天上移動（**騎蜘蛛**）。男裝的若菜姬與女裝的鳥山秋作對峙，相互以妖術爭鬥的場面，尤其精采。

◇痣右衛門

通俗讀物《扇扇爰書初》中登場的**蜘蛛術**師。本爲漁夫的痣右衛門，自**土蜘蛛**末裔習得佛教**眞言**與基督教詞彙混合的**咒語**「南無／咖咿砍枯咿埸嗚埸咿奇啞嗚／帕拉伊索／帕拉伊索」（帕拉伊索爲西葡語paraiso，意思是天國），便能施展蜘蛛妖術。

◇石蜘法印

蜘蛛術師。能以招魂儀式召喚出巨大蜘蛛，鑽入屍體使死者復活。樣貌看似與生前無異，但眞面目實爲圖謀推翻家國的**土蜘蛛**。爲歌舞伎劇目**《四天王楓江戶粧》**中登場的人物。

◇土蜘太郎

蜘蛛術師。自**葛城山**的上臈蜘蛛精習得「蜘蛛**仙術**」。於通俗讀物《梅由兵衛紫頭巾》中登場，與操仙術的金鈴道人演出一段**妖術vs仙術**的大對決。

◇藤浪由緣之丞

蝴蝶術師。本名藤浪由緣之丞春辰。十五歲前被當女童養大的美男子。自岩藤之靈習得**妖術**。能操控紙蝴蝶，乘坐巨大的蝴蝶翱翔天際（**乘蝴蝶**），亦能變身成巨大的蝴蝶（**變身蝴蝶之術**）。幕末的長篇通俗讀物**《北雪美談時代加賀見》**中登場的人物。

◇美妙水義高

鼠術師。爲木曾義仲的遺孤，在夢中見到變成鐵鼠的**賴豪**阿闍梨之靈，自其習得**鼠**之**妖術**。能召喚巨鼠阻擋追兵。

◇仙娘子

能將人變成馬的**妖術師**。自一位名叫馬烈道人的奇人習得**妖術**，在丹波深山誘使旅人吃麥子燒餅變成馬，再將之出售營利。相關故事載於通俗讀物《河內國姥火譚》。

◇七草四郎

近松門左衛門的淨瑠璃劇目《傾城島原蛙合戰》中登場的**蛤蟆術**師。擅長變身**蛤蟆**，或騎在巨大青蛙背上翱翔天際，還能吐出五彩氣息形成彩虹，以蛤蟆之姿渡虹逃脫等**妖術**。應是以天草四郎爲原型。

◇天竺德兵衛

異國出身的**妖術師**。歌舞伎《若綠錦曾我》等劇目中登場的人物。擁有異國血統，運用承自其父的**蛤蟆術**圖謀推翻國家。弱點爲**蛇**血或巳年出生者的血可破解其術。擅長的咒文爲「爹咿爹咿／帕拉伊索／帕拉伊索」。

◇珊魔姬

美女**蛤蟆術**師，但眞面目實爲名叫「玉芝道人」的奇人，與魔道士「蝦靈仙」一同圖謀向人類傳授蛤蟆術，陷天下於魔道之中。爲江戶時代的通俗小說《阿古義物語》中登場的人物。

◇仁木彈正

鼠術師，爲以伊達騷動爲背景的歌舞伎劇**《伽羅先代萩》**中登場的人物。能變身巨鼠竊取卷軸，但在御殿地板下遭護衛荒獅子男之助以鐵扇擊敗而原形畢露。**變身鼠之術**法，也被視爲**忍術**的一種。

◇惡田惡五郎

狐術師，又稱狐魅術士。操尾裂狐的**妖術**圖謀征服天下。能施術在空中畫出彩虹，與狐群一同渡之。通俗讀物《冠辭筑紫不知火》中登場的人物。

◇摩斯陀丸

大猿與人類女性所生之半人半猿的**妖術師**。能操飛行術，以魔術將人或物浮上空中盜走。爲**島村蟹**的宿敵，《島村蟹水門仇討》中登場的反派角色。

◇牛若三郎義虎

幕末的長篇讀本《俊傑神稻水滸傳》中登場的**源義經**末裔。隱居山林中，能操**隱形術**、飛行術等。與立志重振家族的小山惡四郎隆政意氣相投，向隆政傳授**幻術**及**妖術**。

◇姑摩姬

幼時即自**葛城山**的**仙人**習得**仙術**的少女。十歲時已能操飛行術、分身術、**隱形術**等，並擁有不吃也不會餓、不睡也不會累的體質。爲通俗小說《開卷驚奇任客傳》中登場的人物。

◇藤原千方

妖術師，飛鳥時代的地方豪族。能使喚「**藤原四鬼**」：軀體如金屬般堅硬的金鬼、能颳起狂風的風鬼、能製造洪水的水鬼，以及能隱形匿蹤的隱形鬼，並藉著四鬼統治當地。

盜賊

◇石川五右衛門

安土桃山時代眞實存在的大盜賊。在江戶時代的戲劇等中經常被描繪成伊賀流**忍術**的高手。在歌舞伎劇**《豔競石川染》**中則被設定成一位被滅亡的武家之子，爲報父仇操**隱形術**奪取敵方家寶及金銀財寶。在歌舞伎劇《木下蔭狹間合戰》中，則被設定成能將手下的狆犬變成不同模樣的變身術高手。

◇鼠小僧快傳

操**幻術**的盜賊。實錄《天明水滸傳》中登場的人物。爲**天狗**所擄，在淺間山上成爲天狗的夥伴，習得**隱形術**、飛行術等。後來遇到志同道合的德次郎，成爲劫富濟貧的義賊。與江戶時代後期的盜賊鼠小僧次郎吉並非同一人。

◇稻葉小僧

江戶時代中期的盜賊。在歌舞伎劇**《傾城忍術池》**中以稻葉東藏之名登場，被設定成滅亡武家之子，操**隱形術**等**忍術**報家仇。

◇星影土右衛門

江戶時代的讀本《淺間嶽面影草子》及其續集中登場的惡賊。因愛慕名花有主的腰元之女杜鵑花而走上邪路，並習得**隱形術**，犯下了殺人、竊盜等惡行。最後在殺害寄居虫之父與姊姊忘貝時，寄居虫以古鏡映照星影土右衛門，破解其隱形術而被斬首身亡。

◇袴垂保輔

能操**妖術**的平安時代大盜。據傳與**鬼童丸**（鬼同丸）進行妖術對決時，袴垂保輔能施術引燃火、召喚鷹鷲。此外，在**源賴光**等人入足柄山時，他還施展**幻術**上演了一場召喚出熊與蟒使其纏鬥的戲碼，乘隙竊走一行人的行李。亦能操可臨機應變地隱形匿蹤的「遁形之術」。江戶時代的通俗小說《四天王剿盜異錄》中登場的人物。

◇阿紫

遭**九尾狐怨靈附身**的少女。在那須野讓旅人吃下毒麥團子，以「魔行**幻術**」將之變成馬匹出售。擅長口啣寶劍、手結「**邪術**印文」發出鬼火等幻術。相關故事載於通俗讀物**《殺生石後日怪談》**。

◇蒙雲國師

由名叫蛟的**蛇**妖化身為**人偶**的怪僧。從爆炸的岩石中現身，以老人的形象冒充**神仙**迷惑王，亦能操**幻術**造出如牛虎合體的怪物。

祈禱師、靈媒

◇靈媒師

擁有與神靈或死靈等看不見的靈體交流能力的**靈能者**。他們可以讓靈體**附身**，進入**神憑**狀態傳達**神諭**。屬於**薩滿**或**巫女**的一種，例如青森的**潮來**或沖繩的**幽塔**等就屬此類。

◇薩滿（shaman）

能直接與神靈或死靈等靈體交流的**靈能者**。**巫女**。分為供靈體附身的「憑靈型」與將自己的魂魄送往靈界的「脫魂型」兩種。日本的薩滿幾乎都屬於「憑靈型」。

◇太夫

伊邪那岐流對祈禱師的稱呼。行

祭祀、祈禱和**神諭**等。

◇拜屋

民間的祈禱師。

◇薩滿、沙門（saman）

西伯利亞的**靈媒師**。「薩滿」（saman→shaman）一詞的語源。透過**咒術**儀式將自己的靈魂送往天界接受**神諭**，屬於脫魂型薩滿。

◇乩童

台灣的**靈媒師**。亦稱「乩士」「跳童」。

◇巫俗

韓國的女性**靈媒師**。透過名為「굿」（發音 kut，譯作巫法、神祭、跳大神等）的激烈歌舞儀式行靈媒活動。

占卜師、風水師

◇卜部

以卜占預測吉凶的律令制官職。以著有《徒然草》聞名的吉田兼好（原名卜部兼好），被認為是伊豆卜部氏的後裔。

◇占夢師

專門解夢的占卜師。平安時代有不少占夢師。

◇預言家

預言家是指能事先知曉個人私事、或全世界與全人類的未來的人。另一方面，也指向世人傳達神的旨意的神明使者。

◇風水師

以**風水**來解讀**氣**場的術者。藉由觀察地形或方位等自然現象改善氣場、評估土地吉凶的**占術**，就稱作風水。

◇算置

街頭算命攤的始祖。鎌倉時代的占卜師會在街頭吆喝「會占也會算，占卜專家，算命高手」吸引行人，以筮竹和算木（占卜道具）行易占維生。

◇登照

面相師。據說僅需看一個人的相貌、嗓音及動作一眼，就能預測此人的壽命與吉凶。

靈能者、超能力者

◇靈能者

擁有能與靈界或靈體交流的靈能力者。包括**靈媒師**、**薩滿**、**巫女**、**市子**等。

◇超能力者

擁有能做出現代科學無法解釋、不可能發生的事的特殊能力者。能操**千里眼**（**透視**）、懸浮、物理靈媒（**靈外質**）等技能。擁有**神通力**的人。

◇長南年惠

明治初期，以物理靈媒的能力轟動一時的女性**靈能者**。她能將靈體物質化**靈外質**，隔空取神水灌進密封的瓶子裡。雖曾因詐欺罪被逮捕，但因在法官所定的條件下成功將空瓶裝滿神水而獲判無罪。此事成爲一樁記錄有案的「心靈審判」。

◇御船千鶴子

明治末期的**靈能者**。曾以**透視**能力掀起**千里眼**的熱潮。擁有極高度的專注力，在練習催眠術時發現自己擁有透視能力。被認爲是《七夜怪談》裡貞子母親的原型。

◇長尾郁子

與**御船千鶴子**同時代的**千里眼靈能者**。在東京帝國大學助教福來友吉的見證下，成功進行了史上第一次念力顯影實驗。

◇高橋貞子

與**御船千鶴子**、**長尾郁子**同世代的**潮來**體質**靈能者**。在**念力顯影**實驗中進入催眠狀態，成功顯現出自己的手指等影像。

◇三田光一

擁有**千里眼**、**念力顯影**能力者。曾協助東京帝國大學助教授福來友吉的研究，於一九三一年進行了史上第一次成功顯影出「月球背面」的念力顯影實驗。

憑物師

◇憑物筋

祭奉**犬神**、**猿神**、長繩神（**蛇神**）、**蛇蠱**、**管狐**、**尾先**、**人狐**等動物神、動物靈的家系，分別稱爲犬神統、猿神統、長繩統、狐持、土瓶持等。

據傳有時這些祭奉者只要對某人懷恨，就會啓動這些動物神、動物靈的**詛咒**。

◇管狐師

飼養**管狐**的**憑物筋**。又稱爲「管屋」。

◇人偶神

富山縣的**憑物**。據傳混合墓地的土與自己的血做成**人偶**，加以祭奉使人偶神附身，便能實現任何願望。然而，據說人偶神師最後會死於劇痛，墮入地獄。

◇牛蒡種

日本中部地方的**憑物筋**。擁有駭人的**邪眼**、**邪視**能力，牛蒡種僅憑**瞪視**便可使對象身體損傷，嚴重時甚至可能死亡。若懷有牛蒡種、卻想放棄這項**咒力**時，可以祈求牛蒡筋附身到昂貴的物品上，再將其棄置路上，使其轉移到撿到它的人身上。這種術法稱爲護法憑。

◇蛇蠱

香川縣小豆島的家系祭奉的**蛇憑物**。在蛇蠱家系萌生恨意的瞬間，就會立刻啓動**詛咒**，讓蛇鑽入對象的內臟，使其死亡。

◇吸葛

當作**詛咒**神被祭奉的**犬神**之一。源自將**蛇**等生物大量放進隱密的洞中當作神崇拜的**咒法**。能使被附身者精神錯亂。

◇狐憑

指**狐**靈附身於人，或遭狐靈附身者。**管狐**（**管鼠**）、**尾先**、**人狐**、**野狐**、野干等也被統稱爲「狐」。狐憑有附身於個人的，也有附身於全家族的（**憑物筋**）。此外，受**荼吉尼天法**等影響，有時也會以狐靈附身傳達**神諭**。

◇狐風

憑物在佐賀縣的說法。在佐賀縣，被**狐**靈附身稱爲「背狐風」，據傳若背了狐風，只要請**狸**施咒便可解除。

◇狸憑

指被**狸**靈附身者。狸靈可使自己的魂魄進入人體，逐出魂魄附於其身。據傳遭狸靈附身，會無法感受到飽足，而毫無節制地大吃大喝，最後猝死。相傳香川縣與岡山縣有些狸靈會附身於家族受人使喚。愛知縣則有過召喚狸靈傳達**神諭**的習俗。

◇**貉憑**

指被**貉**靈附身，或遭貉靈附身者。在民俗學上將狸和貉視爲不同的動物。據傳狸與狐可以袚除，但遭貉附身則無法治癒。聽說**附身**的貉會吸人血，使人衰弱而死。

◇**狐師**

使**狐**靈附身於人的邪法僧侶、祈禱師、**修驗者**等。據傳除了能以狐靈附身使人生病或死亡，有些狐師甚至能以狐靈施展**隱形術**（以**白狐**的**魔咒**隱身）。

◇**蛇憑**

指被**蛇**靈附身，或遭蛇靈附身者。在福岡縣，傳說遭蛇靈附身者走起路來會蛇行，而且指間會伸出蛇的舌頭。

◇**高天**

室町時代的**狐師**。據傳爲將軍的醫師，將自己馴養的三隻**狐**靈附身到將軍身上，使其患病。

◇**狸師馬桑**

明治至大正時代，一位香川縣的**狸師**老婦。據傳她飼養了肉眼無法看見的母子狸靈，村民有事相求時，老婦就會讓母狸或子狸附身提供協助。（沖繩的妖怪傳說中，馬桑是住在深山林裡令人敬畏的神祕生物）

◇**德兵衛**

驅除**狐憑**的**咒術**師。某回，爲侵擾自家的狐狸所激怒的德兵衛逮到了**狐**，狐拚死拚活掙扎到連尾巴的皮都剝落才順利逃脫。據傳從此狐對德兵衛畏懼不已，只要德兵衛亮出狐狸的尾巴皮，附身於人的狐靈就會脫離人體逃命。

其他術師

◇**咒禁師**

以**咒禁**道的**咒法**治療疾病的**咒術**師。咒禁師學習稱爲**解忤法**與**持禁法**的咒術，保護人不受病魔與惡鬼侵害。從奈良時代到平安時代隸屬於專司宮中**醫療**的典藥寮，後來逐漸爲**陰陽師**的領域所吸收。

◇**咒師**

行**咒法**的僧侶。原本負責舉行驅魔的儀式，後來逐漸演變成一種藝術表演，咒師的角色也由**猿樂師**等藝人所取代。

◇**外法師**

施邪法或**妖術**的咒術師。

◇**咒醫、咒術醫**

使用祈禱或神靈之力的**咒術**治療疾病者。在日本，由**陰陽師**或**修驗者**扮演咒醫的角色。

◇**飯綱師**

操**飯綱法**的咒術師。

◇**軍配者**

戰場上支援作戰的**咒術**師。負責占卜開戰日時的吉凶，進攻的方向，天候的變化，敵營的情勢等。

◇**陵太郎守門**

犬神咒術師。結**印**念咒，犬神就會出現在空中，無需接觸便能破壞對手的武器等。爲《鶬山後日囀》中登場的人物。

◇**橘奈良麻呂**

以繪有仇敵**人偶**的靶練習射其瞳孔的奈良時代**邪術**師。

◇**地神盲僧琵琶**

彈奏琵琶祈禱的音聲**咒術**師。據說至今依然存在於九州地區。

◇**阿倍仲麻呂**

《**江談抄**》中，阿倍仲麻呂死於異鄉變成**鬼**魂，運用飛行術等**神通力**救了同爲遣唐使的吉備眞備。亦有仲麻呂乃**安倍晴明**的祖先之說。

◇**小野篁**

平安時代初期博學多才的文人貴族。據傳白天擔任官僚，夜晚則化身爲閻魔大王的臣下，經由**六道岔路**口的井戶往來於地獄與現世之間。據傳他能以分身之術使靈魂出竅前往閻魔廳，還能夠使死者復活。傳聞有一位名叫藤原良相的官員重病而亡時，他曾向閻魔大王陳情使其復生。

◇**小野小町**

被認爲是**小野篁**之孫的平安時代歌人。同時也是能以和歌操控天候的**咒術**師。曾在久旱不雨時應天皇之邀吟誦和歌**祈雨**。小野小町吟歌後，果眞下起了大雨（即**小野小町的和歌**）。

◇**雨乞小町**

即**小野小町**。

◇由良

薩摩藩末代藩主島津齊興的次男久光之母。爲使久光繼位，她與一位**修驗者**合謀，接連咒殺島津家的繼承人，島津家長男齊彬之子中，有八人因此早逝。第二個兒子死去時，在地板下發現了調伏人偶。此即稱爲「由良騷動」的**詛咒**事件。

◇柿本人麻呂

《萬葉集》歌人柿本人麻呂被奉爲消防之神。理由是他的名字「人麻呂」與「止火」（hitomaro）同音。有些地區則因爲他的名字讀音近似「生子」（hitoumareru）而將他奉爲生育之神。在**言靈**信仰中，有許多這一類的諧音**魔咒**。

◇武內宿禰

《**古事記**》與《**日本書紀**》中所記載、一位活到三百多歲高齡的官員。據傳武內宿禰曾於第十二代到第十六代的五位天皇統治期間仕官長達二百四十四年。傳說他捧**劍**與**鏡**祈禱能召喚落雷，並擁有能碎大石的神力。

◇市川團十郎

據傳歌舞伎演員市川團十郎的「見得」中帶有辟邪的瞪視**咒力**，其**瞪視**具有使人一整年不患病的除厄效果。

◇地板下的老嫗

發生在平安時代前期的**詛咒**事件。占卜預言有人圖謀以**厭魅**妨害醍醐天皇的皇子誕生。經過一番搜索，在皇妃穩子所居的東五条殿地板下找到一位頭戴白巾的老婦人正咬著斷裂的**梓弓**施咒。

神佛

◇伊邪那岐

伊邪那岐是日本神話中的創造神之一。在妻子伊邪那美去世後，前往**黃泉國**探望妻子，一看到妻子腐爛的容姿即驚慌逃離。感覺受辱的伊邪那美追了上去，兩人對峙於**黃泉比良坂**的大石前。伊邪那美發誓「每日要殺死一千名伊邪那岐創造的人類」，伊邪那岐則回應「那麼我每日要使人類降生一千五百人」。這被認爲是日本最古老的**詛咒**及**詛咒返還**。

◇天照大神

日本神話中執掌**高天原**的太陽神。**《古事記》**記載其於**伊邪那岐**禊祓後洗左眼時所生。有名的傳說包括與其弟**素戔嗚尊**的**誓約**，以及隱居天岩戶（天岩屋戶）的神話等。

◇素戔嗚尊

日本神話中的凶暴神祇。爲**天照大神**之弟，據傳於伊邪那岐禊祓後洗鼻時所生。爲**高天原**中的**穢汙**與邪惡的化身。有名的傳說包括遭逐出高天原、流落地上時，斬殺了**八岐大蛇**。

◇女媧與伏羲

中國神話中的神祇夫婦。女媧爲治癒大地的女神，伏羲則爲創造**八卦**的男神。爲象徵將世界分爲天地、男女兩界的**陰陽五行**說的神祇。

◇泰山府君

冥界之神、壽命之神。爲**道教**的神祇。由於被奉祭於中國的泰山，故得此名。在佛教中有時寫作太山府君。**安倍晴明**所使用的延命術**泰山府君祭**，便是向此執掌陰間的神祇祈禱之術。

◇方位神

在**陰陽道**的方位術中執掌各方位的神祇，包括**大將軍**、**金神**等。

◇八將神

執掌各年方位吉凶的八位神祇，幾乎都擁有凶厄的神力。分別執掌五星（土星有二神）、**羅睺星**、**計都星**。

◇歲德神

執掌萬德的神明。歲德神所在的方位，被視爲該年的吉方。

◇太歲神

八將神之一。**木曜星**之精，**歲德神**之子。該方位之於遷移等爲吉方，之於爭執糾紛則爲凶方。

◇大陰神

八將神之一。**鎮星**之精，**太歲神**之妻。之於與女性結婚或生產等與女性相關的事務爲凶方。

◇大將軍

八將神之一。**太白星**之精。之於一切事物均爲大凶的方位。

◇歲破神
八將神之一。**鎮星**之精。凶方。

◇歲殺神
八將神之一。**太白星**之精。之於搬遷、娶妻或招婿爲凶方。

◇歲刑神
八將神之一。**辰星**之精。執掌刑罰。之於植樹、播種等行爲爲凶方。

◇黃幡神
八將神之一。**羅睺星**之精。之於興建房屋等爲凶方。

◇豹尾神
八將神之一。**計都星**之精。之於捕捉有尾巴的生物爲凶方。

◇金神
源自日本最可怕的**方位神**。據傳其**詛咒**不僅能殺死侵犯該方位者，還會殃及其七位親屬死亡（**金神七殺**）。

◇五大明王
密宗中面帶憤怒表情的五尊**明王**。分別是**不動明王**、降三世明王、**軍荼利明王**、大威德明王、金剛夜叉明王。有時也會將金剛夜叉明王替換成烏樞沙摩明王。五大明王信仰自平安時代開始傳播。

◇明王
奉大日如來教令擊敗一切邪惡、降伏無信仰者使其改邪歸正的王。包括**五大明王**等，類型繁多。例如，降三世明王可降伏天魔、軍荼利明王可降伏常隨魔、大威德明王可降伏毒龍與人魔、金剛夜叉明王可降伏煩惱魔、烏樞沙摩明王可降伏樹精。其中**不動明王**爲大日如來的化身，爲明王的代名詞。

◇不動明王
五大明王主尊，又稱不動尊。爲大日如來**降伏**邪惡時的型態，能降伏一切煩惱及邪惡。特徵爲上吊的眼梢與獠牙，背有烈焰，右手持**降魔劍**，有矜羯羅、制吒迦兩尊童子侍奉左右。

◇軍荼利明王
五大明王之一，鎮守南方。能消除煩惱與障礙。八隻手臂或是結**印**，或是持**寶輪**、**三鈷杵**（金剛杵）等法器。向軍荼利明王祈禱的咒法有**軍荼利明王法**等。

◇帝釋天
以印度教戰神因陀羅爲原型的佛教守護神。在**密宗**裡爲十二天之一，鎮守東方。以與阿修羅的鬥法聞名。

◇毗沙門天
佛教中的護法神，即四天王中的多聞天。在**密宗**裡爲十二天之一，被奉爲戰爭之神、財富之神。

◇吉祥天
佛教的守護神，帶來福德的天女。爲鬼子母神之女，**毗沙門天**之妻（一說爲妹）。亦被視爲美的女神。

◇黑夜神
帶來災厄的女神。爲**吉祥天**之妹，容貌醜陋。在**密宗**裡爲閻魔大王之妻。

◇八部眾
守護佛法的八神。分別是天、龍、**夜叉**、**乾闥婆**、**阿修羅**、**迦樓羅**、緊那羅、摩睺羅伽。

◇夜叉
八部眾之一。在印度被視爲**鬼神**，但在日本被視爲**毗沙門天**的隨扈，爲吞噬邪惡的善神。

◇飛行夜叉
翺翔天際的**夜叉**。夜叉被認爲具有飛行能力。

◇乾闥婆
八部眾之一。侍奉**帝釋天**的神祇，執掌舞蹈與音樂。不喜酒肉，僅以香爲食。亦是兒童的守護神。

◇阿修羅
八部眾之一。在印度神話中被視爲**鬼神**。熱愛戰爭，與**帝釋天**爭鬥不休。常被描繪成三頭六臂的形象。

◇迦樓羅
八部眾之一。印度神話中以龍爲食的鳥王。向迦樓羅祈禱的咒法，有止風息雨的**迦樓羅天法**等。

◇金翅鳥王
迦樓羅的別名。

◇八大龍王
八部眾中的「龍」裡的八尊龍王。除了執掌降雨及海洋，也能驅除動物靈。分別是難陀、跋難陀、娑伽羅、和修吉、德叉迦、阿耨達（阿那婆達多）、摩那斯、優鉢羅。

◇荼吉尼天

梵文「Ḍākini」，雖能授予人世間最高榮譽，卻又以悲慘方式奪取人命的黑暗神祇，同時也是啖死者肉的**夜叉**。亦寫作荼枳尼天。其咒法雖**咒力**可畏，但行其法者死後必須將自己的人黃（人體的某個部位）獻予荼吉尼天。平清盛、**後醍醐天皇**、足利直義等，均如此爲荼吉尼天所食。在日本與稻荷神同一化。

◇摩利支天

象徵「陽炎」與「威光」的古代印度女神。在日本被武將奉爲與**毗沙門天**等同的軍神，由此衍生出念誦「摩利支天」、將「摩利支天」四字分開貼於甲冑等的**咒法**。向摩利支天祈禱的咒法，有**摩利支天隱形法**等。

◇摩多羅神

天台宗所信仰的守護神。傳說在一位名叫圓仁的僧侶自大唐歸國時顯現。向摩多羅神祈禱的**咒法**有**玄旨歸命壇**等。

◇妙見菩薩

密宗將**北辰**或**北斗**神格化的菩薩。又稱尊星王。祈求妙見菩薩賜予長壽或消災的祈願儀式稱爲尊星王法。在天台宗中與**吉祥天**同一化。

◇鎮宅靈符神

七十二種**靈符**之神。雖爲守護家庭安全的神祇，但靈符也有帶來長壽、財富等多種效果。爲**道教**及**陰陽道**所使用。一說**密宗**將其與**妙見菩薩**同一化。

◇虛空藏菩薩

具備如無垠虛空般無限的德行與智慧的菩薩。有**虛空藏求聞持法**、**五大虛空藏法**等術法。五大虛空藏菩薩爲將虛空藏菩薩的智慧分成五個部分的合稱，分別爲法界、金剛、蓮華、寶光、業用虛空藏，配置於中央與東西南北，以白、黃、紅、藍、黑代表。

◇金剛藏王權現

役小角在**大峯山**的**湧出岩**修行時現身的神，爲**修驗道**的本尊。又稱藏王權現。呈三眼、表情憤怒、怒髮衝天之相，具有**降伏**邪惡的神力。

◇十二神將

守護藥師如來信徒的宮毘羅、伐折羅、摩虎羅等十二尊神，爲藥師如來的隨從。因爲數十二而被與**干支**同一化，被視爲執掌各時間與方位的神祇。

◇伊勢福

曾存在江戶時代大和國（今奈良縣）的活神。眞實身分是一隻老**狐**。

◇三尺坊

秋葉山的火伏（滅火）神。爲一位經過修行習得**神通力**的僧侶。據傳能在空中翱翔，騎著一隻**白狐**來去自如。

◇灶神

守護家中爐灶的火神。在**《古事記》**中亦有記載。又稱荒神。

◇鬱壘

門神，由**桃**樹神格化而成。與名喚**神荼**的兄弟神一同守護**鬼門**。據傳會以葦索（用葦草編織的繩索）捉拿惡鬼餵老虎。

◇神荼

守護**鬼門**的門神。由蘆葦神格化而成。據傳將其與名叫**鬱壘**的兄弟神的畫像掛在門上，可防惡鬼侵擾。

◇言靈神

宿於五十音中每一個音內的**言靈**之神。可利用母音與子音組合出的五十音的言靈**占術**占卜運勢。

◇蚩尤

古代軍神。據**《山海經》**所載，他曾與風神、雨神聯手與黃帝交戰，但以兵敗告終。

◇一言主神

居於**葛城山**上，能以短短一句話判定是非善惡的**神諭**之神。據**《日本靈異記》**所載，曾向天皇誣告**役小角**意圖謀反，因此遭役小角咒縛。

◇御白樣

奉祀一對男女神明的東北地區民間信仰。**御神體**是一根長約三十公分、雕有人臉並以布包裹的木棒，上面雕刻有臉龐，並用布包裹著。信徒以稱爲「**御白樣遊祭**」的附身儀式祭之。又稱養蠶神。

◇若宮樣

指將爲害人間的邪靈供奉在社祠等處，透過將其奉爲神明祭拜要求邪靈承諾「不再爲害」以將其封印。

◇祟神

作祟的神靈，帶來**詛咒**及災厄。

使魔、精靈

◇八咫烏

被視爲熊野神社神使的三腳烏鴉。據《**古事記**》記載，曾於神武天皇東征時爲其帶路。與烏鴉相關的**咒術**有**熊野牛王符**等。

◇狛犬

寺廟與神社的守護神。通常置於入口左右，一尊張口發出「阿」音，另一尊閉口發出「吽」音。原型爲中國傳說中名喚辟邪的靈獸。

◇安倍晴明的式神

傳說**安倍晴明**在日常生活中也會利用**式神**處理雜務。載於《**今昔物語集**》。

◇十二天將

據傳**安倍晴明**等**陰陽師**曾使喚的**式神**。原本是執掌各方位的神祇，祭祀時會以**人偶**代表。**陰陽道**占術之一的**式占**所用的圓盤，上頭也刻有十二天將的名諱，分別是貴人、**玄武**、勾陳、**朱雀**、**青龍**、大陰、大裳、天空、天后、騰蛇、**白狐**和六合。

◇式王子

伊邪那岐流的太夫所使喚的**鬼神**，須以**御幣**操控。式王子被認爲是**陰陽師**所用的**式神**的子孫。

◇高田王子

伊邪那岐流的**式王子**。負責監視因「**詛咒抽離法**」而被封印的**詛咒**。

◇前鬼、後鬼

隨侍**役小角**左右的**鬼**夫妻**護法童子**。據傳於小角門下修行後，分別被賜予義覺、義賢兩個人類的名字，並生下了五鬼熊、五鬼童、五鬼上、五鬼繼、五鬼助五子。

◇臥行者、淨定行者

隨侍**修驗者泰澄**左右的**護法童子**。精通飛行術及**飛缽法**。據傳有回一位臥行者向運米的船老大要求布施遭拒，臥行者便施法操控米俵，使其飛往泰澄所在的山上。船老大見此奇術深受感動，志願成爲泰澄的弟子，後來這位船老大就成了淨定行者。此外，亦有某回泰澄受天皇之請前往京都治病，發現有些法具沒帶上，隨行的淨定行者便在一瞬間折返取來的傳說。

◇乙、若

隨侍天台宗僧侶**性空**左右的**護法童子**。據傳爲**毗沙門天**所賜。又稱乙童、若童或乙天護法、若天護法。

◇追打鬼、婆羅羅鬼

名叫尊意的天台宗僧侶所使喚的護法神。出現在驅除狐靈的咒文中（**欺騙狐靈**）。

◇弘法大師的犬神

隨侍**空海**大師的護法**犬神**。在紙上畫出山犬，並施咒將其精靈化，當作幫助眾生的守護神。然而某日犬神擺脫了束縛，成爲無法控制的**外道**、**憑物**。此爲關於犬神起源的傳說之一。

◇要鳥

伊邪那岐流所傳承的「**伊邪那岐祭文**」中，從伊邪那岐屋形的寶箱中飛出的鳥。一說爲伊邪那岐大神的**式神**或守護神。

怨靈、惡靈、靈魂、幽靈

◇怨靈

抱持強烈怨恨爲害人間的死靈或**生靈**。相信災禍爲怨靈所爲者，會試圖鎮撫、供奉怨靈，將之當作**神明崇拜**以避災厄。

◇靈魂

亦簡稱靈或魂。爲人類生命的支柱，即使離開肉體仍可存在。**神道**系的**咒術**認爲萬物皆有靈，可將之激發用於咒術。

◇生靈

亦寫作生魂、窮鬼。指人類的**靈魂**或氣。有時可能擺脫控制附身至仇人身上，造成危害或奪取生命。《源氏物語》中登場的**六条御息所**便是個有名的例子。

◇聖德太子

飛鳥時代攝政並努力爲政的政治家。根據記載於六二二年病逝，但亦有一說其死於暗殺，並化爲怨靈撼動全京都。太子歿後第二十三年，即太子全族滅亡的翌年，池水突變血紅且散發惡臭，天現怪鳥，奇花異草叢生，兩隻**蛤蟆**及兩頭紅牛以雙足行走，無數青蛙爬行門前等，各種異象相繼發生。

◇長屋王

死後化爲**怨靈**的奈良時代左大臣。與之對立的藤原氏向朝廷誣告「長屋王暗中學習**左道**（**妖術**），圖謀推翻朝廷」，長屋王爲此被迫自殺。自盡後，長屋王的屍骨被焚並投棄河中，一路飄流至土佐（今高知縣），據傳其怨靈導致土佐百姓大量死亡。

◇菅原道眞

日本三大**怨靈**之一，本爲平安時代前期的學者。雖晉升至右大臣，但因冤罪遭貶官而死。歿後政敵非死即災，被認爲此乃道眞化爲怨靈肆虐，懼者便將道眞奉爲神明祭之，如今已被視爲學問之神。此外，一說被視爲道眞象徵的「梅」，實爲蘊藏**咒力**的**五芒星**。

◇平將門

日本三大**怨靈**之一。平安時代中期成爲關東豪族日漸壯大，後爲**藤原秀鄉**等人所敗，死後於京都遭曝首，並傳說其首級飛往關東。至今仍相傳若移動或破壞位於東京的**平將門首塚**，其怨靈勢將禍害人間。

◇崇德天皇

日本三大**怨靈**之一。爲平安時代後期的天皇。與後白河天皇爭奪繼任皇位失敗而遭流放，至死未能返回京都。死後化爲怨靈，京都大火及政敵之死，均被視爲崇德天皇的怨靈**作祟**。

◇早良親王

桓武天皇之弟，因冤罪被判流刑並死於孤島。據傳因此化爲**怨靈**爲害人間。

◇伊予親王

桓武天皇之子，因謀反之罪而遭幽禁，後與母一同爲證明清白而服毒自盡，死後化爲**怨靈**。

◇橘逸勢

平安時代的政治家。因承和之變而遭流放，途中抱憾而終。死後天現**白虹**、彗星等凶兆，被視爲逸勢化爲**怨靈**作祟。

◇楠木正成

化爲**怨靈**的鎌倉至南北朝時代武將。亟欲奪取打敗正成的將軍大森彥七的寶劍，有時化爲美女現身，有時以異形之姿顯靈天際。載於《太平記》。

◇**六条御息所**

《源氏物語》中登場的寡婦。因滿懷嫉妒而化爲**生靈**咒殺情敵。

◇**化身蝴蝶的死者靈魂**

通俗小說**《善知鳥安方忠義傳》**中提及的神祕蝴蝶。武將源賴信遭**妖術師**肉芝仙施法發狂而殺害手下。接著，死去手下的靈魂化爲群**蝶**，彷佛有話想說般於賴信身旁飛舞，賴信於是恢復理智。

◇**霜夜星**

載有**怨靈**故事的讀本。在《霜夜星》中，一名因遭丈夫背叛懷恨而死的女子化爲怨靈。從口中吐出無數老**鼠**，每晚糾纏其夫。待其夫飽受折磨，鼠群合而爲一，化爲女子之姿現身。

◇**姑獲鳥、産女**

死於難産的女性化成的**怨靈**、妖怪。

◇**累**

江戶時代的惡靈。名叫累的醜女遭丈夫（一說爲父親）殺害，死後化爲惡靈附身於其夫後妻之女身上。後由**祐天上人**超渡成佛。原爲眞人眞事，後來演變成怪談《累》廣泛流傳。

◇**毗陀羅**

被以**起屍鬼法**復活、操控的死者。

◇**持衰**

不食肉、不潔身，航海時用於消災辟邪的人牲（**生祭**）。據傳航程順利可獲獎勵，若有不順則殺之。載於**《魏志倭人傳》**。

鬼

◇**鬼**

具有**神通力**的怪物。或肉眼看不見的威脅性靈體。一說因其絕不現身的特性又被稱爲「隱」。傳說中有怪物的鬼、佛教的**鬼神**（**八部眾**）、神明的鬼等各種形態。

◇**鬼神**

肉眼看不見的駭人靈體。神或精

靈。

◇不歸順民族

不服從大和朝廷的民族。又稱**鬼**、**土蜘蛛**。

◇玖賀耳之御笠

傳說曾居住在**《古事記》**中所載的丹波國（今京都府）的人物。推測或爲**土蜘蛛**、**鬼**、**不歸順民族**的首領。

◇藤原四鬼

藤原千方所使喚的四個**鬼**。分別是身體硬如金屬的金鬼、能颳起狂風的風鬼、能製造洪水的水鬼，以及能隱身的隱形鬼。他率領這四個擁有特殊能力的鬼征戰。

◇英胡、輕足、土熊

居於三上嶽（今大江山）的三**鬼**。操飛天、碎石、降雨等妖術，其中的土熊能操碎石遁地，藏匿身形的**隱形術**。爲**聖德太子**之弟**當麻皇子**所敗。

◇兩面宿儺

一個軀體上有著雙面、四臂、四腿的**鬼**，爲一異類英雄。在**《日本書紀》**中以「宿儺」之名登場，被描述成一個威脅飛驒國（今岐阜縣）百姓而遭朝廷軍討伐的惡鬼。但在飛驒當地卻被奉爲討伐惡龍及鬼的英雄，備受讚譽，相傳是一位能運用四臂巧妙揮劍操弓的武藝高手。岐阜縣高山市有其曾化身十一面觀音顯靈的傳說。

◇惡路王

以岩手縣達谷窟爲據點肆虐的**鬼神**。一說實爲**不歸順民族**的首領。

◇大嶽丸

爲**坂上田村麻呂**所殺者的怨念生成的鈴鹿山**大鬼**。據傳擁有駭人的**神通力**，操稱爲三明之**劍**的三把無敵神劍，無人能敵。

◇鈴鹿御前

鈴鹿山的鬼女。曾使大嶽丸放下戒心，乘機奪取其三把劍中的兩把，削弱其武力。

◇伊吹童子

御伽草子《伊吹童子》中登場的**鬼**。其母懷胎三十三個月才誕生的鬼子，被拋棄於伊吹山，因習得**神**

通力而永保少年樣貌。後移居**比叡山**，遭**最澄**以**法力**驅除。根據《伊吹童子》所述，後定居大江山，成爲**酒呑童子**。

◇酒呑童子

平安時代以大江山爲據點的**鬼**族大將。以**茨木童子**及四鬼（熊童子、星熊童子、虎熊童子、金童子）爲隨從。後世有人將其視爲**八岐大蛇**之分身，遭**源賴光**以**神便鬼毒酒**灌醉而敗之。

◇外道丸

酒呑童子的乳名。被寺廟收養的外道丸原爲一名美少年，但在焚燒充滿女性恨意的情書時，被煙所籠罩而化身爲**鬼**，成爲大江山的酒呑童子。

◇茨木童子

酒呑童子的頭號鬼部下。在羅生門（一說**一条戾橋**）與武將**渡邊綱**對決時被砍斷手臂。常化身爲女性。

◇鬼童丸

欲取**源賴光**性命的妖賊，亦寫作鬼同丸。一說爲大江山**酒呑童子**之子，曾化身爲牛伏擊源賴光。於江戶時代曲亭馬琴的小說中以**妖術師**鬼同丸的身分登場，與盜賊**袴垂保輔**展開妖術對決。

◇丑御前

據傳誕生時就有**菅原道眞**的**怨靈**附身體內的**源賴光**之弟。爲丑日出生的鬼子，後於武藏國（今東京都）爲兄長賴光所敗。亦有其於淺草寺殺害僧侶後，逃進對岸的牛御前社就此消失的傳說。

◇紅葉

長野縣**戶隱山**的鬼女。於室町時代後期的謠曲《紅葉狩》中登場。故事敘述平維茂賞楓時識破一美女眞面目爲**鬼**，而將之驅逐。戶隱山有許多關於鬼的傳說，如「**鬼無里**」等。

◇溫羅

吉備國（今岡山縣）鬼城山鬼城中的**鬼**。雖爲**吉備津彥命**所敗並遭斬首，但其頭顱仍持續呻吟十三年之久。後爲吉備津神社所祀，成爲傳達**神諭**之神（**鳴釜神事**）。爲桃太郎故事中鬼的原型。

◇角大師

即**良源**。

◇青頭巾

栃木縣某荒廢寺廟裡，有一僧因食童子肉而化爲食人鬼，高僧快庵覆之以青頭巾並使其誦讀漢詩，終得成佛。載於江戶時代的怪談**《雨月物語》**中。

◇宇治橋姫

《平家物語》中被認爲是**丑時參拜**原型的鬼女。原爲貴族之女，因嫉妒而發狂，依**貴船神社**的神示，以異樣扮相連續二十一天浸於宇治川中，活生生化爲厲**鬼**，大肆屠戮百姓。

◇屍鬼

附身於屍體，並以**起屍鬼法**操控屍體擊敵的**鬼神**。又稱起屍鬼。

◇葛城山之僧

平安時代前期因沉溺愛欲而成**鬼**的僧侶。該僧餓死後化身爲鬼，實現愛慕天皇之后的心願。亦有遭**相應**祓除之說。

◇塵輪

爲仲哀天皇所敗的異國**鬼**。遭神弓射祓時落下的首級化爲**鬼石**，殘存至今。

◇精螻蛄

透過天窗窺視家中的**鬼**。每逢六十日一度的庚申之日從人體內鑽出，向天帝告發此人惡行。據傳若遭精螻蛄告發，壽命將因此縮短。推測是從**庚申信仰**中的**三尸**蟲所衍生的妖怪。

→「防止精螻蛄危害」參照66頁

魔、妖怪、異形、異事

◇夜刀神、夜刀之神

在日本神話中登場、頭長尖角的**蛇**神。據說只要看到祂的模樣就會遭滅門之禍。相傳曾於某豪族開墾葦原時現身阻撓，但敗於人類之手。該豪族爲避免夜刀神**詛咒**，設立「標梲」將神與人的領域分界。載於《常陸國風土記》。

◇四魔

誘人入邪道致死的四種魔物。分別爲產生煩惱的煩惱魔、攪亂心身的五蘊魔、奪取生命的死魔、以及妨礙善行的天魔（又稱第六天魔王）。

◇九尾狐

金毛九尾的**狐**狸，能化身美女誘惑統治者玩弄國家。以「神變奇異術」化身美女，如商紂王之后妲己、幽王之后褒姒，以及誘惑日本天皇的**玉藻前**。後遭**陰陽師**揭露眞面目而逃離京都，藏身於下野國那須野時遭到殺害。後九尾的**怨靈**化爲稱名「**殺生石**」的岩石，釋放毒氣折磨人畜。最後在浪跡天下的高僧**玄翁**擊碎石頭下，世人方得解脫。

◇玉藻前

迷惑天皇的絕世美女，眞面目爲美麗**妖狐**金毛**九尾狐**。根據**《簠簋抄》**所載的**安倍晴明**傳說，玉藻前迷惑了近衛天皇，後於晴明的**泰山府君祭**中遭揭穿眞面目。在能劇**《殺生石》**中，爲九尾狐所惑的則是鳥羽天皇，而揭穿其眞面目的人爲安倍泰成。

◇八岐大蛇

八頭八尾的大蛇。在日本神話中遭**素戔嗚尊**以酒灌醉而敗之，並從其尾發現一神劍，即爲**天叢雲劍**。亦有大蛇死後轉生爲**酒吞童子**或安德天皇的傳說。

◇土蜘蛛

狀似**蜘蛛**的巨大妖怪，爲**源賴光**的名刀**蜘蛛切丸**所敗。在江戶時代的故事中以邪惡的化身登場（如**石蜘法印**等）。在神話中則指違抗大和朝廷的「**不歸順民族**」。

◇鵺

夜晚鳴叫的不祥之鳥。推測原型應爲懷氏地鶫，其聲被視爲不吉。京都曾出現集多種動物的元素於一身的怪物，亦以鵺稱之。

◇付喪神

亦寫作九十九神。是一種器物在漫長歲月中爲神靈所宿而化成的妖怪。據傳會攻擊不惜物者。有專用於封印付喪神的**付喪神封印咒法**。

◇疫病神

帶來疾病等災禍的邪神。瘟疫流行時，各村莊會行驅除病神的**咒術**儀式。

◇天狗

通常被認爲是作**山伏**打扮的妖怪，但一說乃**驗力**（咒力）強大的**修驗者**或僧侶墮落而就。據傳**空海**的弟子眞濟因愛慕有夫之婦而化爲天狗。

◇八天狗

居於八座山的**天狗**。包括**愛宕山**的太郎坊、**比良山**的次郎坊、相模大山的伯耆坊、**大峯山**的前鬼坊、**鞍馬山**的僧正坊、**飯繩山**的三郎坊、**白峰山**的相模坊、**英彥山**的豐前坊。

◇天狗（山海經）

地理古籍《**山海經**》中描述的傳說生物，爲雷等天體現象的別名。

◇河童

會附身於人、變化樣貌、助人行善等，不同地區各有不同的傳說。由於它喜好神事相撲與供奉水神的黃瓜，因此被認爲與水神有關聯。

◇水蝠

類似**河童**的妖怪。它會附身在山裡或海邊的人，在他們的身上形成膿包。據說，使用左繩捆綁榕樹等，再打**釘**唸**咒**，膿包就會消失。

◇清姬

遭僧侶安珍背叛而由愛轉恨，化身爲**蛇**，將躲進廟鐘的安珍燒死的女性。廟鐘象徵**結界**，因此這故事帶有煩惱之火可破結界的意涵。

◇刑部姬、長壁姬

居於兵庫縣姬路城天守閣的妖怪。一說本爲位於姬路城所在的姬山上刑部**神社**的大神，其**詛咒**導致姬路城城主池田輝政病倒。

◇蟹坊主

居於廢寺的蟹妖。會化身爲和尚問人類：「兩足八足大足二足橫行自在兩眼大差」，若給不出答案就會被它吃掉。

◇鍋島妖貓騷動

妖貓傳說爲歌舞伎備受歡迎的戲劇主題。爲了報復飼主遭斬殺之仇，其所飼養的**貓**化爲一隻長有七條尾巴、高達五丈（約十五公尺）的妖貓，向鍋島家尋仇。

◇山本五郎左衛門

《稻生物怪錄》中登場的妖怪首領。自稱魔王同類，並對毫不畏懼妖怪的人類稻生平太郎的剛強大表欽佩。當平太郎高喊「山本五郎左衛門出來」並以木槌敲打柱子時，便會立刻現身提供幫助。

預言獸

◇阿瑪比埃

傳說中的**預言**獸，有著三隻腳的海妖，又譯作「海異光」，其畫像有驅除瘟疫之效。弘化三年（一八四六年）於肥後國（今熊本縣）海域現身，昭告接下來雖連續六年豐收，但將有瘟疫流行，要人們畫下自己的形象示予世人，語畢旋即消失。近年因新冠疫情，在社交媒體再度引發關注。

◇阿磨比古

又名尼彥、天彥、天日子、海彥，能預言疾病或農作物豐荒的妖怪，據傳畫下其形象製成護身符，便能消災解厄。一說是將**阿瑪比埃**誤植爲阿磨比古。

◇件

西日本傳說中的人面獸身**預言**獸。爲人和牛所生。據傳預言將有災害或瘟疫後，便會立刻死亡。

◇神社姬

能**預言**未來的人魚。神社姬爲江戶時代於肥前國（今佐賀縣、長崎縣）現身的妖怪，人頭魚身，頭長尖角。據傳爲**龍宮**神使，曾預言將有霍亂疫情。據傳畫下其形象製成護身符，便能度過難關、延年益壽。

◇倫獅（kudabe）

曾於越中國（今富山縣）現身的人面獸身**預言**獸。與**阿瑪比埃**和神社姬同樣預言將有瘟疫，建議宜繪其形製成護身符後，旋即消失。

◇白澤

中國的靈獸。據傳能操人語，黃帝曾聽其言消除世間百害。

◇預言鳥

山梨縣傳說中的**預言獸**。爲一頭黑色，另一頭白色的雙頭烏鴉。近年與**阿瑪比埃**同樣因新冠疫情的影響，於社交媒體等再度引發關注，山梨縣立博物館館員將之命名爲「預言鳥」。

動物、生物

◇狐

日本三大**憑物**中最常被提及的動物，全國各地均有傳說。狐的憑物種類繁多，包括**尾先**、**野狐**、**人狐**、**管狐**、飯綱、**管鼠**、管、**阿寅狐**等。

◇蛇

日本三大**憑物**之一。主要分布於四國至山陽地方，有諸如蛇、蛇神，以及**土瓶**、勝蟲、長蟲等多種名稱。僅聞其名就被視爲不祥，爲避免言及避諱用字，改以小龍、長者、長繩、長物等別名稱之。

◇犬

日本三大**憑物**之一。爲日本中國及九州地區傳說中人爲製造的詛咒神，以**犬神**最爲有名。此外，在不同地區有不同的稱法，例如熊本縣就稱之爲**狗神**。

◇狸

與狐同爲最常附身於人的動物。有豆狸、鼬狸等。福島縣相傳狸會殺死自己幻化成的人並食其舌，吃了人舌便能操人語。雖會爲惡，但亦有隱神刑部等被奉爲神明的狸。

◇白狐

具有**神通力**的白**狐**。毛色隨年歲增長而變白。據信能幻化成人。

◇貓

擁有強大**咒力**的動物，死後會成爲貓神附身於人。相傳貓能吸取死者魂魄，甚至能操控屍體。

◇鼠

《古事記》中記載鼠曾救神一命，所以鼠被視爲神使，並能聽懂人語。又爲了避免鼠靈**詛咒**，或將老鼠奉爲福神祭祀，或將鼠字視爲避諱用字不直接言及，改以「媳婦」等別名稱之。

◇藤原道長的白犬

藤原道長所飼養的狗，爲一能感測**咒物**的靈**犬**，有回咬住道長的衣服，阻止其進入寺門。經**安倍晴明**調查，發現地面有咒物冒出。

◇紙驢

八仙之一**張果老**所騎乘的白驢。能日行數萬里，用不到時可如紙般摺疊，方便攜帶。需要用到時只要在摺扁的紙驢上灑水，便能變回原本的驢子。

◇守鶴

群馬縣館林茂林寺裡的一隻具有**咒力**的**狸**。有回住持因無壺煮茶而困擾，守鶴和尚便贈與一個不論倒出多少水都不會用罄的水壺。據傳守鶴於茂林寺度過一百六十一年後消失無蹤。這個傳說成爲民間故事《分福茶釜》的原型。

◇**妙椿**

於《南總里見八犬傳》中登場，爲養育伏姬之愛犬八房的**狸**化身，欲以**妖術**報復里見家。能藉靈玉甕襲之力颳起疾風，或以**幻術**欺敵。

◇**三尸**

據傳寄居於人體，造成衰老與疾病等的蟲。有**上尸**、**中尸**、**下尸**三種。因以穀物爲食，因此可以**辟穀**驅除。據傳三尸也負責向天帝上告人類的惡行，倘若惡行重大，壽命會縮短。

◇**上尸**

三尸的一種，寄居於**上丹田**，能造成耳、鼻與頭部的疾病。呈道士之姿。又稱青古、彭踞。

◇**中尸**

三尸的一種，寄居於**中丹田**，能造成心、肺與精神方面的疾病。呈獸類之姿。又稱白姑、彭質。

◇**下尸**

三尸的一種，寄居於**下丹田**，能造成骨骼、皮膚、胃腸與神經等方面的疾病。呈人腳牛頭之姿。又稱血尸、彭矯。

◇**黑衣郎山公**

操**妖術**的猿猴。有**千里眼**，能生黑雲、降大雨、引發洪水，甚至能從雲中伸手擄走公主，無惡不作。爲通俗小說《蟹猿奇談》中的反派角色。

◇**葛葉**

一隻擁有**咒力**的名**狐**。又稱信田狐、葛葉狐。據傳爲**安倍晴明**之母，生下晴明後眞實身分遭揭穿，便躲進信田的森林中。此類狐幻化爲人的傳說，所在多有。

◇**島村蟹**

忠臣島村貴則的靈魂轉生而成的蟹，島村貴則爲救出遭**摩斯陀丸**擄走的主君之女而自盡，幻化成群蟹，將主君之女運至岩窟中。爲通俗小說《島村蟹水門仇討》中的登場人物。

憑物

◇靈狐

擁有靈力的**狐**，即狐靈，或指隨侍神的狐。使喚**管狐**、**尾先**等來達成目的的**咒術**，稱爲靈狐使役法或**靈狐術**。

◇管狐

擁有靈力的小型狐，通常被**修驗者**等**咒術**師養在竹筒等管狀容器中使喚。遭管狐附身時，會聽到從體內發出的命令，宿主的精神也會逐漸遭侵蝕而與管狐融爲一體。在宿主死亡前會從體內鑽出，尋找下一個宿主。倘若飼主死去不再有人指揮，管狐似乎就不會附身於人。

◇管鼠

模樣像老**鼠**，尾巴扁扁、眼睛圓圓，有著長鬍鬚，毛色有土黃、黑、白和茶色等各種顏色，又分成家管鼠、山管鼠、澤管鼠三類，前兩者體型較大，腳有蹼，尾巴粗且臉圓。最喜歡生味噌，被它舔過的味噌會變質腐壞。有時也被指稱爲**管狐**。簡稱「管」。

◇尾先、御先

亦可寫作尾裂、御先狐或尾先狐的一種**靈狐**，推測應爲白鼬或山鼬。一說乃從**九尾狐**被斬殺時分裂的部分軀體轉生而來。據傳可能附於**憑物筋**家中使其致富，也可能附身於仇家毀其家運、使其罹病。據信附身於人體時會從人的腋下鑽入。相傳燻辣椒成煙便可將之驅離。

◇稻荷狐

供奉於稻荷神社的**狐**，即稻荷神。

◇野狐

俗稱鬼**狐**，擁有幻化成人的能力，並迷惑人類。一說爲墮落成狐、狸等畜生靈的人靈。

◇妖狐

使用**妖術**的妖狐。其中以**九尾狐**最爲著名。

◇人狐

日本中國地方附身於人的**狐**。在出雲的傳說中狀似鼬，但尾似狐。爲遭惡靈附身的狐，會附於**憑物筋**的家屋，最多可繁殖到七十五隻。以水映照時會浮現眞面目是牠的弱點，所以會迴避近水處。

◇阿寅狐

主要附身於病人，是一種喋喋不休、好談其身世的**狐**靈。遭附身時左眼及左腳會感到疼痛。

◇土瓶

蛇的**憑物**，又稱勝蟲。相傳爲長約十～十五公分、頸部有金色環的蛇，但也有傳聞說是肉眼看不到的小狐。據信飼養土瓶可致富。傳說會以七十五隻結群，遭其附身則全身各關節都會感到疼痛。主要分布於中國、四國地區。

◇犬神、狗神

犬的**憑物**。爲一種人爲製造的犬靈。將狗埋入土中，僅露出頭部，使其受盡飢餓之苦後斬下其首，便化爲**詛咒**而生的犬神，可附身於敵，將其咒殺。有時也會將犬首收於盒中加以供奉。犬神被視爲邪法，據信行此術者必遭報應。此外，據傳犬神從左腳拇指進入人體，遭其附身者會吊眼稍、發狂。據傳也能附身於木材等物體上。

◇白兒

犬神的侍從。

◇狗神

熊本縣的**憑物**。爲**犬神**的一種，據傳其眞面目爲一長有駭人雙眼及尖齒的黑白色小狗。傳聞若有狗神附於家屋，鍋子會發出聲響。有招來財富的「福狗神」及帶來災禍的「荒狗神」兩種。

◇外道

中國地區的**憑物**。可能是**犬神**、口部縱開的鼷鼠，或介於鼬及鼷鼠之間的短腿動物等。鳴聲似蛙，僅有飼主能看到。一說爲稻荷神的隨從墮落而成。棲於**憑物筋**的家屋，若不加善待便會附身於人，使其家破人亡。

◇猿神

猿猴的**憑物**。據傳遭猿神附身的危害與破壞力更勝**犬神**。亦相傳會突然感到飢餓及暈眩。但另一方面，以猿猴做成的藥卻有辟邪之效。

◇蛤蟆

別名蝦蟆，又稱蟾蜍。據信蛤蟆被殺可能附身於人並帶來厄運。相傳蛤蟆的靈魂會寄生於人耳內，故若遭附身耳朵會奇癢無比。

◇龜

相傳龜的**憑物**貪戀美色。若遭附身，可到福岡縣的高良山玉垂命神社的神池中將之放生，就會離去。

◇法龍、法量

從海上漂來的**蛇**的**憑物**。據傳若供奉海龍並向祂祈禱，不僅能帶來好運，也能獲得對人施咒的**咒力**。

◇饑神

一旦被饑神**附身**，就會突然感到飢餓、身體無法動彈。據說是餓死的人死後靈魂化成，若被饑神附身，只要吃一口食物他就會離開。

◇風邪

西日本的**憑物**。遭其附身就會罹病。據信是遭咒殺者所生的怨念感染到其他人身上。奄美大島相傳若遭風邪附身，靈魂就會離去。又稱精靈風、岬風。

◇劍

廣島縣的**憑物**。被認為是武士的**怨靈**，會附身在擅自取走土地上的石頭或草木等的人身上。若遭到附身，唯一解決之道是建祠並舉行埋**劍**儀式。

◇生邪魔

沖繩的**憑物**。被認為是女性**生靈**，遭其附身會造成受傷、損害、罹病等種種不幸。據傳只要用力按兩手拇指的指尖，生邪魔就會返回原主身上。

第五章

咒術道具的參考

「咒具、武器、符咒」

蘊藏咒力的道具

◇咒物

將術者的法力濃縮、放大的物品。主要分「**蠱物**」及「**咒具**」兩大類。

◇蠱物

將**詛咒**的法力濃縮，直接向對象施咒的**咒物**。包括**人偶**、髮絮、**符咒**或**撫物**等，大多使用過後便會丟棄。**陰陽道**中使用的「蠱物」通常會被埋在詛咒對象住家的地板下。

◇咒具

強化**詛咒**力量，提高術法效果或輔助術者施咒的**咒物**。包括**數珠**、**鏡子**、寶具等。大多由師父傳承給術者，被長年使用。

◇厭物

帶有**詛咒**的**咒物**。

◇詛戶

詛咒的道具。施咒時使用的物品。載於**《古事記》**。

◇三神器

被認爲具有特殊靈力的**天叢雲劍**（**草薙劍**）、**八尺瓊勾玉**、**八咫鏡**。在日本神話中，主神**天照大神**讓孫子瓊瓊杵尊帶著這三件物品下凡。由於具有護身消災之力，故於天皇家代代傳承。雖傳說該劍於源平合戰最後一次海戰——壇之浦戰役中沉入海裡，但現今被保存在熱田神宮內。

◇十神寶

相傳由饒速日命（比皇室祖先瓊瓊杵尊早降臨地上世界的另一位天孫）從天上世界帶來的十種神賜寶物，有兩面鏡子、一把劍、四塊玉、三匹**比禮**（披帛）。據說只要搖動神寶並念誦「**布瑠之言**」，就能發動足以讓死人復活的靈力。一說也可能是將三神器的法力加以細分的傳說。十神寶如今已不復存在，僅以象徵符號流傳。內容爲**沖津鏡**、**邊津鏡**、**八握劍**、**生玉**、**死返玉**、**足玉**、**道返玉**、**蛇比禮**、**蜂比禮**、**品物比禮**。

◇生玉

十神寶之一。持有便能長壽的玉石。屬性爲木。

十神寶

蜂比禮

蛇比禮

道返玉

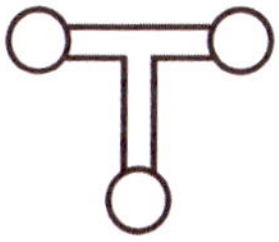

足玉

死返玉

生玉

邊津鏡

沖津鏡

八握劍

品物比禮

◇死返玉

十神寶之一。具有讓死人復活的法力。屬性爲金。

◇足玉

十神寶之一。能保人四肢健全。屬性爲火。

◇道返玉

十神寶之一。能阻止魂魄脫離軀體。屬性爲水。

◇比禮

古代披在肩上的細長薄布，亦寫作「肩巾」「領布」。據傳高貴女性所用的比禮被認爲具有**咒力**，揮舞它便可消災。

◇蛇比禮

十神寶之一。揮舞它便能使毒蛇竄逃的**驅魔**布。屬性爲水。日本神話中，大國主進入一個有蛇的房間時使用了蛇比禮，因此化險爲夷。

◇蜂比禮

十神寶之一。揮舞它便能使毒蟲竄逃的**驅魔**布。屬性爲火。日本神話中，大國主進入一個有蜈蚣與蜂的房間時使用了蜂比禮，因此化險爲夷。

◇品物比禮

十神寶之一。能祓除邪惡的野獸與鳥等各種妖魔的辟邪之布。

◇鹽盈珠、鹽乾珠

蘊藏法力的寶珠。鹽盈珠能使海水水位上升，鹽乾珠則能使海水水位下降。日本神話故事裡，山幸彥獲得海神賜予這兩種寶珠後，藉操控潮汐漲落迫使其兄海幸彥屈服。

◇法螺

以法螺貝製成的樂器，爲**密宗**的法器。據傳法螺之聲代表佛陀講經之聲，聞其聲便可消除罪孽，能往生極樂淨土。在戰爭中有時也被用來鼓舞士氣。

◇返魂香

傳說中煙霧可召回逝者亡靈的香。相傳西漢的漢武帝曾焚燒返魂香思念已故的孝武皇后。具類似效果能使死人復活的藥則有**返魂丹**等。

◇枕頭

古人認爲作夢是魂魄脫離軀體前

往另一世界的狀態。因此，枕頭被視爲入睡時通往另一世界的**咒具**，嚴禁如踩枕頭等對枕頭不敬的行爲。

◇祕密本尊

絕不能讓他人看見的祕密佛像，也包括以特殊材料製成的**人偶**，以及人類、**狐**或**貓**、**犬神**的頭骨等。這類物品必須被收進稱爲**外法箱**的祕密**咒具**盒裡保管。

◇隱蓑、隱笠

穿戴後能使身體隱形的神奇蓑衣和斗笠，爲**鬼**或**天狗**所持有的寶物。民間故事中爲桃太郎所敗的鬼就擁有此物。能如穿戴隱蓑和隱笠般自由隱身之術稱爲**隱形術**。

◇萬寶槌

揮舞便可使任何想要的東西出現的神奇小槌。是與**隱蓑**和**隱笠**齊名的**鬼**的寶物，民間故事中被一寸法師打敗的鬼就擁有此物。

◇廉廣之筆

所畫都會變成實物的筆。從前中國有一位名叫廉廣的人，他在山裡巧遇一位隱士，獲贈一枝筆。此筆具有畫任何東西都會變成實物的神奇力量。然而，這枝筆也害廉廣被當成**妖術師**遭到逮補，但他以筆畫出一隻大鳥成功逃脫。後來隱士再度現身，後悔此筆反爲廉廣招來不幸，而將之收回。

◇如意寶珠

地藏菩薩所持、能使人如願變出珍寶的神奇寶珠。又稱眞陀摩尼。

◇蛇憑石

浮現白**蛇**的黑石。據傳獲得此石者會得到出乎意料的好運，但最後將付出死亡或失明等代價。

◇墓園的銀杏

自古銀杏便被視爲凶樹爲人所忌諱，但也有不吉之樹反而具有實現願望的**咒力**之說。據傳暗中將三片生長在墓園的銀杏樹葉放進心儀之人的袖口，對方就會喜歡上自己。

施咒道具

◇釘

能驅除疾病或死亡等不祥事物的**咒具**。此外，自古以來的**詛咒**儀式也會使用釘子。人們相信打釘能使人「手指痛或頭痛」「生病或死亡」等。因此，在樹幹上打釘被視爲不祥的行爲。

◇針

咒術也以類似**釘**子的方法使用針。

◇五寸釘

長度五寸（約十五公分）、既長且粗的釘子。在**詛咒**儀式中，會在樹幹上打爲數與下咒對象的年齡相同的五寸釘。

◇祈釘

用於**詛咒**儀式的**釘**。施咒時面向詛咒對象住家的方向，將有稜角的特殊釘子釘到樹幹上。

◇無頭釘

詛咒儀式所使用的**釘**。由於日文「四九」發音同「死苦」，所以施咒時會製作四十九根無頭釘，在山裡的樹上刻出詛咒對象的形狀，再將釘子全數釘上。

◇無頭釘傳說

一般認爲無頭釘的**咒法**源自謠曲〈能樂的詞章〉《弱法師》的故事。繼母爲了讓自己的兒子繼承家業，向主角俊德丸施咒。她製作了四十九根**無頭釘**，將俊德丸的畫像貼在寺廟的柱子上，並將**釘**釘入。當最後兩根釘被釘進俊德丸畫像的雙眼時，俊德丸隨即失明，並被逐出家門。

◇人偶

人偶咒術中以紙、木或陶製成的人偶**蠱物**。又稱**形代**。人們相信人偶爲人的替身，可將魂魄注入其中，因此在**詛咒**或**祓**禊儀式中常會使用。詛咒儀式時會將敵人的魂魄注入人偶，再以打**釘**或劈砍下咒。行祓禊儀式則會藉由碰觸身體或吹氣將**穢汙**移轉到人偶上，再放進河或海裡流走。種類包括**七瀨祓**、**稻草人**、**流雛**（雛人偶）等。

◇形代

人形，即**人偶**替身。將罪孽、災厄、疾病、**穢汙**等轉移到形代上，放進河裡流走，藉此將之祓除。使用素材包括木、紙、金屬、土等。

◇稻草人

以稻草綑紮成**人偶**。根據施術者的目的用於各種用途，包括「轉移**穢汙**」「在稻草人裡放進對方的頭髮或指甲，並打**釘**詛咒對方」等。

◇蛇纏身稻草人

詛咒用的**稻草人**。江戶時代太田南畝所著的《半日閒話・神田藍染川的怪犬》記載，文化七年四月二十三日早上，神田的藍染川有隻狗咬破了一只盒子。盒內有個被**蛇**纏身的稻草人，從蛇頭到稻草人全身爲一根大**釘**所貫穿。

◇厭魅人偶

用於**人偶咒術**，以**厭魅咒術**咒殺對象的人偶。在平城京遺址發現的木製厭魅人偶，兩眼與心臟部分均被打入**釘**子。

◇土偶

繩文時代的代表性**咒物**。幾乎所有土偶都是做來供人打破的，因此有一說其爲**人偶咒術**的起源。

◇骨偶

以動物的骨頭或角製成的**人偶**，呈全身刻孔等奇妙的形狀。偶爾在東北和北海道等地的遺跡中出土。如同**土偶**，推測可能是用於**人偶咒術**的咒物。又稱角偶、骨角偶。

◇裁縫剪刀

斬斷孽緣的象徵。用於**斷緣**的**魔咒**儀式，例如以掩埋被施過法的裁縫剪刀斬除孽緣。

祓除穢汙、妖魔的道具

◇麻葉

神道的大祓除厄儀式所使用的**咒物**。以麻葉刮撫身體，使**穢汙**轉移至葉片上，再將其放進河裡流走。由於麻用於製作夏衣，因而有此咒法乃是以麻葉代替衣物之說。拋棄衣物以祓除穢汙的**咒術**，源自**伊邪那岐**的神話。

◇大幣、大麻

在榊木枝條上綁麻繩、木綿或**紙垂**，用於**祓**禊儀式的道具。以大幣朝欲祓除**穢汙**的人或物依序朝左、右、左揮動，將之祓除。

◇祓串

用於**祓**禊儀式的道具，爲末端垂掛細紙條的木棍。將**穢汙**轉移至祓串上，將之祓除。與「櫛」（梳子）語源相同。

◇梳子

雖是梳頭髮的工具，但也曾被當**咒具**使用。由於日文「髪」和「神」同音，因此人們相信梳頭髮的行爲也帶有**咒術**性質。梳頭髮的梳子被認爲有平息混亂之效，反之若要**詛咒**他人，最好不梳頭髮並將其弄亂。此外，梳子的日文語源有奇異、神祕意涵。

◇梳子和伊邪那岐

日本神話中，有**伊邪那岐**在逃離**黃泉國**時，曾以**梳子**與**桃子**丟向追兵的傳說。

◇紙垂、紙條

垂掛在榊枝、**御幣**、**注連繩**等上面的紙片或木綿。亦寫作垂或四手。現代多半使用紙片。各宗派形狀及摺疊方式或有不同。

◇御幣

以串等方式夾著**紙垂**的道具。原本是獻給神明的供品，後來爲**陰陽道**等儀式所使用。

◇御幣人偶

剪紙（**御幣**）做成神祇形象的紙偶。**伊邪那岐流**的**咒法**經常利用。

◇撫物

陰陽道咒法用於轉移並丟棄**穢汙**的**人偶**或衣物。以其刮撫患部等將穢汙從委託人身上轉移至撫物上，再將其放進河裡流走或以火焚燒，便可清除穢汙。

◇茅輪

茅草製成的環。據傳從中鑽過或掛在身上，便能祓除**穢汙**、避免災厄。古時出現在**蘇民將來御札**的傳說，現代仍用於夏越**祓**等儀式中。

◇水引

由數根麻或和紙捻成，用於捆包禮物（祝儀和奠儀）的裝飾線。各種顏色和綁法都有特定意涵，有些用於**除魔**辟邪，有些則代表未開封的封印。吉事用奇數，凶事用偶數。

◇數珠

以小珠串連成環的**咒具**，又稱念珠。祈願時手持數珠，可以增強祈禱的力量。掛在身上也能收**除魔**辟邪或祓除煩惱之效。正式的珠數爲一百零八顆，代表一百零八種煩惱。

◇鈴

具有**除魔**效果的**咒具**，通常作爲護身符掛在身上。**密宗**稱爲金剛鈴，是藉由聲響促佛覺醒臨凡的法器。

◇輪寶

密宗的法器。具有打破煩惱的法力。原本是一種有著利刃的環狀武器。梵語原文爲「cakra-ratna」。

◇塗香

密宗的道具，將香木研磨製成粉末或練香，塗抹身上可祓除**穢汙**。

◇香

香在佛教中有除妖等用途。據傳妙香（芬芳的香氣）有防止邪物接近之效。

◇鹽

鹽自古以來便被用於**除魔**。由於有防腐作用，因此被認爲具有祓除邪氣的淨化效果。

◇鹽堆

堆成一團的**鹽**。由於妖魔怕鹽，可將之擺放在家中等處以防其靠近。另一方面，也可將之擺放在商店前方，以祈生意興隆。

◇掃把

祓除**穢汙**的**咒具**。一般認爲掃把具有掃除邪氣的法力，因此會在儀式中使用。有時也用於鎮撫、供養死者的魂魄。

◇目籠

妖魔或**憑物**極其害怕多眼的物體，因此目籠或篩子等多孔的物品可作爲**除魔**的**咒具**。

→參照吊掛目籠49頁、瞪視，請參照48頁

◇草履

懸掛在境界線上的**除魔咒物**，可防止由外部入侵的災害。據傳在聚落入口等處懸掛大型草履與神札（御札），宣告「村裡有一位穿如此巨大草履的大漢」，便可防止災禍入侵。**無言神事**必須穿著草履進行，相傳也是著眼於驅魔效果。

◇鬼瓦

裝在屋頂兩端的**鬼**臉瓦片。被認爲具有祓除災禍的**除魔**效果，通常用於祈求家屋的安全。除了鬼臉造型外，採龍、龜、人類、蓮花等形狀的瓦片也被稱爲鬼瓦。日本最古老的鬼瓦就在奈良的法隆寺。

◇鯱鉾

置於屋頂上的瓦或金屬製的飾物。用於保護建築物不受祝融之災。鯱是一種像魚的想像生物，特徵爲頭部似虎，背有尖刺，尾巴反曲。

◇天狗面、鬼面

天狗或**鬼**的面具。據傳掛於玄關可防止妖魔入侵。一般認爲般若面與狐面帶陰氣，可能招來妖魔，因此勇猛的鬼或天狗等陽氣重的面具較爲合適。

◇人面墨書土器

以墨汁畫上人臉的粗陶器，又稱墨書人面土器。曾在祓除罪孽或**穢汙**的**祓**禊儀式中使用。推測上頭畫的臉可能是欲祓除穢汙者、鬼或瘟神等的臉。用法是將氣吹進土器後蓋上蓋子，再放進河裡流走。

◇鱗形和服

江戶時代用於消災解厄的**咒物**。十九歲爲女性的厄年，需要穿上鱗形的和服驅除厄運。鱗形指的是連續的三角形圖案，而三角形在**密宗**是用於調伏妖魔的調伏壇的形狀。亦有三角形象徵具有強大**除魔**法力的女性陰部形狀之說。

◇紅腰卷

有**除魔**效果的和服。紅色被視爲具有調伏法力的顏色，因此人們相信穿上它可以驅魔。此外，據傳揮動紅色腰卷還能改變火或水的流向。

◇糞尿

糞尿自古就被視爲強大的**除魔咒物**。有「在住家周圍潑糞可驅除**憑物**」「潑尿可對抗水獺」「遭**犬神**附身可將便器蓋板加水煎煮服用」等方法流傳。

刀劍

◇刀

單刃武器。日本刀。自古人們便相信其有去除**穢汙**、祓除邪氣的力量。常被用作供奉神明的祭品。

◇劍

密宗咒術所使用的法器。亦是用於斬除妖魔或煩惱的武器。**不動明王**與文殊菩薩均持劍峰銳利的利劍。

◇刃物

剪刀、小刀、刀刃等鐵製刀具，被視爲妖魔所懼怕的**咒物**。各地均有「將刃物放在枕邊或棉被下，夜裡就不會做**惡夢**或遭妖魔襲擊」的風俗。據傳威脅**狐憑**「我要戳你」，就能將**狐**嚇跑。

◇妖刀

宿有**咒力**或靈力的**刀**。爲德川家帶來厄運的妖刀**村正**就是個有名的例子。

◇靈劍

蘊藏神祕靈力的劍，例如**守護劍**、**破敵劍**等。

◇天叢雲劍

日本神話中，**素戔嗚尊**在出雲國（今島根縣）擊敗**八岐大蛇**時，在八岐大蛇的尾巴中發現的劍。爲**三神器**之一。

◇草薙劍

瓊瓊杵尊帶到地上的**三神器**之一。本稱天叢雲劍，當**日本武尊**遭敵人在草原設下的陷阱所困、身陷火海時，隻身以這把劍斬草開路，因此被改稱草薙劍。

◇十束劍、十握劍

日本神話中登場的一把長達十束（一束約一個拳頭寬度）的長劍。**素戔嗚尊**持這把劍斬殺了**八岐大蛇**。又稱天羽羽斬。

◇八握劍

十神寶之一。具有祓除邪惡之力。屬性爲金。

◇法劍

佛教中，具有斬斷煩惱之力的劍。

◇降魔劍

是**不動明王**所持，用於降伏惡魔的劍，又稱降魔利劍。

◇守護劍

據信由**安倍晴明**重鑄、用於保護天皇的**靈劍**。擁有這把劍便能驅逐病魔、延年益壽，又稱護身劍。

◇破敵劍

據信由**安倍晴明**重鑄的**靈劍**。被授予代天皇討伐敵人的大將軍令，擁有這把劍便能抵擋各種攻擊，使敵人不敢進攻。

◇七枝刀、七支刀

石上神宮所收藏的古代鐵刀。刀身的左右各有三片如樹枝般的刃，加上刀尖共有七刃。一說枝狀刃代表龍神之牙，亦有傳說其爲封印**北斗**七星之力的**七星劍**。

◇七星劍

七星指**北斗**七星。一把在刀身上刻有北斗七星的**劍**。由於人們相信北斗七星能破百邪且具致勝之力，因此認爲在劍身刻上七星，可使這種力量附於劍上。

◇童子切安綱

據傳爲斬殺平安時代的**鬼**頭目**酒吞童子**的名**刀**，又稱血吸。

◇鬼切

據傳爲斬斷平安時代**鬼茨木童子**手臂的名**刀**，又稱鬼切丸、髭切。

◇蜘蛛切丸

平安時代武將**源賴光**斬殺化身爲妖僧的**土蜘蛛**的名**刀**，又稱膝丸。

◇禰禰切丸

鑄造於南北朝時代的**妖刀**。據傳此刀自行出鞘，斬殺了棲息於日光山的妖怪禰禰。

◇村正

受**詛咒**的**妖刀**。德川家康的祖父、父親、兒子、妻子相繼死於此刀，家康本人也間接爲村正所傷。由於接連使德川家遭逢不幸，被江戶百姓視爲妖刀。

◇村雨丸

《南總里見八犬傳》中登場的人物犬塚信乃的名**刀**。出鞘時會滴水，具有招水、滅火之力。

◇雷切

本稱「千鳥」，是戰國時代武將

立花道雪的愛**刀**，因曾在樹下斬斷雷而被稱爲「雷切」。

◇驅除憑物的木劍

江戶時代的**天狗小僧寅吉**從神仙界帶回的兩把木**劍**。據說帶在身上就有**除魔**效果，能讓**憑物**心生畏懼，落荒而逃。

◇枕刀

武士就寢時，放在枕邊護身的**刀**。被認爲亦有**除魔**之效。

◇守刀

置於平躺於布團的遺體胸前的**刀**。有祓除死亡的**穢汙**、保護死者前往來世的意涵。

◇天逆鉾

插在鹿兒島縣與宮崎縣交界處的**霧島山**的高千穗峰山頂的矛。相傳即爲用來創造第一塊大地的天沼矛。

◇天之尾羽張

伊邪那岐斬殺兒子迦具土（伊邪那美因生他而死亡）時所用的神**劍**。又稱伊都之尾羽張。

◇布都御魂

據傳具有鎮壓狂暴神祇之力的神**劍**。由**天照大神**與高皇產靈尊下令將其賜予神武天皇。

◇干將、莫耶

春秋時代的刀匠干將所製作的雙劍。相傳其妻莫耶投身爐中，使鐵得以完美融合，方能完成這兩把名劍。亦有一說莫耶其實並未自盡，僅將自己的指甲與毛髮投入爐中。

弓矢

◇梓弓

以梓木製成的弓，爲**巫女**進行**神靈代言**時使用的**咒具**，在進入恍惚狀態時撥動弓弦。有時除了實際撥動弓弦，在神歌中嵌入「梓弓」一詞還能增強效果（參照**祈求驅除妖怪的神歌**、**梓弓神歌**）。

◇破魔矢

與破魔弓搭配使用，可射殺惡魔的弓矢。爲常見的**除魔**吉祥物。

◇鏑矢

射出時會發出聲響的**除魔**箭鏑。用於**蟇目神事**或**流鏑馬**等儀式，又稱鳴矢、響矢、嚆矢。

◇天香具弓

天鈿女命的弓。據傳天鈿女命爲了請出閉居天岩戶的**天照大神**，將六把天香具弓並排後扣弦，即爲古琴的雛形。

◇生弓矢

以此弓射箭貫穿，能使死者復活的一把神弓。原爲日本神話中的**素戔嗚尊**所有，但被大國主所盜並帶到人間。

◇六張弓

江戶時代的**巫女**田村八太夫所使用的弓。弓由梓木、竹子、桑木等六種材料製成，以麻製成的弦中還摻入女性毛髮。巫女將此弓置於膝上，以菅葉彈奏並吟唱**和歌**，由此進入**神憑**狀態。

◇天鹿兒弓

日本神話中，奉命讓出國家（國讓）的天稚彥獲賜的弓箭。他在**高天原**以此弓射殺了高天原遣來偵查的無名雉，高皇產靈尊將箭投還，射死了天稚彥。

◇天羽羽矢

天稚彥獲賜的弓箭。

其他武器、護具

◇乾坤圈

與少年神哪吒一同出生的武器。投出去粉碎對手後，又會自動飛回手上的環狀投擲武器，爲**仙人**所打造的法寶之一。

◇如意金箍棒

簡稱金箍棒，是《西遊記》登場人物孫悟空的武器。由可伸縮的特殊金屬神珍鐵打造而成，可自由改變長度、重量和大小，長度甚至能從天界一路伸展到地獄。通常被縮小收進耳朵。

◇混天綾

一條伸縮自如、可纏住對手使其動彈不得的鮮紅布條，在水中揮舞能震動天地。在《封神演義》裡是與哪吒一同出生的法寶。

◇金剛琢

一個能套取一切法寶的白環。是《西遊記》中獨角兕大王（青牛怪）的武器，曾套走孫悟空的金箍棒使其敗退。

◇打神鞭

《封神演義》中用於封印惡靈的棒狀武器。打神鞭上刻有八十四個符印，每個符印能封印一個人的魂魄。為姜太公所持的**仙人**武器。

◇火尖槍

一支可如火焰噴射器般從槍尖噴出火焰燒敵的槍。是哪吒的武器，為**仙人**打造的法寶之一。

◇紅葫蘆

《西遊記》中金角大王、銀角大王盜自天界的紅色葫蘆。持此葫蘆呼喊人名，回應者便會被吸進葫蘆裡融化。

◇芭蕉扇

一把能操控天候、搧熄火焰的巨大扇子。搧一次能颳狂風，搧兩次能召雨雲，搧三次能降大雨。為《西遊記》中出現的武器。

◇夢想權之助的杖

宮本武藏的勁敵夢想權之助在一場夢中接受**神諭**，以圓木做成的武器。根據呈童子之姿的神「以圓木攻敵要害」的忠告，權之助製作了一根超過一公尺長的杖，再戰武藏致勝。

◇苦無

以鋼材打造的小型武器，可手握攻擊，可當**手裏劍**投擲，可攜之潛入敵營造成破壞等，用途廣泛。為**忍者**特有的武器。

◇手裏劍

忍者護身用的可攜式投擲武器。有十字手裏劍、火車劍、車劍、棒手裡劍等，種類繁多。

◇拋火矢

忍者所用的類似手榴彈的武器。裝有火藥與炭火，點燃後投向敵陣引爆。主要用於夜襲。

◇機關手杖

手杖中藏有細長**刀**刃的暗器。有些則藏有矛、鐵鍊、毒藥等。甚至還有藏有鐵絲或煙管的手杖。

◇星甲

源賴光擊敗平安時代的**鬼**頭目**酒吞童子**時所戴的頭盔，具有八幡、住吉、熊野三位神祇的神力，就算酒吞童子的首級被斬後，咬住了賴光的頭，星甲之力也能讓賴光毫髮無傷。

◇避來矢鎧

足利家家傳、能避開所有箭矢的鎧甲。本由龍神賜予平安時代武將**藤原秀鄉**，因有能使飛來的箭矢自動避開的神力，故得名「避來矢」。缺點是穿起來異常沉重，難以活動。

忍具

◇水蜘蛛

用於水術、直徑約六十六公分的環狀鞋套。作用是防止兩腳陷入泥濘或沼澤，套上它便能跨越無底沼澤等地形，一說甚至能在水上行走。

◇邪避香

這是**忍者**常用的**驅魔**香。以其薰衣亦可防蟲。

◇五色米

爲聯絡或打暗號而隨身攜帶，塗成藍、黃、紅、黑、紫的米粒。可撒在不明顯的地方與同伴聯絡。

◇撒菱

遁逃時使用的道具。由鐵、木材、天然的菱角等製成。四面均有刺，投到地面能阻擋追兵。

◇忍者六寶

探索敵陣時攜帶的六種道具。包括編笠、矢立、印籠、鉤繩、三尺手巾、火種。

◇鉤繩

勾在石牆等上以便爬牆的攀爬工具。還能視情況需要用來綑綁敵人、設置陷阱等。

鏡

◇鏡、鏡子

自古就被認爲宿有魔力的**咒物**，亦被用於**除魔**，還有許多**妖術**或**幻術**被鏡子一照便遭破解的故事。**道教**的**咒術**中，也有以鏡照出異界、冥界或其他國度景象的祕術。一說鏡的語源爲「影見」，照出的影像即爲異界。

◇八咫鏡

三神器之一。直徑約五十公分的圓**鏡**，由表面磨光的金屬製成。在儀式中用來反射象徵主神**天照大神**的陽光。

◇沖津鏡

十神寶之一。由五面**鏡**子組成，據傳象徵五行之力。被認爲是照出豐受大神御魂的鏡子。屬性爲水，又稱水德、月德之鏡。

◇邊津鏡

十神寶之一。與**沖津鏡**成對，由八面**鏡**子組成。被認爲是照出主神**天照大神**御魂的鏡子，宿有帶來榮耀的力量。屬性爲火。

◇照妖鏡

映出妖魔眞面目的**鏡**子，又稱降妖鏡。姜太公曾以此鏡揭穿化身爲妲己的**九尾狐**眞面目。此外，照妖鏡變成**付喪神**的妖怪稱之爲「雲外鏡」。

◇淨玻璃鏡

照出死者生前眞實樣貌的**鏡**子。爲地獄的閻魔大王所有，在審判死者時使用。

◇鏡岩

位於三重縣與滋賀縣交界的鈴鹿峠上的神祕岩石。由於能像鏡子般照出經過的人的身影，據傳每當其照出人影，**鬼**就會現身襲擊並把人吃掉。

◇兜前立之鏡

將有**除魔**效果的**鏡**子與象徵武力的頭盔（兜）合而爲一的**咒物**，據傳能加強**咒力**。只要放在遭妖魔附身者面前拂拭，立即就能使其恢復神智。

靈藥、祕藥

◇丹藥

在**道教**中多指長生不老藥。

◇金丹

將金子或石頭磨碎揉成的長生不老靈藥。據傳服用便能成仙。雖然古中國曾經成功煉製這種藥，但因其中含有水銀等成分，導致許多人服用後死亡。

◇伏丹

服用當天就能成仙的**丹藥**。據說光是持有這藥物就有驅**鬼**之效。

◇丹華

服用後七天內就能成仙的**丹藥**。

◇指燃草

艾草、灸草的別名，出自《百人一首》第五十一首由藤原實方所作的和歌。據傳**伊吹童子**因嘗到這種藥而獲得**神通力**，並且長生不老。

◇騰雲不死藥

據傳服用後能飛上雲端的**仙人靈藥**。《萬葉集》中提到：「吾之盛年過已久，逝者如斯夫，縱飲騰雲不死藥，豈得返老還壯年。」

◇猴藥

將猴頭焙焦磨粉製成的**咒法**藥，被視爲可治百病的珍貴特效藥。由於人們認爲會作祟的動物靈具有強大法力，因此也有**驅魔**之效。烘烤過的猴手、頭骨、胎兒等也被視爲祕藥。

◇魂呼藥

將名作魂喚鳥（鳥種不明）的鳥焙焦磨粉，與屋樑上的煤灰混合製成的復活藥。以熱水煮沸服用，便能使人重生。

◇御白

以死狗的灰製成的祕藥。服用此灰會喪失意志，變得言聽計從。是類似**犬神**的一種**蠱毒**。

◇黑貓灰

由黑貓焙焦磨成灰後與酒混合製成的祕藥。江戶時代相傳在肚破腸流的重傷患者背部塗抹黑貓灰，能使腸子縮回腹腔。

◇隱形藥

能使人隱匿蹤跡的藥丸。也被用於**隱形術**。

◇陀羅尼助丸

一種如今仍在流通的胃腸藥。據傳由**役小角**所創。

◇返魂丹

一種在中國被認爲具有復活之效的靈藥。在日本，則是由富山的藥販製作，被當作專治食物中毒、霍亂等的藥丸。

◇破棺湯

將人的糞便磨成粉後煎煮製成的復活藥。破棺指「入殮的死者破棺而出」，形容能使瀕死的患者死而復生。

◇兵糧丸

據傳食用後便可恢復體力的攜帶式**忍者**食物。一天吃三十顆即可攝取足夠營養。也有比兵糧丸更大、營養更豐富的「飢渴丸」。

◇水渴丸

據傳食用便可緩解口渴的攜帶式**忍者**食物。一天吃三顆便可保四十五日不渴。

蘊藏咒力的植物、食物

◇桃木

被認爲具有驅除疫鬼的法力。**陰陽道**的儀式所用的杖與弓，多以桃木製成。此外，據傳遭**外道**附身時，以桃木拍打可使**憑物**脫離。

◇御神木

宿有靈力的樹。矗立於**神社**境內、掛有**注連繩**等的神聖之樹。行**丑時參拜**時，有時會將**稻草人**釘在這種樹上。

◇彼岸花

鮮紅如血、名喚曼珠沙華的花。在秋彼岸（秋分的前後一週）時開花，由於墓園常爲驅蟲種植這種花，而讓人聯想到「死亡」，因此有諸如死人花、幽靈花、地獄花、狐花等多種不祥的別名。

◇黑百合

花語爲「**詛咒**」「復仇」的花。由來之一爲戰國時代的佐佐成政與早百合夫婦的傳說。據傳成政因懷疑早百合不忠而將她斬首，早百合則留下一句詛咒「黑百合花於山上盛開之時，佐佐之族必將滅亡」。

◇莽草

即樒樹，樒樹爲供佛之樹。在中國被認爲其散發的芳香可驅除**憑物**。

◇蛇含草

出現在古典落語中、能將人消化的植物。

◇桃子

被視爲**咒力**最強的**驅魔**植物。一說由於「桃」與「逃、**刀**」的日文同音（皆讀作とう），因此有驅凶斬邪之效。

◇玉桃

據傳長於**崑崙**山上，食之能長生

不老的桃子。

◇仙桃

據傳食之能長生不老的桃子，又稱**蟠桃**。

◇蟠桃

據傳食之能不老不死的桃子。桃園由女仙**西王母**所管理，每三千年才結果一次，又稱**仙桃**。

◇黃中李

比仙桃更珍貴的桃子。果實與花上都有「黃中」兩字。據傳生長在**西王母**的王城裡。

◇吉祥果

即石榴。除了有**驅魔**之效，還有若使意中人吃下經過二十一回加持的吉祥果，便能使其爲己所迷之術。

爲**鬼子母神敬愛法**之一。

◇甘木

食之可長生不死的樹或果實。據**《山海經》**所載，不死之國百姓以其爲食。

◇壽木

食之可長生不死的花果。長於**崑崙**。

◇如何

食之能成爲**地仙**的果實。據《神異經》記載，如何神樹每三百年開一次花，每九百年結一次果，生長於中國南方的荒野。

◇冬蟲夏草

被視爲祕藥之最的神祕菇類。一如其名，其形「冬爲蟲，夏爲草」。

據傳食之能成爲不老不死的**仙人**。爲秦始皇亟欲於東方仙島覓得的仙藥之一。

◇靈芝

秦始皇亟欲於東方仙島覓得的傳說菇類妙藥。根據傳說，長期食用靈芝可使身輕如燕、青春永駐、延年益壽，甚至成神或成仙。

◇黃玉芝

吃一朵便可成仙的頂級**靈芝**。

◇異果

傳說中的黃金果。具有將所食之物變成石頭的**咒力**。

◇碳黑蠑螈

用於男女結合的春藥。將雌雄蠑

螈焙焦磨粉而成。將此粉縫進意中人的衣襟內或灑於紙上，可使對方爲己所迷。另有一種稱爲蠑螈酒的春藥。

◇老鼠天婦羅

狐所喜好的食物，可藉此識破**狐憑**眞面目。將老鼠炸成天婦羅藏在家中，便可誘出遭狐附身者。

◇狐舌

藉由食用切碎的**狐**舌避開**憑物**等妖魔的**魔咒**。

蘊藏咒力的飲料

◇神水

有療病之效的水。根據病症不同而有藍、紅、黃等顏色。據傳明治時代曾展示許多奇蹟的**長南年惠**，即能從空氣中提取神水。

◇筬越水

飲之可去除**憑物**的水。經過織具簀片篩濾的水。由於簀片多孔，因此被當作類似**目籠**的**驅魔咒物**，經簀片濾過的水被認爲具有奇效。（筬即織布機的杼、筘＝簀片，都讀作おさ）。

◇酒

神道把酒當**咒物**使用，認爲酒有剝奪妖魔及鬼神**咒力**之效。**八岐大蛇**與**酒呑童子**也爲酒所敗。

◇八鹽折酒

《古事記》中，**素戔嗚尊**用來灌醉**八岐大蛇**後將之斬殺的烈**酒**。

◇神便鬼毒酒

平安時代的武將**源賴光**用來灌醉**酒呑童子**使其放鬆警戒的毒**酒**。

◇酥油

類似乳酪的古代乳製品。邊進行加持邊以特殊方法製成的牛酥油被視爲「神藥」。有藉食用這種牛酥油大幅增長財富與睿智的**咒法**，稱爲「牛蘇（酥）加持」。

◇屠蘇

在元旦飲用的藥酒。具有驅除病魔與**鬼神**的**咒力**，據傳名稱有「屠滅邪氣蘇生」或「屠殺名喚蘇的鬼的藥物」之意涵。

◇甘露

上天降下的神聖飲品。味甜，

飲之能不老不死。梵文為阿彌哩哆（amrita）。

靈符、符咒、護身符

◇**符咒**

宿有**咒力**的護身符。也可用於向人施咒，將術者的咒力濃縮於符咒中，便具有**蠱物**的效果。

◇**護符**

即**符咒**，宿有神佛之力，佩戴或貼在身上可獲得神佛的庇佑。

◇**守護符**

即**符咒**、**護符**，又稱護身符。

◇**鎮宅靈符**

由**陰陽師**所繪，具法力的**靈符**之一。共有七十二種，每張有「惡夢障害」「辟除正復」等不同效果。據傳御札上的「〇」代表星星，連接星與星的線代表和合。

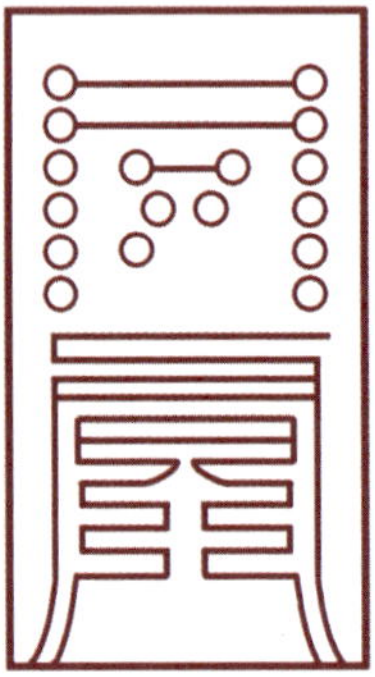

惡夢障害

辟除正復

◇**靈符**

蘊藏靈力的御札，即**符咒**、**護符**。具有達成願望之力。著名的例子有**安倍晴明**的「**鎮宅靈符**」等。

◇**神宮大麻**

又稱御祓大麻，由伊勢神宮發放的御札。具有強大的祓除**穢汙**之力。

◇**蘇民將來御札**

寫有「蘇民將來」、用於驅除瘟疫與災厄的**護符**。很久以前，有一位神明請求借宿一晚，為富有的巨旦將來所拒，但窮困的蘇民將來卻熱情地款待了祂。神明教他們將寫有「蘇民將來之子孫」的茅輪佩戴於腰間。後來爆發瘟疫，蘇民一族均倖存，巨旦一族則盡滅。貼上寫有「蘇民將來之子孫」的御札能消災解厄的信仰，即源自此傳說。

◇驅除金神御札

能驅除可怕的凶神金神之**護符**。金神為**方位神**之一，據傳若侵犯金神所在的方位，會遭致家內七人死亡的**詛咒**（**金神七殺**）。至今仍流傳在早春等準備播種的時期，於住家四角將護符掛在竹子等物體上的習俗。

◇三張護符

民間故事《三張護符》中出現的三張護符。故事敘述一名小和尚遇到山姥姥，以一位和尚給他的三張護符脫身。第一張變成山，第二張變成河，第三張變成風，終使山姥姥放棄離去。

◇西風吹守

據傳能實現一切願望的祕傳護符。聽聞一名叫作大江維時的官員被囚禁於大唐時，有位神明以老人之姿現身，傳授給他這張祕符。據傳持此**符咒**許願，便能如願獲勝。

◇熊野牛王符

寫有與神立的約並以性命擔保的神符。繪有烏文字（形似烏鴉的象形文字）與寶珠，並蓋有稱為牛王寶印的紅印，背面則供當事人寫下與神立的誓。據傳若違反誓約，將導致三隻神使烏鴉喪命，當事人也會吐血而亡。

◇能勢黑札

有驅除**狐憑**之效的**護符**。為源自以大阪府妙見山為根據地的能勢氏的**守護符**。據傳狐憑不知為何對能勢氏特別畏懼，被能勢氏叱喝「退散」就會畏縮逃離。

◇百萬遍念佛札

寫有「百萬遍念佛」的**護符**。據說面對此符，妖**狸**的術法便會失靈而現出真面目。

◇尊勝陀羅尼

這是寫有八十七句**陀羅尼咒文**的**驅魔護符**。據傳佩戴此符，百鬼夜行等妖怪便無法靠近，遭到驅離。

◇調伏札

寫有祈求神佛擊潰的對象名字的**符咒**。以此符咒供奉神佛並下咒，神佛便會將對方視為敵人將之調伏。

◇驅狸護符

驅除**狸憑**的**護符**。繪有**狸**的圖案，戴在遭狸附身者頭上便可將之袚除。源自德島縣的武士獲一位化身成狸的尼姑賜予護符的傳說。

◇墨符

有驅除惡靈之效的**符咒**。邊念誦**不動明王眞言**邊磨墨，以此墨寫下其**梵文**，再將整張符塗黑吃下去。

◇龍王祕符

《簠簋內傳》中，**安倍晴明**獲龍王賜予的**符咒**，據傳可將疾病轉移到其他的人或物上。

◇神折符

以摺紙做成的**護符**。在古**神道**中，「折」的行爲稱爲「天降、天振」，認爲折紙的行爲可使「天意降臨紙上」。因應不同效驗，有各種不同的「折法」。

蘊藏咒力的話語、文字、數字

◇鬼字

字裡包含**鬼**字的創作漢字。鬼字具有各種效果，也被當作**護符**使用。有時會在寫下鬼字後**畫九字**以增強鬼字的靈力，或在畫九字後寫下鬼字以增強九字的**咒力**。外出前在掌心寫下鬼字，便可啓動護身的**咒法**。

◇漢字的字源

作爲象形文字，每個漢字都有字源，有些甚至有可怕的由來。在此稍微介紹一些與咒術**相關**的漢字。

①咒：由主持神事的長者（兄）與唱禱的行爲組成的，口＋兄＝呪（咒）。

代表「怨敵退散」的鬼字

代表「調伏降魔」的鬼字

②道：代表在岔路口抱著首級的文字。古時岔路口被視爲靈體往來之地，會以首級在這種地方行祓除惡靈的咒術。

③夢：代表擁有靈力的**巫女**侵襲入睡者的文字。古人認爲做**惡夢**是邪惡巫女的**詛咒**或靈體作祟所致。

◇妖言

迷惑他人的話語或謠言。不祥的流言。

◇和歌

宿有**言靈**的詩歌。基於言靈信仰，如同**眞言**或**陀羅尼**等**咒文**，和歌也被認爲宿有**咒力**，如念咒般詠唱和歌能引起超自然現象。有名的例子有**小野小町的和歌**等。

◇《百人一首》

據傳**狐憑**怕《百人一首》。若感覺到狐的氣息，吟唱其中的一首，或有可能將狐驅離。

◇咒文字

以「我、念、君」三個字組合而成的**咒術**文字。文字的四角寫有**斷緣**的**咒文**「我思君心已離。我不思君，君不思我。」

◇神代文字

漢字傳入前日本所使用的古代文字。包括秀眞文字、伊予文字、片神字文字、阿比留文字等。

◇阿瓦烏塔

據傳源自古代、以伊予文字寫成，由あ到わ共四十八個音組成與**言靈**相關的頌歌。相傳出自日本最古老的史詩《秀眞傳》，其中「阿」（あ）代表天、父親；「瓦」（わ）代表地、母親，兩字合起來就是整個宇宙。有唱誦能帶來身心和諧之說。

◇花語

大多數的花都有花語，許多花的花語與巫術及不祥凶事有關。

- **黑百合**：因此花有血淋淋的傳說，花語爲「**詛咒**」「復仇」。
- 小連翹：因被視爲具有**咒力**的植物，花語爲「怨恨」。
- 雪花蓮：因歐洲的相關傳說，花語爲「祝你死亡」。

◇避諱數字

被視爲禁忌而避免使用的數字。例如「四」代表「死」，「九」代表「苦」等。

繪畫、圖案、花紋

◇五芒星

有五個角的星形符號。因爲**陰陽師安倍晴明**所使用而知名，有時也被稱爲「晴明桔梗」。五個角對應**陰陽五行**說的**木火土金水**。由於可以一筆畫成，而且線條沒有斷點，因此人們相信有「妖魔無法由外入侵」「將妖魔封印其內便無法逃脫」的功能，也被認爲有**驅魔**之效。又稱晴明紋、**籠目**。

◇曼荼羅

密宗代表證悟的場所及宇宙眞理的圖像。繪製曼荼羅可將神聖力量封印其中，使宇宙之力宿於其上。

◇五嶽眞形圖

將中國的**靈山五嶽**圖像化的萬能**靈符**。五個圖案與五行相對應，據傳既能消災，也能**驅魔**。

◇九相圖

描繪屍體腐爛過程的佛教繪畫。根據腐爛程度，畫出脹相、壞相、血塗相、青瘀相、膿爛相、噉相、散相、骨相、燒相九個階段。這種畫的目的是斬斷煩惱，讓觀者省悟美女即使再美，死後也同樣會腐爛，因此畫中人常爲**小野小町**、檀林皇后（橘嘉智子）等美女。

◇八卦圖

繪有**八卦**的圖像。被當作祓除惡靈的**驅魔符咒**使用。

◇刺青

在皮膚上刻出繪畫或紋路，並以煤等色素滲入的行爲。爲古代日本人的習俗。除有裝飾身體或成年禮的儀式性意涵外，也有治療疾病、防止病魔等**咒術**性的目的。

◇紋、文

圖案或花紋。據推測古墳壁畫的三角型花紋等可能具有**咒術**方面的意涵。後來這些花紋被應用在和服的圖案或代代傳承的家徽（家紋）上。例如**鱗形和服**上的鱗文賦有驅邪的意涵等，且不同花紋各有不同意義。

◇九曜紋

將**九曜**圖案化的花**紋**。伊達政宗、細川忠興等家族曾以此爲家紋。

◇貘畫

將**惡夢**轉爲吉夢的畫。據傳把繪有貘的畫放在枕頭下入眠，貘就會吃掉惡夢，讓人做到好夢。亦有以貘吃掉惡夢的**咒術**。

◇貓畫

繪有**貓**或虎的畫。據傳掛這種畫有驅**鼠**之效。在江戶時代，甚至有專門繪畫貓畫出售的繪師。

◇八眼

繪有左右各四眼，共八隻眼睛的畫。由於八眼（やつめ）與「病眼（やんめ）」讀音相近，可以繪有此圖案的繪馬祈求治癒眼疾。

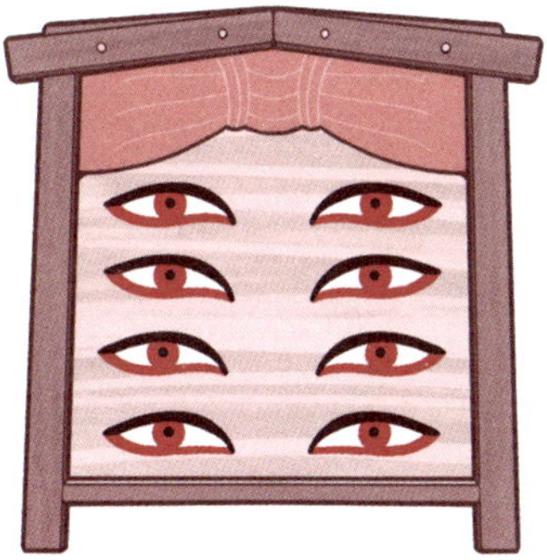

◇疱瘡繪

據傳有預防疱瘡（天花）之效的畫。傳說畫中多繪有曲亭馬琴所著、敘述擊退疱瘡神的通俗小說《椿說弓張月》中的主角桃太郎，或是中國的儺神等。

◇繩文土器

製作於繩文時代、花紋或形狀複雜的粗陶器。據推測圖案中宿有肉眼看不見的力量，應該帶有某種**咒術**性質的意涵。

儀式道具

◇式盤

壬申之亂期間，大海人皇子（天武天皇）所使用的**陰陽道**占卜道具。由圓盤（代表天界）與方盤（代表地上）所組成。轉動繪有**北斗**七星的圓盤，根據斗柄所指向的位置進行占卜。盤上繪有星宿、**干支**、卦等，又稱**六壬式**盤。

◇依代

供神靈附身的事物。常以花或樹、岩石、動物、**御幣**等爲之。擔任依代的孩童稱爲**依坐**（屍童）。

◇最多角數珠

由狼牙、鹿角、豬牙、不知名的動物爪等蘊藏靈力的怪奇物品串成的**念珠**。爲巫女**歌謎說**（由ゴミソ音譯，爲青森縣、秋田縣一帶的巫女）祈禱時所使用的**咒物**。

◇御神籤

抽寫有吉凶判斷的籤以詢問神意的占卜，又稱御籤。據**《日本書紀》**記載，有間皇子曾以籤占卜叛亂相關事宜。由於比**神諭**公正且不易被惡用，適合在決定政治相關事務時使用。在江戶時代開始普及民間，流傳至今。每家**神社**或寺廟的籤均有自己的特色。

◇壇

行**加持祈禱**等儀式時，用於擺放佛像或供品的壇。多爲木製。

◇護摩壇

置有火爐的**壇**，用於**護摩**儀式。

◇金剛杵

密宗咒術使用的法器。象徵打破煩惱之菩提心。本爲印度神話軍神因陀羅的武器，梵文爲「vajra」。

◇三鈷杵

兩端分成三叉狀的**金剛杵**。根據傳說，**空海**大師自大唐學成歸國時曾以大願力擲出三鈷杵，該杵就落在**高野山**，於是決定在此開山弘法。

◇魚鼓

頭呈龍形、體呈魚形的木製法器。通常懸掛在禪寺的禪堂等處，於通知進食或法會開始時敲打。由於魚睡眠時也不閉眼，故有象徵打破貪睡或懈怠之心的意涵。

◇繪馬

爲求達成願望而奉獻給**神社**寺廟、繪有馬的木片。在古時原是以奉獻活馬祈願。

◇鎮魂石

於**鎮魂歸神**法中使用的石頭。從**神社**境內或秀麗山川中找出直徑約一・五到三公分圓形、沉重、堅硬的石頭，當作神賜之石的象徵。

寶物、招福用品

◇宇治的寶藏

酒吞童子及**大嶽丸**的首級、**九尾狐**的屍體、傳說中的書籍、名笛等**咒物**。據傳被收藏於京都平等院境內鳳凰堂西側的寶物殿中，由死後化爲龍的藤原賴通守護。

◇達磨

依照禪宗達磨大師坐禪姿態製作的張子（用紙和膠水製作的塑像）人偶，被視爲有助於實現願望的吉祥物。通常祈願時要在左眼（觀者從正面看時的右眼）裡畫上黑眼珠，待願望實現後，再在右眼（觀者從正面看時的左眼）裡畫上黑眼珠。

◇福助人偶

招財進寶的**人偶**。原型爲江戶時代備受百姓喜愛，甚至特地爲他編歌跳舞的商人市兵衛。爲了讓自己的生意能和市兵衛的一樣受歡迎，便依照歌詠他的舞蹈裝扮做出福助人偶。全名爲叶福助。

受詛咒的物品

◇鬼面具

一旦貼到臉上，就會緊黏無法取下的**詛咒**面具。保存於福井縣願慶寺（或吉崎寺）的**鬼**面具。傳聞有一位婆婆試圖戴此面具騷擾媳婦，面具卻緊黏皮膚無法取下。據說需誠心道歉、誦經念佛才會脫落。

◇菊人偶

保存於北海道萬念寺、頭髮持續生長的神祕**人偶**。廣爲流傳的都市傳說聲稱其中宿有死者魂魄。自古有「人偶中宿有魂魄」的觀念，因此**厭魅**經常使用**稻草人**等人偶。

◇外法箱

用於存放邪法所使用的骷髏、**祕密本尊**等**咒具**、**咒物**的咒具盒。

◇鵺手木乃伊

二〇二二年於京都發現的**鵺**手木乃伊。盒蓋上寫有「鵺之仔之手」。

第六章

舞台設定的參考

「異界、結界、禁域」

異界、境界

◇異界

在**咒術**中，異界指**境界**之外、完全未知的世界，爲人類的知識與技術無法掌控之地。包括界限之外的**岔路口**、橋樑、村莊邊界，山或海的另一頭、**黃泉國**、冥府等都被視爲異界。夢中世界、鏡中或水面映照的影像也常被視爲異界。

◇境界、交界

在**咒術**中，指區分內外的邊界。住家的玄關或門、**岔路口**、橋樑、河川、村莊邊緣、山口、海灘、國境等，均爲代表性的境界。

◇他界

指與人居住的世界（現世）不同的另一世界。由於人們相信人死後將前往不同於人世的世界所以稱爲「他界」。在不同的宗教與文化中有來世、**黃泉國**、天堂、**極樂淨土**、地獄等各種世界。

◇幽世

死後前往的世界。可指來世、**他界**、**黃泉國**、幽界、冥界、冥府、冥土等。

◇黃泉比良坂

位於死者的世界**黃泉國**（**根之國**）與生者的世界現世之間的坡道。

◇黃泉國

地底下的世界。被認爲是人死後靈魂前往的靈界。「黃泉」（よみ）音近「闇」（やみ），因而被認爲是個黑暗的世界。吃了黃泉國的食物，就無法再回到現世。

◇根之國

即**黃泉國**，又稱根之堅洲國。

◇黃泉之穴

通往**黃泉國**的洞穴。據傳人死後將經由此處前往黃泉。島根縣出雲市的猪目洞窟深處有一人無法通過的小洞，被認爲是黃泉之穴。

◇地獄穴

位於北海道登別，被認爲是通往**黃泉國**的洞穴，稱爲Ahunrupar或Ahunruparo（冥界之門。爲愛奴語入口或通往來世入口之意）。傳說曾有人目擊自己已逝的妻子由此洞現身。

◇岔路、十字路口

道路呈十字交叉之處。自古被視為妖魔潛伏之地，或通往冥界、**異界**的門戶，因此有許多**魔咒**以將物品棄於岔路口消災解厄。棄**穢汙**於現世與來世**交界**的岔路口，有將之送往冥界的意涵。

◇六道

佛教中，人死後可能前往的六個世界。死後將前往哪一個世界，取決於生前罪孽的有無或輕重。分別為地獄道、餓鬼道、畜生道、修羅道、人間道、天道。在這六個世界之間一再轉生，稱為六道輪迴，但生前若能遵守佛教教義，便可能擺脫輪迴，前往**極樂淨土**。

◇六道岔路

區隔現世與冥府的入口。在平安時代，鴨川東側東山山麓一帶被稱為「鳥邊野」，為屍體被隨意棄置的曝屍風葬之地。由於送葬者會在位於鳥邊野入口的六道珍皇寺附近與死者告別，此路因此被稱為六道之**岔路**，被視為通往冥界的入口。

◇化野、徒野

與鳥邊野齊名、京都的另一個送葬之地。位於京都市嵯峨的小倉山麓，地名有「無常之野」的意涵，亦寫作仇野。

◇國都境目

被視為國都**平安京**邊界之處。包括逢坂、和邇（龍華）、大枝、山崎。在**陰陽道**規模浩大的**結界術四角四界祭**中，會在這四處和大內裏的四角設置**結界**，以護國都。

◇村境

分隔村內與村外的界線。為防止邪惡靈體侵入村內，會以**咒物**設置**結界**。例如在村境垂掛粗大的**注連繩**、擺放巨大的**稻草人**等。也常於村境安置道祖神。

◇路切、岔路切

分隔村莊內外設立**境界**，防止惡鬼或災禍入侵的**咒術**。例如於村境懸掛大草鞋、垂掛**注連繩**、安置**道祖神**等。

◇道祖神

設置於村境、道旁、山麓、山口等處，防止外來的惡鬼或災禍入侵的**守護神**。

◇**門**

既是日常空間與**異界**之間的界線，也是防止來自異界入侵者的**結界**。**鬼**或妖怪於門出沒的故事甚多，例如：鳥居、京都的朱雀門等。

◇**橋**

被視爲連結現世與來世、通往**異界**之路而爲人所懼。與橋相關的傳說甚多，例如**橋占**、京都的**一条戻橋**等。

◇**大晦日**

一年的最後一天，十二月三十一日。除夕、大年夜。人們相信妖魔會在舊年與新年交界的大晦日潛入。因此爲了迎接隔天的新年與歲神，大晦日的夜裡有守歲等諸多習俗。

◇**門松**

正月（新年）期間擺放於玄關前等處，以松或竹等組成的飾品。正月是迎接歲神的日子，門松則扮演著供歲神附體的**依代**角色。據傳緣由是「松（まつ）」與「祀（まつる）」同音。

◇**竹林**

竹林以地下莖相連，即使一根竹子的壽命結束，整片竹林也不會死亡。古人有鑒於這種永恆性，認爲其具有**咒力**。

◇**地獄谷**

位於富山縣立山町，因火山性氣體噴發，景象宛如地獄的峽谷。許多人相信**立山**深山中有地獄與淨土，因此於立山閉居修行。

◇**魔界**

魔物居住的世界。佛教意指使人墮落的妖魔所居之地，又稱**魔境**。

◇**魔境**

魔物所居住的世界。魔物的**境界**，魔界。亦指禪修中出現的一種幻覺體驗。

◇**前往異世界的方法**

可搭乘電梯前往異世界的都市傳說。隻身搭乘電梯，依四樓→二樓→六樓→二樓→十樓→五樓的順序移動。接下來，在一位年輕女性進入電梯時按下一樓的按鈕。這下電梯會上升到十樓而不是一樓，開門時眼前便是通往異世界的入口。

結界、結界術

◇結界

在一個區域隔出內外的**境界**後，爲保護內側施咒建立的屏障。設置結界後，可將製造**穢汙**的邪惡因素驅逐到外側。基本上，必須將四面圍得滴水不漏，只要有任何可通往外部的缺口，結界就無法發揮效果。

◇設立結界

施**咒法**時先設置**結界**、建立**聖域**，在能確保萬無一失的狀態下召喚神靈，對抗妖魔。

◇結界術

建立**結界**驅逐妖魔或惡鬼、淨化領域的術式。**結界術**的有效範圍由施術者決定。

◇聖域

結界的內側。不受妖魔等干擾的、淨化的神聖領域。

◇理之結界

密宗修行者爲了排除自己心中的惡、淨化心靈而施的**結界術**。方法包括「豎（次第）」與「橫」。載於**弘法大師空海**的《**祕藏記**》。

◇事之結界

爲創造神聖領域而結**印**誦咒、淨化道場的**結界術**。包括**地結**、**四方結**、**虛空結**、**金剛炎**等。載於**弘法大師空海**的《**祕藏記**》。

◇軍荼利明王的五種結界

指**地結**、**四方結**、**虛空結**、**金剛炎**、**重結大界**五種**結界術**。這些**結界**的效果甚大，即使面對操號稱最強**咒法**的**一字金輪法**的術者，只要靠近便能使其失效，而自身的威力毫無減損。

◇地結

淨化地底魔障的**結界術**，又稱金剛橛、金剛火焰地界。將金剛橛（四根柱子）敲進大地，並念誦咒文「唵／枳里枳里／嚩日囉／嚩日哩／步囉／滿馱滿馱／吽／發吒」等確立場域的**結界**。如此便可阻止地底下的魔障，將該處變成清淨之地。

◇四方結

阻擋魔障由四方入侵的**結界術**，

又稱金剛牆。連接**三鈷杵**以作爲四方之欄柵，並念誦**咒文**「唵／薩囉薩囉／嚩日囉／鉢羅迦羅／吽／發吒」，以強化四方的守護。

◇虛空結

阻擋魔障由上方入侵的**結界術**，又稱天網天結、虛空網、金剛網。連接**三鈷杵**爲上方之網，結**印**，展開雙臂手掌朝下，以指在空中比出掛網的姿勢，有時也會在頭頂上結印，並念誦**咒文**「唵／尾娑普羅／捺羅乞灑／嚩日囉／惹羅／吽／發吒」。

◇金剛炎

阻擋以**地結**、**四方結**、**虛空結**於地下、四方、上方設置**結界**仍無法阻其入侵的魔障的火焰**結界術**，又稱火院、金剛火院界印、火院密縫印。「院」爲柵欄，「界」爲區隔內外的界線，「金剛炎」則爲「火牆」之意。一如其名，此結界術以熊熊大火形成緊密封鎖外部的柵欄。咒文爲「唵／阿三莽擬你／吽／發吒」。

◇重結大界

這是在已設下的**結界**之外，再加一層結界的**結界術**，又稱爲大結界、大三昧耶、大三昧耶敕語結界印、大三昧耶眞實印等。結合**地結**、**四方結**、**虛空結**、**金剛炎**，稱爲「**軍荼利明王的五種結界**」。**眞言**的**咒語**是「唵／商迦羯利／摩訶三昧耶／槃陀槃陀／娑婆訶」。

◇七里結界

密宗指在七里四方的範圍內設置結界以阻擋妖魔接近。據傳**弘法大師空海**於**高野山**開山時曾使用此**結界術**。在其著作《性靈集》中便寫道：「在此院內東西南北、四維上下所有破壞佛法毗那夜迦一切惡神、鬼等，皆出去我結界之所七里之外。」

◇三種結界

密宗中爲修行需設置的三**結界**，分別爲攝僧界、攝衣界、攝食界。

◇鳥居

自古便是日本**神社**的象徵性元素。有些甚至在神社社殿建立前就已存在，作爲分隔**異界**與俗世的**結界**。一說之所以寫作「鳥居」，乃因在**天照大神**閉居天岩戶時，諸神於岩石前豎立木樁，試圖以鳥鳴誘使天照大神出來。穿越鳥居時，由於神由中央通行，因此人應由左右兩側通行。

◇羅城門

平城京、**平安京**位於都城南端的正門。作爲守護都城的**結界**，夜幕降臨門便會關上，以防妖魔進入。

◇羅城門之鬼

在平安時代，傳說有**鬼**居於**羅城門**。據傳有一鬼好作詩，若有人於羅城門下寫詩，有時此鬼便會以詩回之。相傳遭武將**渡邊綱**砍斷手臂的**茨木童子**亦曾居於此門。

◇朱雀門

平城京、**平安京**位於內裏南中央的正門。在**四神相應**中，「**朱雀**」爲守護南方的**守護神**。

◇注連繩

日本神話中，諸神引出閉居天岩戶的**天照大神**後，布刀玉命牽繞「尻久米繩」堵住了天岩戶，並宣布「從此不得再入」，被認爲是注連繩的起源。注連繩爲區隔俗世與神域**境界**的標記，亦是一種**結界**，被懸掛於**鳥居**以區隔俗世與神域的邊界、懸掛於村境或山口等地驅除妖魔，或在儀式上用於隔出**聖域**，用途相當多樣。

◇齋竹、忌竹

爲阻擋**穢汙**、創造清淨的領域，於齋場四角豎立的竹竿。與**注連繩**一同使用。

◇繩張

指自己的地盤。源自在土地上拉繩標示出村莊等邊界的習俗。

◇敷居、門檻

日本住宅中區隔進出口、門、不同房間之間的橫木。扮演著分隔「內」與「外」的**結界**般的角色。因位於分界線上，人們相信爲了防止邪氣侵入「內」，腳不得踩在敷居上。

◇疊緣

榻榻米的邊緣。一如敷居，疊緣也被視爲住宅內的**結界**之一。由於分隔**境界**的部分有欠安定，邪氣容易由此侵入，因此踩在榻榻米邊緣被視爲禁忌。

◇結界石

標記該處設有**結界**的石頭。

◇千引石

日本神話中，**伊邪那岐**逃離**黃泉國**時用來封閉入口的巨石。據傳此爲墓碑的起源。

◇女人結界

爲禁止女性入山而設置的**結界**。往昔山岳靈場等地曾爲禁止異性於同一場所修行而設置結界。流傳有進入此類結界的女性變成石頭的**巫女石**傳說。

◇平城京的五芒星

傳說奈良首都平城京曾爲一座巨大的**五芒星結界**所守護。若將三重縣的伊勢神宮、和歌山縣的熊野本宮大社、兵庫縣的伊弉諾神宮、京都府的前伊勢外宮豐受大神社，以及跨越滋賀縣與岐阜縣的伊吹山五個**氣場**連起來，便會浮現一個以平城京爲中心的巨大五芒星。

◇平安京

被視爲最適合建都、符合**風水**學**四神相應**布局的**咒術**都市。現今的京都所在地，當年是根據風水學所選擇的。此外，桓武天皇爲了防止日本特有的方位禁忌**鬼門**的危害，特地在東北方配置寺廟，以強化都城的防禦。

◇江戶

一如**平安京**，江戶也是根據防止妖魔入侵的規畫所建造的**結界**都市。推動江戶的都市規畫者，爲天台宗僧侶**天海**。除了按照**風水**的**四神相應**進行規畫，天海還將寺廟移至**鬼門**與**裏鬼門**強化守護，徹底實施鬼門封印。

◇江戶五色不動

設於**江戶**的東西南北的五色不動尊像。根據**陰陽五行**說，分別奉祀於目黑、目白、目赤、目青、目黃五個方位，進階強化江戶的**結界**。

◇畫×

令人聯想到**十字路**口的×，有著設置封印或驅除妖魔的**結界**意涵。古人將在往生者的軀體或棺材等畫上×，視同施行禁止其復生的**咒術**。

禁域、受詛咒之地

◇禁足地

禁止進入的場所。一旦進入可能遭**神隱**、**詛咒**、不幸等，爲當地人所畏懼的土地。大多是過去因瘟疫、災害、意外等而使土地沾染**穢汙**，如「**不知八幡森**」「**平將門首塚**」等。

◇忌諱地

即**禁足地**。

◇神隱

孩童等突然消失的現象。基於**山岳信仰**，神隱被認爲是山神、山林妖怪或**天狗**所爲。遭天狗擄去後又重返人間的**天狗小僧虎吉**便是有名的例子。

◇長岡京

受**詛咒**的國都。當國都由平城京遷都至長岡京時，都內因桓武天皇之弟**早良親王**的**怨靈**詛咒，持續發生瘟疫及桓武天皇的親族接連死去等凶事。出於對早良親王詛咒的畏懼，桓武天皇在短短十年內便廢長岡京，遷都**平安京**。

◇鬼無里

曾位於長野縣北部的村莊。原名水無瀨，據傳此地有座**鬼**在一夜間造成的一夜山，鬼住進了山裡。由於鬼被逐上山，村莊變成了「無鬼之里」，因此改名「鬼無里」。另有一說，因擊敗居於**戶隱山**的鬼女**紅葉**而得此名。

◇鬼之城

曾於古代吉備國（今岡山縣）橫行肆虐的**鬼**溫羅的居處。**溫羅**以鐵建此城於鬼城山之山頂，在城內囤積財寶與食物度日，後爲一名叫作**吉備津彥命**的武將所敗。推測溫羅與吉備津彥命之戰，即爲民間故事《桃太郎》的原型。亦有鬼之城實際位在瀨戶內海的女木島一說。

◇達谷窟

平安時代的鬼**惡路王**據守的石窟，位於岩手縣南部。他曾在此與武將**坂上田村麻呂**交戰。

◇平將門首塚

位於東京都千代田區大手町的首塚。據說**平將門**在京都被梟首示眾後，首級不僅遲遲不腐爛，還能言語，爲尋找遺棄的身軀而飛至此處。據傳江戶時代首塚周遭爆發瘟疫，民眾畏懼將門的**詛咒**而供養其魂，疫情便告平息。後來只要動了這座首塚便持續有人受傷或猝死，因此傳言將門的**怨靈**至今仍宿於其中。

◇沖之島

位於九州玄界灘上的孤島。整座

島被視爲神域，僅有神職人員能獲准登島。有「島上一草一木一石皆不得攜出島」，以及「島上所見所聞皆不得外述（不言樣）」等禁忌。

◇不知八幡森

位於千葉縣市川市的**禁足地**。據說一踏入此林就無法出去。之所以成爲禁地，相傳有討伐**平將門**時曾於此林施**咒術**「八陣之法」一說。

◇靈異景點

被視爲自殺聖地或曾發生不幸事件、意外的場所等，逝者怨念聚集的**穢汙**之地。多因都市傳說等的擴散而爲人所知。由於暗藏危險，不應輕易進入。

◇青木原樹海

十分著名的**靈異景點**之一。一片綿延於**富士山**山麓下、如大海般深邃且巨大的森林。由於樹木茂密，即使在白天也是一片昏暗，還收不到手機訊號。此地是個知名的「自殺聖地」，有許多遭遇靈異現象的傳聞，例如看見身穿紅色連身裙的女性幽靈、手持刀子的少年幽靈、聽見看不到的嬰兒哭聲、誦經聲、女性高亢的笑聲等。

◇樹海村

一個都市傳說中流傳的**靈異景點**。傳聞**青木原樹海**某處有一村莊，村民們看不出是活人，還是死人。

◇杉澤村

都市傳說中的一處**靈異景點**。相傳曾存在於青森縣的一座村莊，通往此村的路上有一面寫有「進入此地無法保證生命安全」的告示牌，而在村莊入口處有一座古老的鳥居和一塊狀似骷髏的石頭。據說此村曾發生全體村民遭一名男子殺害的慘案，當地政府爲了隱瞞此事，將杉澤村從地圖上刪除。

◇犬鳴峠

位於福岡縣舊犬鳴隧道旁的山口。這一帶是九州地區最著名的靈異景點之一，也是頻頻發生意外與靈異事件的地區。曾有人目擊到全身著火的幽靈、掛在樹上沒有下半身的怪物等。

◇八墓村

橫溝正史的推理小說《八墓村》中登場的虛構村莊。這部小說多次被改編成影視作品，其中的台詞「詛咒啊」甚至成了流行語。故事的藍本爲眞人眞事的「津山事件」（津山三十人屠殺事件）。

◇雄蛇池

千葉縣的**靈異景點**。一條建於江戶時代初期的蓄水池，相傳沿池邊繞行七次，便會出現一條公蛇。傳說曾有一名少女織布工投池自盡，至今每逢雨天，都能聽到少女的幽靈織布的聲響。

◇白高大神

一座位於奈良縣的廢棄**神社**，亦是知名**靈異景點**。原本是奉據說能召喚**白狐**的中井巫女爲教祖的玉姬教會修行場。相傳曾有一名少女參觀神社內修行場的洞窟後，聲稱自己遭到靈體附身。

◇廢墟

被破壞或遺棄後荒廢的建築或聚落。有些成爲**靈異景點**。

◇東尋坊

福井縣內被指定爲國家天然紀念物的奇境勝地，爲一座峭壁。據傳遭人推下懸崖身亡的僧侶東尋坊冤魂不散，導致海面狂潮大浪不止，經過超渡才恢復平靜。從此這裡就被稱爲東尋坊。

◇鬼子岳

據傳曾統治此地的羽多氏怨靈**作祟**的山。位於佐賀縣唐津市北波多，現在地名被改爲岸岳。據傳觸摸殘留山中的墳塚或墓碑等會使人身體不適或受傷。甚至有人因不小心破壞墓碑而意外身亡。

◇殺生石

位於栃木縣那須溫泉附近的一塊巨大岩石。據傳由**九尾狐**所化成，曾散發毒氣毒死周遭的動物及人類。後來曹洞宗的僧侶**玄翁**打碎此石，災害便告結束，如今成了一個觀光景點。然而二〇二二年三月殺生石突然裂成兩半，「**妖狐**是否復活」一時蔚爲話題。

◇鬼石

位於山口縣下關市忌宮神社境內的封印石。據說是曾侵略日本的異國鬼塵輪的首級埋葬處。爲防其**怨靈**肆虐，鬼石周圍布有**結界**。

◇巫女石

一塊據傳曾爲人類女性的石頭。位於栃木縣日光市的男體山曾有禁止女性入山的禁令，然而有位女性出於好奇假扮成幼兒入山，在踏入此山的瞬間觸動了**女人結界**，化爲石頭。

◇鬼八塚

葬有曾於宮崎縣高千穗地區肆虐的**鬼神**鬼八的手足及體軀的墳墓。即使遭諸神分屍，鬼八強烈的**怨靈**依然難以平息，爲此甚至曾舉行犧牲處女祭祀（**生祭**）的儀式。

◇許願杉

位於京都市東山區地主神社境內的神木。樹上留有無數**丑時參拜**時打入**五寸釘**的痕跡。

◇凶宅

居住者因孤獨死、自殺、他殺等而身亡的屋子。有時死者的意志或眷戀依然盤據不去，若住進未經**祓禊**淨化的事故凶宅，可能會遭遇「睡醒依然疲憊不堪」「感受到人的氣息或聽見奇怪的聲音」等靈異現象。若居住者是因老衰等自然死亡，就不會被歸類爲凶宅。

咒術景點

◇一条戾橋

京都的一条戾橋被認爲是來世與現世的**交界**，是個充滿神祕故事的地方（如**淨藏**、**茨木童子**），也是**安倍晴明**收藏**式神十二天將**的地點。在晴明的住處，肉眼無法瞧見的式神常會打開房門或說話，讓他的妻子害怕，因此晴明將這些式神藏在一条戾橋下。

◇九十九橋

據說在舊曆四月廿四日的丑刻，會有日本戰國時代武將柴田勝家的無頭武者行列現身的**橋**。相傳看到這武者行列者將難逃一死。然而，也有傳說若不幸目擊，只要宣稱自己是柴田勝家的家臣，便可倖免於難。這座橋位於福井縣足羽川下游。

◇緣切榎

位於東京都板橋區本町、據說具有**咒力**的一株大榎（朴樹）。據傳若供奉男女背靠背的**繪馬**祈願，就能斬斷緣分。若削下樹皮切成細片，暗中讓對方吃下，亦有**斷緣**之效。因爲榎與斷緣的日語讀音近似，因此被認爲蘊藏斷緣之力。

◇緣切廁

據說進大阪持明院本堂旁的廁所祈願，便能成功**斷緣**。至於洛東清水寺的本堂與奧之院之間並排的廁所，一間有斷緣之效，另一間則有**結緣**之效。

◇**姿不見橋**

位於東京都新宿區的淀橋被稱爲「姿不見橋」。由於被視爲一座具有斬斷良緣**咒力**的不祥之**橋**，因此舉行婚禮時新娘絕不可過這座橋。

◇**錦帶橋的人柱**

位於山口縣岩國市橫跨錦川的**橋**。很久以前，有一對姊妹被當作水神的祭品成爲人柱。據說橋建成後，橋底便開始浮現似人的「石人偶」。

◇**后町之井**

位於宮中、據說可以預知未來的神祕井戶。某回九条大相國朝井底窺探，看見水面如鏡子般映照出自己成爲大臣的模樣，後來果眞當上大臣。此說記載於《**古今著聞集**》。

◇**一刀石**

位於奈良縣奈良市柳生町的一塊大岩石。彷彿被一刀兩斷般完全裂成兩塊。據傳劍術高手柳生石舟齋曾與**天狗**比武，原本以爲自己一刀斬殺了天狗，卻發現眼前是這塊裂成兩半的巨石。根據此傳說，這塊岩石便被稱爲「一刀石」。

◇**古墳**

古墳內部繪有多個神祕的幾何圖案。或許古代人曾以抽象的圖案，而不是文字，與肉眼看不見的神靈溝通，以獲取強大的**咒力**。

◇**窟**

山中的洞窟。**修驗者**隱居並進行修行的場所（**閉窟**）。

◇**磐座**

山中的巨石遺跡。古人認爲巨石宿有神靈，爲神靈自天上降臨的場所。例如金峯山的**湧出岩**、神倉山的琴引岩、湯殿山的磐座等。

◇**陰陽寮**

自奈良時代起設立的中務省轄下的官署。除了**陰陽師**，陰陽博士、**曆博士**、天文博士等也隸屬於此，主要負責占卜吉凶、天文觀測、製曆、計時。

◇**藏人所御占**

天皇專屬的**陰陽師**「藏人所陰陽師」進行占卜的場所。在此占卜有關天皇居住的內裏所發生的異象。

◇軒廊御卜

這是**陰陽師**進行占卜的場所，即內裏的紫宸殿東邊的軒廊。在此占卜全國性的災害，並釐清國家所屬的寺廟與**神社**發生異象的原因。

◇貴船神社

位於京都貴船山的**神社**，是知名的**丑時參拜**聖地。貴船神社原本祭祀水神高龗神，爲祈求、止雨舉行丑時祈神。後結合因丑時祈神而成爲鬼女的**宇治橋姬**的傳說，衍生出丑時參拜的習俗。

◇育靈神社

位於岡山縣的**丑時參拜**聖地。傳說在室町時代，有位父親在此爲弔唁逝去的女兒與貓而祈願，因此**咒殺**了敵人。從此這裡便成爲以靈驗知名的**詛咒**聖地。

◇靈線

連結巨石或古代遺跡、山巒或寺廟神社等聖地的直線，由英國考古學家所提出。類似**風水**學的**龍脈**，是大地上各**氣場**的連結線。在日本列島上有連結從北海道到**富士山**諸山的「富士山靈線」，以及連結繩文時代遺跡的「繩文靈線」等。

◇氣場

被認爲充滿靈力，有治癒身心之效果的地點。有時也指**神社**寺廟等能獲得神佛庇佑的場所。

受詛咒的時刻

◇逢魔時

夕陽西下、天色漸暗的黃昏時分，爲俗世與**異界**交界的時間點。自古人們相信妖魔會在天黑後出現，因此認爲太陽西下、黑暗降臨時，是妖魔與人類相遇的時刻。同傍晚、黃昏、**誰彼時**。

◇大禍時

與**逢魔時**相同的時間帶。語源即爲逢魔時（日文讀音相近），同樣指妖魔現身的時間。

◇誰彼時

「誰彼」意爲「那是誰？」以此形容夕陽西下、天色漸暗、難以看清他人樣貌的黃昏時分。同**逢魔時**。

◇丑時三刻

相當於現代的凌晨兩點到兩點半左右。這段時間被認爲是幽靈或妖魔出現的時刻。日文以「草木皆眠之丑時三刻」形容靜得讓人毛骨悚然的夜半深更。

◇五掟時

陰陽道根據**陰陽五行**說，認爲在不同日子裡應忌諱的時間帶。

◇厄年

容易發生災難的年齡。一般來說，女性的厄年爲十九、三十三、六十一歲，男性則爲二十五、四十二、六十一歲，但可能因地區而異。據信取下身上的物品**祓除**便可消災厄。**神社**與寺廟會舉行解厄的儀式。

◇厄日

可能有壞事發生的日子。在**陰陽道**的占術中，指容易發生災難，宜謹慎行事的日子，又稱惡日、凶日。

◇忌日

與平常不同，容易發生災難，宜謹慎行事的日子。不吉的日子。

◇血忌日

宜避免宰殺禽畜等與血有關的活動的日子。

◇受死日

最不吉的大凶日。可能走路失足跌倒或因病死亡的日子。

◇滅門日

曆注（即傳統曆書上標示節氣、物候，以及日常行事吉凶宜忌等註記）之一。被認爲是貧、飢、障三神與貪、嗔、痴三毒出現的忌日。這天與狼藉日、大禍日合稱「三箇惡日」。

◇一切不成就日

任何事都做不成的凶日。據傳若在這一天做任何事，六小時內災厄就會降臨。

◇八龍日

春季的凶日，爲甲子日及乙亥日。八龍指東方的龍國，此日被認爲是會發生八難之日。

◇七鳥日

夏季的凶日。爲丙子日及丁亥日。七鳥指南方的鳥國，此日被認爲是七陽之日。

◇九虎日

秋季的凶日。爲庚子日及辛亥日。九虎指西方的虎國，此日被認爲是九厄之日。

◇六蛇日

冬季的凶日。爲壬子日及癸亥日。六蛇指北方的蛇國，此日被認爲是六害之日。

◇十死一生日

又稱天殺日、大殺日。爲不宜舉行婚禮或喪禮之日。

◇空亡

根據**干支**的組合，通常被視爲凶日的日子。根據六十干支的法則將**十干**與**十二支**配對，每十日十二支就會餘下兩個支。這些無法配對成偶的十二支（戌亥、申酉、午未、辰巳、寅卯、子丑），由於是無干（天氣）的孤支（地氣），因此稱爲空亡，意思是「空虛而亡」。

◇天中殺

即**空亡**。

受詛咒的方位、方角

◇鬼門

指日本自古視爲禁忌的東北（艮、丑寅）方。被認爲是**鬼**出入的方位，因此疾病與災禍會由此方位而來。平安時代在內裏的東北方建**比叡山**延曆寺，即是爲保護都城不受鬼門所害。

◇裏鬼門

鬼門反方向的南西（坤、未申）方。與鬼門同被視爲不吉的方位。

◇保持鬼門清淨

由於災厄與疾病會由**鬼門**進入，人們相信保持家中鬼門方位的清潔能防止災禍與病魔入侵。

◇截鬼門角

據傳截去建築物的東北角，爲擋**鬼門**的方法之一。**鬼神**來去的鬼門被視爲忌諱的方位，因此需以各種方法將之擋住封煞。京都御所的「猿辻」邊角便被切除，以擋住鬼門。

◇艮

即丑寅。指**鬼門**所在的東北方。位於丑、寅中間的方角。

◇死門

進入來世的大門。指死亡。

◇惠方

指該年裡吉利的方位。**方位神**之一的福神**歲德神**所在的方位，又稱吉方、兄方、得方。據說在**節分**之日，朝惠方吃一種叫惠方卷的壽司便能討個吉利。

◇金神七殺

指侵犯最可怕的**方位神金神**所在的方位。據傳不僅侵犯者本人，還會有七名親人死於**詛咒**。

◇熊王神、九魔王神

陰陽道中，被視爲不宜旅行的不吉方位。

◇孽難

出現在土地上的怪異現象。有**妖**、**孽**、**禍**、**痾**、**眚**、**祥**六種類型，災妖將從出現這些異象的方位降臨。越接近祥的地點，異常程度會越強。

◇妖

出現在植物上的怪異現象。在土地上出現的異象中，屬於較輕微的早期症狀。

◇孽

出現在動物上的怪異現象。

◇禍

出現在動物，特別是家畜的異象。

◇痾

出現在人類身上的疾病。

◇眚

指氣的失調導致異形產生。

◇祥

指異形由外來襲。

聖域、理想國

◇桃花源

神話故事裡的理想國。相傳是一處穿過美麗的桃花林與洞窟後看到的人間樂土，人們在這片美麗的大自然中過著安穩的生活。與現代所說的「烏托邦」同義。

◇三神山

傳說位在遙遠的東海上的**蓬萊**、

方丈、瀛洲三座神山。相傳爲**仙人**所居住的樂土。

◇蓬萊

三神山中最知名的一座。據傳位於中國東方海域，爲不老不死的**仙人**們所居住的樂土。

◇龍宮

傳說中位於海底的**聖域**，爲**神仙**所居住的理想國。浦島太郎傳說便是受此說影響衍生。

◇月

月亮被視爲散發神祕光芒的**異界**，被描繪成不同於人間的理想國。《竹取物語》中輝夜姬的故鄉月都的居民均不受死亡的汙染，得享永生。

◇天界

天上世界。被認爲是神明所在之地。

◇神座

召喚神靈或安置神體之處，被認爲是「**神樂**」的語源。

◇常世國

據傳位於大海另一頭的遠方，不老不死的**神仙**之鄉。

◇高天原

諸神所居住的天上世界。由日本神話的主神**天照大神**所統治。

◇極樂淨土

佛教中據傳位於遙遠西方的阿彌陀如來所居住的理想國。有金黃的大地、寶石閃耀的屋宇，處處可聞美妙的鳥鳴，是一個沒有一切苦痛的世界。

◇補陀落

據傳位於印度南方海岸的一座山。一片光輝燦爛、生長有氣味芬芳的樹木，爲觀音所居住的淨土。在日本，出海航向南海遠方追尋補陀落的**捨身**行即稱爲**補陀落渡海**。

◇儀來河內

傳說中琉球王國的創世女神阿摩美久與男神志仁禮久所居住的神國，位在大海另一頭的理想國。據傳稻米的種子，就是從儀來河內帶來的。

◇伊敷濱

位於沖繩被稱爲「神之島」的**聖域**——久高島上的海灘。傳說有一只甕從大海另一頭的理想國儀來河內漂流至此，甕中裝有五穀的種子。

◇御嶽

琉球王國的創世神阿摩美久所創造的、眾神居住的**聖域**，其中七座御嶽被稱爲「琉球開闢七御嶽」。

◇神域

神社的境內等被認爲宿有神明的地點。

◇神社

神祇降臨的神聖場所。人們相信神靈會以山、岩石、樹木爲**依代**降臨人世。據傳將這類依代視爲神明祭祀，即爲神社的起源，後來爲了設置區分神域的**結界**，又建造了**鳥居**與社。社原本爲屋代之意，指神的臨時住所。

◇榊

日本神話中被視爲**天照大神**的**依代**而受供奉、宿有神靈的樹木。語源爲「境之木」。

◇御神體

神明所依附的物體。人們相信神會依附於山、岩石、水等萬物。爲神所依附的樹木稱爲「神籬」。

◇嚴島

位於廣島縣的神聖島嶼——宮島。島名的「いつく」音同供奉之意的「斎く」，有供奉神明、淨化**穢汙**意涵，因此堪稱是「供奉神明之島」（斎く島），整座島都是供奉神明的聖域。過去禁止人在此居住，至今島上仍無墓地，居民過世後均葬於對岸日本本土的墓地中。

風水術

◇看風水

如風水典籍《葬書》所言：「氣乘風是散，界水則止。古人聚之使不散，行之使有止，故謂之風水。」風水學的祕訣，就是看懂風與水。

◇立體咒術

如**風水**般，具空間性質的**咒術**。

◇龍脈

指大地的**經絡**（**氣**的流動）。這種自山巒蜿蜒流向平原的強烈大地之氣，**風水**學以聖獸「龍」形容之。

◇龍穴

大地之**氣**湧現的地點，即氣的泉

源。龍會在山脈與平原交接處停下來吐氣。從龍穴湧現的氣，有好壞之分。

◇點穴

找出**龍穴**的技巧。點穴法。

◇忌穴

了無生氣、不毛且不吉的**龍穴**。

◇尋龍脈

尋找大地之**氣**，即**龍脈**，兼看**風水**找出好**龍穴**。

◇覓龍法

風水術的一種，「覓龍」爲「尋覓龍」之意，又稱看龍法。

◇死龍

指缺乏大地之**氣**、不好的**龍脈**。相反的，充滿生氣的龍脈則稱爲「活龍」。

◇來龍

指龍（大地之**氣**）朝大地的能量點匯聚。形容從高大的山巒延伸而出的和緩稜線。

◇四神相應

風水學中建都地點的理想條件，也稱作「四靈山訣」。四神即四個方位的守護神獸：**青龍**、**白虎**、**朱雀**、**玄武**。古書《三輔黃圖》記載：「青龍、白虎、朱雀、玄武，天之四靈，以正四方，王者制宮闕殿閣取法焉。」即指鎮守天官的四大神獸能辟諸邪、調伏陰陽。在風水學上有一個口訣：「左青龍、右白虎、前朱雀、後玄武。」合乎四神相應的風水寶地能家宅平安，凝聚正氣，達到陰陽平衡，還能添丁生財、家族和諧團結。

日本平安時代的**平安京**和平城京，就是依據東方由青龍守護，西方由白虎守護，南方由朱雀守護，北方由玄武守護，擇地北、東、西三面爲山環繞，南方則開闊，符合四神守護的都市建設理想而建。

◇青龍

四神相應中東方的守護神。形象爲青色的龍，偏好河川（流水）。

◇朱雀

四神相應中南方的守護神。形象爲類似鳳凰的鳥，偏好湖沼。

◇白虎

四神相應中西方的守護神。形象爲白色的虎，偏好大道。

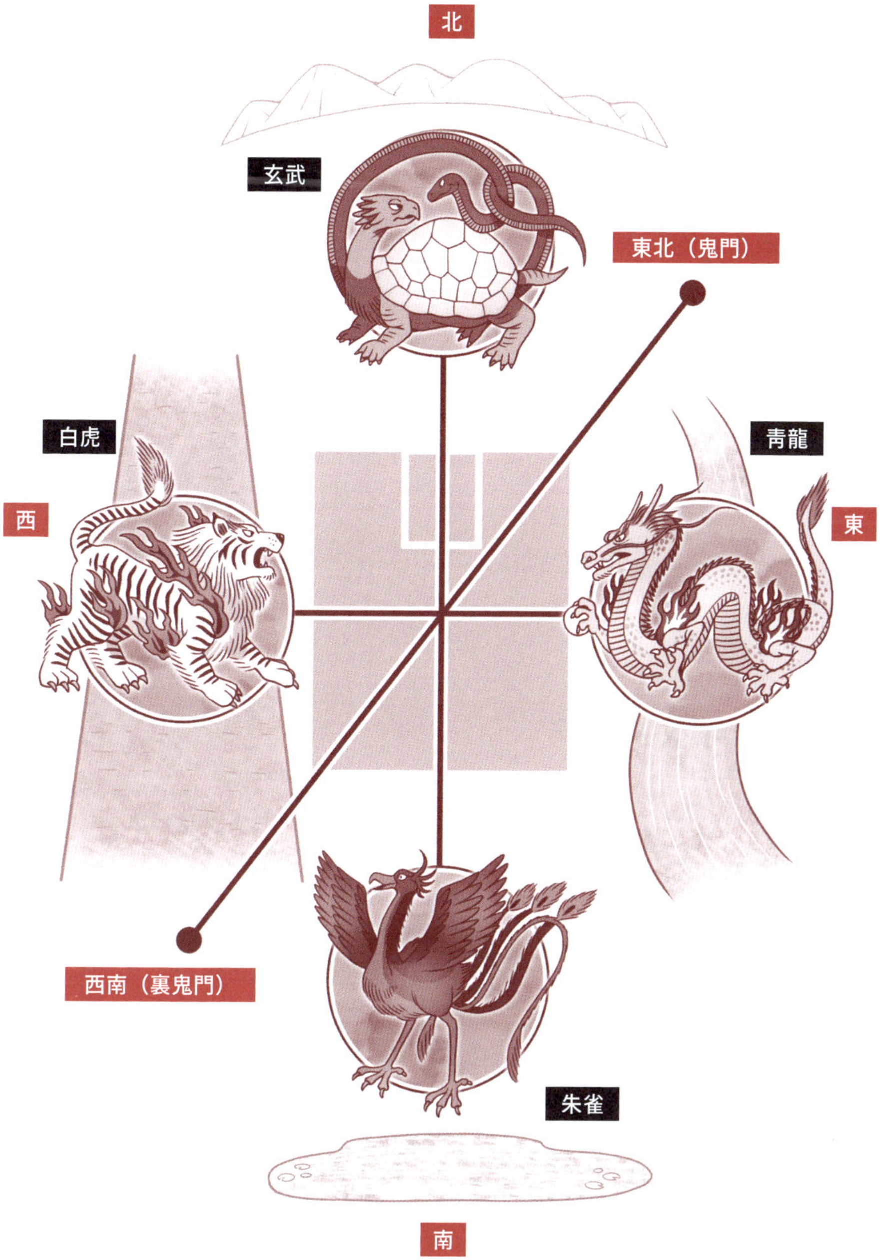
北
玄武
東北（鬼門）
白虎
西
青龍
東
西南（裏鬼門）
朱雀
南

◇玄武

四神相應中北方的守護神。形象爲蛇纏繞龜身。偏好高山，同時也是水神。

◇四神砂

指四方有「砂」（環繞**龍穴**的山）的地形。東有**青龍**、西有**白虎**、南有**朱雀**、北有**玄武**守護。

◇風水都市

根據**風水**建設的都市。**平安京**爲公認最符合風水理論的例子，京都這座擁有一千兩百年以上歷史的古都因此才得以繁榮至今。

◇假四神相應

日本的**風水**上有個**咒法**，可將四神不相應的狹小土地轉變成四神相應之地——東灑黃土、西灑白土、南灑紅土、北灑黑土，中央灑黃土，再立起與土同色的五色**御幣**進行祭祀，最後將五色土埋入各方位。如此一來，這塊土地就會自動變成**四神相應**之地。

靈山、山岳修行

◇山岳信仰

指將山岳視爲神聖膜拜。自古人們便認爲山岳賜予人類恩澤，同時是充滿自然災害的可畏之地。並且相信其爲亡者靈魂歸天之處、天上神明降臨或居住之地。由於日本地勢多山，山岳信仰根深蒂固。

◇靈山

神聖的山岳。日本三大靈山爲**富士山**、**白山**、**立山**（亦有**恐山**、**比叡山**、**高野山**之說）。

◇富士山

日本最高的**靈山**。留有**聖德太子**曾經攀登、**役小角**飛往山中修行等諸多傳說。江戶時代流行的「**富士講**」，即以富士山爲信仰對象。

◇恐山

位於青森縣下北半島的**靈山**。山中有賽之河原、**地獄谷**等。被視爲死者魂魄聚集之山，尤以行**神靈代言**的**潮來**聞名。亦是**修驗者**的修行之地。

◇出羽三山

山形縣的羽黑山、月山、湯殿山三座**靈山**的總稱。羽黑山爲**能除太子**進行日本最古老的山岳修行之地，至今**修驗道**仍於此進行**秋峰**等修行。

◇湯殿山的卽身佛

出羽三山之一的湯殿山爲**卽身佛**的修行之地。人們將表面湧出熱水的巨岩視爲**御神體**供奉，相信將寫有逝者戒名的紙放進熱水融化，故人的魂魄便可成佛。

◇日光山

位於栃木縣的**靈山**，自古便是**修驗道**的聖地。雖然有德川家康長眠於此的日光東照宮，但由於日光位於江戶城之北，故有「爲江戶擋**鬼門**」「因其位於北極星與江戶城連結的線上，故適合作爲家康長眠之地」等說法。此外，日光山上的二荒山中，祭有**御神體禰禰切丸**。

◇高尾山

位於東京都的**修驗道**聖地。山上有瀧行聖地蛇瀧、琵琶瀧。祭有飯綱大權現，爲許多戰國武將所信仰。飯綱大權現的隨從**天狗**也居於此山。

◇白山

泰澄所開創的**修驗道**聖地。爲一座橫跨石川縣與岐阜縣的山。據傳泰澄由女神（推測爲伊邪那美的化身）引至山中一座池祈禱時，十一面觀音化身的九頭龍王自池中現身。

◇立山

富山縣的**靈山**，爲**修驗道**聖地。根據傳說，佐伯有賴外出獵鷹時以弓射中一隻熊，熊卻變身爲金光閃閃的阿彌陀如來，於是決定於此開山修行。此地曾盛行「立山地獄」信仰，人們相信罪人魂魄會墮入立山的地獄。**《今昔物語集》**中記載：「日本國之人，造罪者多墮入立山之地獄。」

◇木曾御嶽

位於長野縣木曾郡的**靈山**，爲**修驗者**的修行之地。至今仍舉行**立御座**的儀式。

◇飯綱山

位於長野縣的**靈山**。爲**修驗道**修行的靈場，亦爲**飯綱法**的修行之地。據傳**八天狗**之一的三郎坊即居於此山。亦寫作飯繩山。

◇戶隱山

位於長野縣的**靈山**，爲**修驗道**的聖地。日本神話傳說當天手力男神將**天照大神**閉居的天岩戶搬除時，就將其扔至此地。後由**役小角**開山，成爲修驗道的修行地，戶隱流**忍者**亦於此山誕生。

◇秋葉山

位於靜岡縣的**修驗道**聖地，祭祀火伏神（滅火之神）三尺坊權現。傳說古時曾有一位名喚**三尺坊**的僧人修行千日，藉**火生三昧**習得**神通力**，後騎**野狐**升天，化成**天狗**飛翔於空中。當秋葉山發生火災，三尺坊便以火生三昧之力滅火息災。

◇日金山

位於靜岡縣熱海市的**靈山**。人們相信此山爲死者靈魂聚集之地，據傳於彼岸時期登上此山，能與思念的逝者擦身而過。

◇比良山

聳立於滋賀縣琵琶湖西側的**靈山**，爲修驗道聖地之一。據傳**八天狗**中**神通力**僅次於太郎坊的次郎坊，即居於此山中。

◇比叡山

爲京都擋**鬼門**的**靈山**。山上有延曆寺，起源可追溯到天台宗開祖**最澄**所建的草庵。是**相應**創始的千日回峰行的修行代表、**修驗道**的聖地。

◇愛宕山

位於京都的**靈山**，**修驗道**的聖地之一。據傳爲**役小角**所開山。此山亦有虔誠的**天狗**信仰，相傳**八天狗**之一的太郎坊即居於此山。

◇鞍馬山

位於京都府的**靈山**之一。山中有**天狗**居住，傳說大天狗僧正坊曾於此山訓練牛若丸（後來的源義經）。

◇大峯山

據傳**役小角**與**聖寶**等曾在此修行的**靈山**。大峯山爲橫跨奈良縣與和歌山縣的山脈。爲有名的**奧驅**修行之地。

◇湧出岩

位於**大峯山**之一金峯山上的**磐座**（被視爲神的居所的岩石，也是沒有建築設施的神社）。傳說**役小角**於此爲幫世人除災虔心祈禱時，曾見**金剛藏王權現**現身。

◇高野山

位於和歌山縣、由**弘法大師空海**所開山的眞言宗聖地。以總本山金剛峯寺代表全山。

◇高野山開山與空海

從大唐學成歸國的**空海**曾奉天皇之命**祈雨**。空海以**咒力**召喚善如（善女）龍王，連三日降下大雨。並憑此功績得天皇許可，於**高野山**開山。

→關於空海以「三鈷杵」開山的傳說，參照200頁

◇熊野三山

位於和歌山縣的本宮、新宮、那智三座神社的總稱。爲**修驗者**的聖地。在鎌倉時代，不僅皇室與貴族，庶民亦頗爲熱中參拜此三社（稱爲「熊野詣」）。熊野三山有象徵過去、現在、未來之地的意涵，因此熊野被視爲來世的淨土。

◇彌山

位於廣島縣的宮島（**嚴島**）的**靈山**。自**空海**開山後，便有燃燒至今的「不滅之火」、空海所掛的錫杖長成梅樹，若不開花便是凶兆的「錫杖之梅」等七大奇蹟。

◇伯耆大山

位於鳥取縣的**靈山**。據傳由出雲國（今島根縣）一獵師（後來的**金蓮**）被金狼引導至此而開山。**八天狗**之一的伯耆坊曾居於此地，後因相模國（今神奈川縣）的八天狗相模遷往**白峰山**，而離此山遷往相模大山代之。

◇白峰山

位於香川縣，**八天狗**之一的**相模坊**所居之山。山上有遭流放的**崇德天皇**之墓白峰陵，相傳其靈由八天狗之一的相模坊所護。

◇白峰山與相模坊

古時曾有行者於相模國（今神奈川縣）的相模大山上修行，最終成爲**天狗**相模坊，後遷往香川縣的**白峰山**指導**修驗者**。傳說古時有一小僧被派去買豆腐而入白峰山，入夜後恐懼不已，由相模坊背著在一瞬間送回寺廟，小僧手中還多了一塊唯有在京都才能購買到的絹豆腐。

◇英彥山、日子山

聳立於福岡縣和大分縣之間的**靈山**，與**大峯山**、**出羽三山**的羽黑山

並譽爲三大修驗之地。根據日本神話，傳說**天照大神**之子曾降臨此山，故人稱「日子山」。日本**八天狗**之一的豐前坊亦居於此山。

◇葛城山

和歌山縣的**靈山**。以曾爲**役小角**的修行地聞名。山中住有名稱**一言主神**的神祇。

◇崑崙

傳說中位於中國西方的**靈山**。相傳爲黃河之源、產玉之地，以女仙**西王母**的居處聞名。實際存在於中國西部的崑崙山脈，並非傳說中的崑崙。

◇深山幽谷

人跡杳然的山谷深處。爲**仙人**隱居修行之地。

◇五嶽

古中國根據五行思想奉爲**靈山**崇拜的五座山。包括東嶽**泰山**、西嶽**華山**、南嶽**衡山**、北嶽**恆山**、中嶽**嵩山**。位於三神山方位的泰山，尤其被尊爲仙境而爲人所信仰。描繪五嶽的**五嶽眞形圖**，被視爲萬能的**靈符**。

◇泰山

五嶽中的東嶽。據傳亡者魂魄即聚於此山，由山神**泰山府君**審判生前罪行。此山矗立於中國的山東省，自秦代以來一直是皇帝舉行封禪（皇帝祭天以示受命於天下的祭典）儀式的場所。

◇華山

五嶽中的西嶽。住有主宰金屬與鳥類的神祇，矗立在陝西省。

◇衡山

五嶽中的南嶽。住有主宰星辰與水中生物的神祇，矗立在湖南省。

◇恆山

五嶽中的北嶽。住有主宰河川與動物的神祇，矗立在山西省。河北省的恆山也曾被視爲北嶽。

◇嵩山

五嶽中的中嶽。住有主宰沼澤、峽谷、山林的神祇，矗立在河南省。

神祭

◇神祭

招請**異界**神明至**神社**取悅之，藉此積聚靈力的儀式。在**神道**中「祭」通「祀」，指供奉農作物或獵物祀神（＝祭神），被認爲此舉能以人之力復甦神明衰退的靈力。

◇湯立神樂

長野縣南部天龍川支流上的遠山鄉所舉行的**神樂**祭典，又稱霜月祭。以鍋煮沸水、除穢招請神明，並徹夜演出神樂款待之。

◇御柱祭

長野縣諏訪大社的下社每六年一度舉辦的祭典。御柱爲從巨木中切出的巨大**御神體**，參與者會緊攀御柱爬下陡峭的懸崖並渡河，與御柱合而爲一。

◇克別斯祭

大分縣國東市的櫛來社（岩倉八幡社）每年十月十四日舉行、以火焰**祓除穢汙**的火祭。然而祭典名中的「克別斯」（ケベス様）的身分與祭典的起源均不明，被譽爲奇祭中之奇祭。由戴著奇特面具的「克別斯」（ケベスどん）翻攪熊熊烈焰，使火粉朝周遭噴撒。

◇御繩掛神事

三重縣的花窟**神社**舉行的儀式。傳說日本神話的創造神伊邪那美產下火神迦具土後死亡，其夫**伊邪那岐**於是將伊邪那美的遺體葬於此地，爲日本最古老的神社。人們相信將繫有花與扇子的粗繩掛在**御神體**的巨石及**御神木**的松樹上，可與神明產生聯繫。

第七章

「書籍、神話」

更深入了解咒術的參考

神話、傳說、故事

◇《魏志倭人傳》

記錄三世紀倭國（邪馬台國）的中國文獻。其中有**卑彌呼**登基並用「**鬼道**」的記述。

◇《古事記》

於七一二年成書的日本最古老史書。由稗田阿禮誦習，太安萬侶記錄、編纂。書中載有自神代至推古天皇的歷史與神話。**咒詛**、**詛戸**、**麻賀禮咒言**、**綿津見的詛咒**、**太占**、**日本武尊**、**吉備津彥命**、**武內宿禰**、**八咫烏**、**玖賀耳之御笠**、**鼠**、**八鹽折酒**等日本神話與**咒術**的起源，以及古代的咒術師與異能者等，均可透過此書習得。

◇《日本書紀》

由舍人親王等人於七二〇年成書的日本第一部編年體史書，又稱《日本紀》。和《**古事記**》合稱《記紀》或《記紀神話》。如同《古事記》，本書有助於剖析日本**咒術**的根源，書中亦有**兩面宿儺**的相關記載。

◇《續日本紀》

於七九七年完成、繼《**日本書紀**》後的敕撰史書。除了載有**役小角**的傳說，亦有**稱德天皇詛咒事件**等**咒術**相關事件的記載。

◇《日本靈異記》

作於平安時代初期，爲日本最古老的佛教故事集。書中載有**役小角**、**寂仙**、**雷童子**等的傳說。

◇《舊事本紀》

作於平安時代前期的史書。書中記述從神代至推古天皇的天皇事蹟，亦有物部氏的詳盡記載，又稱《舊事紀》或《先代舊事本紀》。**十神寶**及**布瑠之言**，即「**布瑠部、由良由良止、布瑠部**」亦載於此書。

◇《竹取物語》

作於平安時代初期，敘述從竹中誕生的輝夜姬返回月都的故事。竹在其中扮演著連結地上與**月亮**（**異界**）的角色。

◇《三寶繪詞》

平安時代中期的佛教故事集。本名爲《三寶繪》的繪卷，但畫作佚失，僅剩詞書殘存。其中載有**役小角**的傳說。

◇《源氏物語》
平安時代中期由紫式部所著的長篇故事。其中載有**物忌**、**撤鹽或米**的情節，以及變成**生靈**的**六条御息所**的故事等。

◇《枕草子》
平安時代中期由清少納言所作、日本最早的隨筆。其中可見關於**物忌**，或諸如「有請一能言善道之**陰陽師**至河原祓除**詛咒**」等陰陽師所行儀式的描述。

◇《今昔物語集》
平安時代後期的傳說故事集。書中包含上千則故事，登場人物與故事背景相當多元。載有**陰陽師**、**安倍晴明**、**役小角**、**流浪巫女**等各種傳說。

◇《大鏡》
平安時代後期的歷史故事。其中載有花山天皇行經**安倍晴明**宅邸時，晴明正與**式神**對話的情節。

◇《古事談》
作於鎌倉時代初期的傳說故事集，爲後來的《**宇治拾遺物語**》等書之典故。其中除了**安倍晴明**的傳說，亦載有**源義家**、**淨藏**等佛教故事。

◇《江談抄》
平安時代後期的傳說故事集。其中載有吉備眞備乃**陰陽道**高人之說、任遣唐使渡唐期間與化身爲**鬼**的**阿倍仲麻呂**的相遇，以及仲麻呂救助眞備的故事。

◇《宇治拾遺物語》
作於鎌倉時代初期的傳說故事集。其中載有**安倍晴明**的傳說（**安倍晴明的詛咒返還**、**道摩法師**）等。

◇《續古事談》
作於鎌倉時代初期的傳說故事集，其中載有**陰陽師**的傳說等。

◇《古今著聞集》
作於鎌倉時代的傳說故事集，其中載有「**后町之井**」等故事。

◇《平家物語》
寫於鎌倉時代的軍記物語（以戰爭爲主題的古典文學類型之一），其中載有**宇治橋姬**行**丑時參拜**的情節。

◇《撰集抄》

鎌倉時代的佛教故事集。其中載有**西行**以**返魂術**創造人造人的故事。

◇《簠簋內傳》

正式名稱爲《三國相傳陰陽輨轄簠簋內傳金烏玉兔集》。據傳由**安倍晴明**所著之**陰陽道**祕傳書。推測成書於鎌倉時代末期至室町時代之間。「簠簋」象徵天地（祭器），「金兔」則象徵陰陽（太陽與月亮）。收錄內容包括曆法、**四神相應**、**曆占**、地形及方位吉凶、**宿曜道**等。雖然是一本占卜專書，但其中亦載有許多晴明的傳說，後世許多晴明相關的故事均源自此書。

◇《簠簋抄》

《簠簋內傳》的部分摘要，是江戶時代初期的假名草子（主要以假名來書寫的庶民讀物）**《安倍晴明物語》**的寫作基礎。其中載有**安倍晴明**之母乃信田之狐**葛葉**、以**泰山府君祭**揭穿**玉藻前**的眞面目等關於安倍晴明的各種故事。

◇《安倍晴明物語》

江戶時代寫成的假名草子。其中載有**安倍晴明與蘆屋道滿鬥法**等故事。

◇《雨月物語》

作於江戶時代中期的一部怪談小說集，作者爲上田秋成。其中包括與**鳴釜神事**有關的「吉備津之釜」、僧侶化爲鬼的「**青頭巾**」，以及**白峰山**的**天狗**相模坊以**崇德天皇**守護神的身分登場的「白峰」等。

◇《稻生物怪錄》

江戶時代中期以今廣島縣三次爲舞台的怪談故事。寫作年份、作者身分及正確書名均不詳。內容敘述十六歲的稻生平太郎在一個月內爲各種妖怪所擾、妖怪頭目**山本五郎左衛門**在最後一日現身的故事。

◇《善知鳥安方忠義傳》

江戶時代後期的通俗小說。內容包括**平將門**遺孤**瀧夜叉姬**與**平良門**姊弟、肉芝仙的**蛤蟆術**將源賴信逼瘋等故事。

◇《仙境異聞》

江戶時代後期，國學者平田篤胤所著的見聞錄。爲他與自稱曾爲**天狗**所擄並居於仙界的**天狗小僧寅吉**的對話紀錄，又稱《寅吉物語》。

據傳對**幽世**（來世）有濃厚興趣的篤胤，曾寫信託這位少年帶往幽界。

◇《勝五郎再生記聞》

江戶時代後期，國學者平田篤胤所著的生死輪迴體驗見聞錄。內容記載了勝五郎敘述自己從來世轉生為另一人的經歷。篤胤出於興趣，曾積極研究**幽世**。

◇《殺生石後日怪談》

這是江戶時代後期曲亭馬琴所著的通俗讀物。內容敘述受**九尾狐**操控的少女成為名喚**阿紫**的妖術師，為當時的將軍所寵的故事。

◇《兒雷也豪傑譚》

江戶時代幕末的通俗讀物（帶插圖的短篇小說）。**蛤蟆**術師**兒雷也**、**蛇**術師**大蛇丸**，以及蛞蝓術師**綱手**三方對峙的場面即出自本書。

◇《白縫譚》

江戶時代幕末的通俗讀物。敘述大友宗麟之女，即**蜘蛛術師若菜姬**，著男裝並自稱「白縫」復仇的故事。

◇《北雪美談時代加賀見》

江戶時代幕末的通俗讀物。敘述**蝶術師藤浪由緣之丞**的活躍故事。以**妖術師**為主角的通俗讀物在幕末時期如百花齊放，十分風行。

◇《伊邪那岐祭文》

記載**伊邪那岐流**起源的故事。生於日本、開始修習經文的占卜高人天中姬，為了尋找拯救眾生的祈禱法遠渡天竺，自「伊邪那岐大神」習得「**人偶祈禱**」「弓祈禱」等後傳回日本。

◇《山海經》

古代中國的地理書。介紹各地神話傳說及怪異的動植物等。亦有**西王母**、**甘木**等的相關記載。

經書

◇《般若波羅密多心經》

佛教經典。作為佛經之尊，人們相信**念誦**、**倒讀**、**抄寫**《般若波羅密多心經》有驅逐妖魔之效。此經中有「**南無阿彌陀佛**」「**色即是空、空即是色**」等名句。**讓離家出走者歸返的咒法**亦使用此經。

◇《孔雀明王經》

中國唐代漢譯的佛教經典。載有

孔雀明王法等。

◇**《金光明最勝王經》**

中國唐代漢譯的佛教經典。據傳奈良時代的**看病禪師**曾使用此經。當時被奉爲最上等的經典，廣爲人所信仰。

◇**《七曜除災決》**

宿曜道的經典。載有七曜二十八宿的星宿占術、吉凶的判斷，以及星宿的**眞言**等。

◇**《大般若經》**

據稱由唐代高僧玄奘三藏所漢譯的佛教經典。正式名稱爲《大般若波羅蜜多經》。內容共六百卷。

其他書籍、紀錄

◇**《萬葉集》**

編纂於奈良時代的日本最古老的和歌集。其中提及**言靈**，稱日本爲「言靈之幸國」。亦有吟詠**夢占**的和歌，如「**反穿衣袖入眠**」。

◇**《古今和歌集・假名序》**

作於平安時代初期的第一部敕撰和歌集，又稱《古今集》。在紀貫之以假名文字撰寫的〈假名序〉中有「和歌可動天地」一句，可見自古便有**言靈**的概念。

◇**《未來記》**

相傳爲**聖德太子**所著、預言未來的預言書。身爲優秀的預言者，聖德太子在**《日本書紀》**中也曾寫下「兼知未然」（預先知曉未來之事）。

◇**《御朱印緣起》**

於大阪府的四天王寺所發現、**聖德太子**的**《未來記》**的一部分。內容描述了聖德太子以不同身分轉生，在對抗蘇我馬子的轉生者的同時推廣佛教的故事。據傳於大阪府的叡福寺發現的版本中，有一段暗示將有異形之物從天而降，導致人類滅亡的敘述。

◇**《養老律令》**

七五七年，奈良時代所頒布禁止**詛咒**行爲的法律。內容嚴禁以**巫蠱**、**蠱毒**、**厭魅**等**咒法**殺人。

◇**《醫心方》**

作於平安時代中期、日本最古老

的醫學書。據說受**道教**的強烈影響，其中載有**房中術**等。

◇**《抱朴子》**

中國的**方術**之書。內容講解如何製作**金丹**，以及學習**房中術**成仙的方法等。

◇**《雲笈七籤》**

中國北宋時代編纂成書的**道教**經典。書中載有**仙人**的階級等。

◇**《五段祕法之大事》**

載有日蓮宗所傳承的祈禱祕法「**五段祈禱法**」的祕書。

◇**《讖緯》**

中國的預言書。據傳內容根據**陰陽五行**說，預言了前漢至後漢時期的王朝等。

◇**《占事略決》**

相傳爲**安倍晴明**爲子孫而寫的占卜書。載有三十六種使用**式盤**的**六壬式**占卜的基本方法。

◇**《符天曆》**

唐代由曹士蔿所編纂的中國曆法。亦載有**宿曜道**的相關討論等。

◇**《祕藏記》**

弘法大師空海所撰的典籍。其中載有**事之結界**與**理之結界**，**軍荼利明王的五種結界**等結界術。

◇**《性靈集》**

平安時代前期，由弘法大師**空海**所撰的漢詩文集。其中載有**七里結界**的相關內容。

◇**《小右記》**

這是平安時代中期的公卿（日本古代的公家及律令規定的太政官中職位最高的官員。包括太政大臣、左大臣、右大臣、大納言、中納言、參議等）藤原實資所撰的日記。其中載有藤原道長時代的社會情勢、政治、宮廷儀式等內容。亦有提及**藏人所御占**、**軒廊御卜**等。

◇**《萬德集》**

密宗的經典。其中載有能召喚**天狗**的「**天狗使役法**」。

能、歌舞伎

◇《殺生石》

室町時代上演的能劇劇目。敘述化身爲**殺生石**的**九尾狐**與**玄翁**的故事。

◇《戻橋背御攝》

江戸時代後期的歌舞伎劇目。劇中**蜘蛛術**師**七綾姬**以**平將門**遺孤的身分登場。

◇《四天王楓江戸粧》

江戸時代後期的鶴屋南北所創作的歌舞伎劇目。劇中有**蜘蛛術**師**石蜘法印**行復活術的情節。

◇《天竺德兵衛聞書往來》

江戸時代後期的歌舞伎劇目。劇中主角爲異國出身的**蛤蟆術**師**天竺德兵衛**。

◇《伽羅先代萩》

敘述仙台的伊達家內部權力鬥爭的江戸時代中期歌舞伎劇目，至今仍受歡迎。劇中有**鼠術**師**仁木彈正**化身爲鼠的情節。

◇《豔競石川染》

江戸時代中期的辰岡萬作所創作的歌舞伎劇目。敘述大盜**石川五右衛門**運用**隱形術**與**變身術**等**忍術**謀反的故事。

◇《傾城忍術池》

以江戸時代中期的義賊**稻葉小僧**爲主角的歌舞伎劇目。在劇中以稻葉東藏之名登場，能操嫻熟**忍術**於敵人眼前隱匿身形。

◇《花嵯峨貓魔稗史》

敘述發生於佐賀藩的內部權力鬥爭、**鍋島妖貓騷動**的江戸時代後期歌舞伎劇目。劇中肆虐的怪貓備受觀眾喜愛。

索引

| 中文 | 和漢字／梵文 | 日文假名／拼音 | 頁碼 |

一劃

一二三四五六七八九十 ひふみよいむなやここのたり 062

口頭傳承的讀音為「ヒフミヨイムナヤコトヲ」，但《十種神寶圖形并極祕傳》中記載了另一種讀音：そろえて（一）、ならべり（二）、いつわり（三）、さらに（四）、くに（五）、ちらさず（六）、いわい（七）、おさめて（八）、こころ（九）、しずめて（十）

一二三祓詞 ヒフミの祓詞 ひふみのはらえことば 043

一二三神歌 ヒフミの神歌 ひふみのしんか 062

一說認為歌詞中的「ひふみよいむなやこと（一二三四五六七八九十）」代表人倉道善命報名親・子倫元因心顯煉忍・家饒榮理宜照法守・進惡攻撰欲我刪（ひふみよいむなや，こともちろね，しきるゆゆつ，わぬそをたほくめか，うおゑにさりへて，のますあせゑほれけ）君主豊位臣私盗勿・男田畠耘女蠶績織，しきるゆゆつ、わぬそをたほくめか、うおゑにさりへて、のますあせゑほれけ 062

十種神寶 043

一人捉迷藏 ひとりかくれんぼ 117

一刀石 いっとうせき 215

一切不成就日 いっさいふじょうじゅび 217

一切消災咒 いっさいしょうさいしゅ 052

一字一妙の秘法 いちじいちみょうのひほう 018

一字金輪法 いちじきんりんほう 051

一条戻橋 いちじょうもどりばし 198

一言主神 ひとことぬしのかみ 156

二劃

一膳飯 いちぜんめし 079

一靈四魂 いちれいしこん 079

乙、若 おつ／わか 158

七方出 ななほうで 085

七佛藥師法 しちぶつやくしほう 064

七里結界 しちりけっかい 208

七枝刀、七支刀 ななつやのたち／しちしとう 184

七星剣 しちせいけん 184

七草四郎 ななくさしろう 143

七鳥日 しちちょうび 217

七綾姫 ななあやひめ 142

七曜星辰別行法『七曜除災決』 しちようしょうしんべつぎょうほう 066

《七曜除災決》 しちようじょさいけつ 236

七瀬祓 ななせのはらえ 043

九々八十一 くくはちじゅういち 106

九十九橋 つくもばし 214

九ノ一の術 くノいちのじゅつ 088

九字切り くじきり 016

九字護身法 くじごしんほう 016

九尾狐 九尾の狐 きゅうびのきつね 164

神變奇異術 神變奇異の術 じんべんきいのじゅつ 164

九虎日 くこび 218

九星氣學 九星気学 きゅうせいきがく 108

漢字	読み	ページ
九曜紋	くようもん	154
二重息吹	ふたえいぶき	199
人狐	にんこ／ひときつね	199
人面墨書土器	じんめんぼくしょどき	152
人偶	ひとがた	109
人偶呪術	にんぎょうじゅじゅつ	057
人偶返還詛咒	ひとがたをつかったじゅそがえし	188
人偶祈禱	にんぎょうきとう	157
人偶針法	ひとがたはりのほう	108
人偶神	ひんながみ	198
八卦	はっか／はっけ	100
八卦圖	はっけず	164
八門遁甲	はちもんとんこう	132
八咫烏	やたがらす	136
八咫鏡	やたのかがみ	094
八段錦導引法	はちだんきんどういんほう	164
八陣遁甲圖	はちじんとんこうず	154
八將神	はっしょうじん	067
八仙	はっせん	148
八百比丘尼	やおびくに	020
八岐大蛇	やまたのおろち	035
八方分身術	はっぽうぶんしんのじゅつ	031
八天狗	はってんぐ	178
八大龍王	はちだいりゅうおう	182
人形	ひとがた	169
人形呪術	にんぎょうじゅじゅつ	076
人形祈祷	にんぎょうきとう	199
人形鍼の法	ひとがたはりのほう	
人形神	ひんながみ	
八眼	やつめ	
病眼	やんめ	
八部眾	はちぶしゅう	

漢字	読み	ページ
八握劍	やつかのつるぎ	183
八墓村	やつはかむら	212
詛咒啊	たたりじゃ	212
八龍日	はちりゅうび	217
八鹽折酒	やしおりのさけ	193
八塩折（八入折）の酒		183
刀	かたな	016
刀印	とういん	058
力抵	りきてい	064
十一面觀音法	じゅういちめんかんのんのほう	157
十二天將	じゅうにてんしょう	106
十二支	じゅうにし	107
十二直	じゅうにちょく	155
十二神將	じゅうにしんしょう	106
十干	じっかん	107
十干十二支	じっかんじゅうにし	061
十字祕術	じゅうじのひじゅつ	218
十死一生日	じゅうしいっしょうび	183
十束劍、十握劍	とつかのつるぎ	073
十界修行	じっかいしゅぎょう	174
十神寶	とくさのかんだから	146
十種神宝		
卜部	うらべ	100
卜筮	ぼくぜい	168

三劃

漢字	読み	ページ
三戶	さんし	168
三戸		
三戶蟲調伏的魔咒	さんしのむしちょうぶくのまじない	066
三戸の虫調伏のまじない		

索引			
三尺坊 さんじゃくぼう	三尺坊	117	
三田光一 さんだこういち	三田光一	168	
三合厄年 さんごうのやくどし	三合の厄年	028	
三年封印 さんねんふうじ	三年封じ	168	
三呼鬼神之名 きじんのなをさんどよぶ	鬼神の名を三度呼ぶ	074	
三星合 さんせいごう	三星合	232	
三神山 さんしんざん	三神山	208	
三神器 さんしゅのじんぎ	三種の神器	043	
三張護符 さんまいのおふだ	三枚のお札	043	
三鈷杵 さんこしょ	三鈷杵	043	
三種祓詞、三種大祓 みくさのはらえことば／さんしゅのおおはらえ	かんごんしんそん、りこんだけん はらいたまいきよめたまう	200	
《三寶繪詞》	『三宝絵詞』 さんぼうえことば	195	
上刀山 はわたり	刃渡り	174	
上戸 じょうご	上戸	219	
下戸 げこ	下戸	105	
下雨歌 あめふり	アメフリ	046	
卜杉謙信與武田信玄的咒術之戰 すぎけんしんとたけだしんげんのじゅじゅつがっせん	上杉謙信と武田信玄の呪術合戦 （うえすぎけんしんとたけだしんげんのじゅじゅつがっせん）	069	
下緒七術 さげおななじゅつ	下げ緒七術	069	
久米仙人 くめのせんにん	久米仙人	105	
刃物 はもの	刃物	147	
千引石 ちびきいし／ちびきのいわ	千引石	156	
千手観音法 せんじゅかんのんほう	千手観音法	066	
千手観音真言 唵／縛日羅／達磨／紇哩（オン／バザラ／タラマ／キリク）	千手観音真言		
千里眼 せんりがん	千里眼		
千里善走法 せんりぜんそうのほう	千里善走之法		
口水抹眉 まゆにつばをつける	眉に唾をつける		
土中入定 どちゅうにゅうじょう	土中入定		
土公祭（守護）どこうさい	土公祭（守護）		
土公祭（康復）どこうさい	土公祭（回復）		
土偶 どぐう	土偶		
土御門家 つちみかどけ	土御門家		
土瓶 とうびょう	トウビョウ		
土遁術 とどんのじゅつ	土遁の術		
土蜘太郎 つちぐもたろう	土蜘太郎		
土蜘蛛 つちぐも	土蜘蛛		
土曜星 どようせい	土曜星		
夕占 ゆううら／ゆうけ	夕占		
大口真神 おおくちまがみ	大口真神		
大元帥法 たいげんすいほう	太元帥法		
大伴細人 おおとものさびと	大伴細人		
大威徳明王法 だいいとくみょうおうほう	大威徳明王法		
大津大浦 おおつのおおうら	大津大浦		
大峯山 おおみねさん	大峯山		
《大般若經》 だいはんにゃきょう	『大般若経』		

| 236 | 226 | 125 | 026 | 139 | 052 | 081 | 102 | 105 | 164 | 142 | 090 | 170 | 123 | 179 | 069 | 081 | 074 | 093 | 058 | 091 | 038 | 038 | 210 | 183 | 138 | 088 |

241

項目	読み	ページ
大将軍	だいしょうぐん	152
大将軍祭	だいしょうぐんさい	082
大晦日	おおみそか／おおつごもり	206
大蛇丸	おろちまる	141
大陰神	だいおんじん	152
大麥三升二升五升	おおむぎさんしょうにしょうごしょう	066
應無所住而生其心	（おうむしょじゅうにしょうごしん）	066
大麻奉祀氏	おおまほうしき	043
大黒天飛礫法	だいこくてんひれきほう	112
唵、摩訶迦羅耶／娑婆詞	オン／マカキャラヤ／ソワカ	112
大幣、大麻	おおぬさ	180
大禍時	おおまがどき	216
大嶽丸	おおたけまる	161
《大鏡》	おおかがみ	233
女人結界	にょにんけっかい	210
女媧と伏羲	じょかとふっき（ふくぎ）	152
《小右記》『小右記』	しょうゆうき	237
小野小町	おののこまち	150
小野小町的和歌	小野小町の和歌 おののこまちのわか	085
若見早情持續，神亦雷霆大發，速開天門之溝。吾國若為日之本、日照本當然。若在天之下，降雨又何妨。（ことわりや、のもとならば照りのせめ、さりとてはまた、あめが下とは）	たちさわぎ、天のと河の、樋口あけたまへ（ちはやふる神もみまさば）	085 ひ 085
小野篁	おののたかむら	150
小道巫術	しょうどうふじゅつ	109
山人	さんじん	132
山上船主	やまのうえのふなぬし	125

項目	読み	ページ
山本五郎左衛門	さんもとごろうざえもん	165
山伏	やまぶし	132
山伏問答	やまぶしもんどう	075
山岳信仰	さんがくしんこう	224
山林抖擻	さんりんとそう	073
《山海經》『山海経』	せんがいきょう	235
山脈護身	さんみゃくごしん	094
干支	かんし／えと	107
干将、莫耶	かんしょう／ばくや	185
弓削是雄	ゆげのこれお	125
弓祈禱	ゆみぎとう	031
弓射、刀斬	射る／切る いる／きる	030
不知八幡森	やわたのやぶしらず	212
不動王生靈返還術 倒掛不動明王召喚式王子，對施放惡詛咒的敵人灑以血加呪殺	ふどうおういきりょうがえし 不動王生霊返し 王を逆さまに式王子に招き下ろし、悪霊や呪詛をしかけてくる敵に対して血花を咲かせて呪殺せよ	035
不動明王	ふどうみょうおう	035
不動明王法	ふどうみょうおうほう	153
不動金縛法	不動金縛り法 ふどうかなしばりほう	025
不動解縛法	不動解縛の法 ふどうげばくのほう	036
不痛不痛	ちちんぷいぷい 智仁武勇は御代の御宝 ちじんぶゆうはごだいのごほう	036
不溺法	ふできほう	070
不歸順民族	まつろわぬたみ	070 086 161

索引

項目	読み	ページ
丑三つ時	うしみつどき	198
丑時參拜	うしのこくまいり	228
丑御前	うしごぜん	084
中戶	ちゅうし	053
中臣祓	なかとみのはらえ	007
丹田	たんでん	217
丹華	たんげ	053
丹藥	たんやく	237
五大	ごだい	104
五大明王	ごだいみょうおう	061
五大虚空藏法	ごだいこくうぞうほう	198
五行相生	ごぎょうそうじょう	007
五行相剋	ごぎょうそうこく	007
五芒星	ごぼうせい	109
五帝祭	ごていさい	188
五星	ごせい	178
《五段秘法之大事》	『ごだんひほうのだいじ』	082
五段祈禱法	ごだんきとうほう	153
五掟時	ごていじ	007
五輪	ごりん	189
五壇法	ごだんほう	190
五龍祭	ごりゅうさい	057
五嶽	ごがく	042
五嶽真形圖	ごがくしんぎょうず	168
		162
		033
		217

項目	読み	ページ
五體加持	ごたいかじ	114
仁木彈正	にっきだんじょう	217
內丹	ないたん	217
內丹法	ないたんほう	205
內氣	ないき	160
六三除、六算除	ろくさんよけ	099
六大	ろくだい	036
六壬式	りくじんしき	094
六甲祕咒	ろっこうひじゅ	214
六字河臨法	ろくじかりんほう	040
六字經法	ろくじきょうほう	073
六條御息所	ろくじょうのみやすんどころ	205
六張弓	ろくはりのゆみ	218
六蛇日	ろくだび	186
六道	ろくどう	160
六道岔路	ろくどうのつじ	033
六道冥官祭	ろくどうみょうかんさい	035
六齋念佛	ろくさいねんぶつ	018
凶宅	じこぶっけん	109
分身術	ぶんしんのじゅつ	007
切指環	ゆびのわをきる	078
勾小指	ゆびきり	057
化身蝴蝶的死者靈魂	ちょうになったししゃのたましい	056
化野、徒野	あだしの	056
化野／徒野	あだしの	143
厄日	やくび	143
厄年	やくどし	065
厄運迷信、忌諱	ジンクス	

243

反穿衣袖入眠　衣の袖を裏返して寝る
ころものそでをうらがえしてねる
（いとせめて、恋しき時は、むばたまの、夜の衣をかへしてぞきる）
焦苦愁戀情，心思伊人不堪時，烏玉黒夜中，返袖返衣祈入眠，還願晤得在夢中

反閇　へんばい
天中殺　てんちゅうさつ
天之尾羽張　あまのおはばり
天之數歌　あまのかずうた
天文密奏　てんもんみっそう
天仙　てんせん
天羽羽矢　あまのははや
天耳通　てんにつう
天使　Angel　エンジェルさん
天武天皇　てんむてんのう
天狗　あまのきつね／あまつきつね
天狗（山海經）　てんぐ
天狗小僧寅吉　てんぐこぞうとらきち
天狗使役法　てんぐしえきほう
天狗昇　てんぐしょう
天狗面、鬼面　てんぐめん／きめん
天狗飛跳　てんぐとびきり
天狗飛跳術　てんぐとびきりのじゅつ
天狗神歌　てんぐのしんか
天武天皇　てんむてんのう
戸山狂風大起，將來犯惡魔吹得無法動彈，逐回原地（嵐吹く　戸山の風かえしこりなす　向こう悪魔を吹き返せけり）
天狗經　てんぐきょう
天竺德兵衛　てんじくとくべえ

143 029 038 038 029 076 182 076 028 138 165 164 120 098 091 186 136 102 062 185 218 058 099 099

爹咿爹咿／帕拉伊索／帕拉伊索（でいでい／はらいそ／はらいそ）
《天竺德兵衛聞書往來》「てんじくとくべえききがきおうらい」
天界　てんかい
天香具弓　あめのかぐゆみ
天海　てんかい
天逆鉾　あまのさかほこ
天曹地府祭　てんちゅうふさい
天眼通　てんげんつう
天鹿兒弓　あまのかごゆみ
天森道人　てんしんどうじん
天照大御神　アマテラス　あまてらす
天照大御神　アマテラスオホミカミ
天道血花式　てんどうちばなしき
天道血花崩大神　南無天道血花崩大神（なむてんどうちばなくづしのだいじん）
式王子　しきおうじ／ちりまくさの王子
天蓋護摩　てんがいごま
天叢雲劍　あまのむらくものつるぎ
天譴　バチ当たり　ばちあたり
天魔偈　てんまげ
太夫　たゆう
太占　ふとまに
太古神法　たいこしんぽう
太白星　たいはくせい
太極圖　太極図　たいきょくず
太歲神　太歳神　たいさいじん
《孔雀明王法》　くじゃくみょうおうほう　『孔雀明王經』　くじゃくみょうおうきょう

235 052 152 006 104 110 100 145 024 114 183 075 035 035 035 021 152 137 186 091 073 185 131 186 220 238 131

244

索引

項目	読み	ページ
幻術	げんじゅつ	009
幻術師	げんじゅつし	140
心經秘鍵印明	しんぎょうひけんいんみょう	068
心靈傳動 telekinesis	テレキネシス	084
戸隠山	とがくしやま	226
手印	いん	016
手相術	てそうじゅつ	096
手曲劍	しゅりけん	187
文曲星	もんごくせい／もんごくしょう	103
文殊菩薩法	もんじゅぼさつほう	026
方觀	om vakeda-namah	026
方士	ほうし	130
方位神	ほういしん	138
方位禁忌	かたいみ	152
方術	ほうじゅつ	046
日本武尊	ヤマトタケル	008
《日本書紀》	にほんしょき	120
《日本書紀》的童謠	にほんしょきのどうよう	232
摩比邏矩。都能倶例豆例。於能幣陀平。邇賦倶能理歌理鵝。甲子。騰和與騰美。烏能陛陀烏。邇賦倶能理歌理鵝。美和陀騰能理歌倶能理歌理鵝。烏能陛陀烏。邇賦能理歌理鵝（まひらくつのくれつれをのへたをらふくのりかりがみわたとのりかみをのへたをらふくのりかりがあまとみをのへたをらふくのりかりが甲子とよとみをのへたをらふくのりかりが）		116
《日本靈異記》	にほんりょういき／にほんれいいき	232
日光山	にっこうさん	225

項目	読み	ページ
日金山	ひがねさん	226
日曜星	にちようせい	105
日蔵	にちぞう	130
月	つき	220
月曜星	げつようせい	105
木火土金水	もっかどごんすい	007
木食	もくじき	073
木曾御嶽	きそおんたけ	134
木葉隱法	このはがくれ	225
木遁術	もくとんのじゅつ	089
木曜星	もくようせい	090
木簡呪術	もっかんじゅじゅつ	105
止痰妙藥	たんきりのみょうやく	110
止縛法	しばくほう	067
比手作狐	てできつねをつくる	037
比良山	ひらさん	049
比叡山	ひえいざん	226
比禮	ひれ	226
毛利元就	もうりもとなり	176
水天法	すいてんほう	127
水引	みずひき	085
水仙	すいせん	181
水占	みずうら	136
水渇丸	すいかつがん	101
水術、踏水術	すいじゅつ／とうすいじゅつ	191
水遁術	すいとんのじゅつ	087

245

水曜星	水曜星	すいようせい		135
火生三昧	火生三昧	かしょうざんまい		037
火尖槍	火尖槍	かせんそう		164
火祭	火祭り	ひまつり		204
火遁術	火遁の術	かとんのじゅつ		091
火曜星	火曜星	かようせい		
牙籤隠法	楊枝隠れ	ようじがくれ		233
牛若三郎義虎	牛若三郎義虎	うしわかさぶろうよしとら		137
牛蒡種	牛蒡種	ごんぼだね／ごぼうだね		212
犬	犬	いぬ		170
犬子	犬の子	いぬのこ		088
犬走、狐走	犬走／狐走	いぬばしり／きつねばしり		078
犬神、狗神	犬神／狗神	いぬがみ		167
犬鳴峠	犬鳴峠	いぬなきとうげ		148
王遠	王遠	おうえん		144
《今昔物語集》	『今昔物語集』	こんじゃくものがたりしゅう		089
〈五割〉				105
他心通	他心通	たしんつう		090
他界	たかい			081
付喪神封印	付喪神封じ	つくもがみふうじ		187
仙人、僊人	仙人／僊人	せんにん		084
仙娘子	仙娘子	さんろうし		105
仙桃	仙桃	せんとう		165
				188

仙術	仙術	せんじゅつ		008
《仙境異聞》	『仙境異聞』	せんきょういぶん		234
令狐憑附於敵身的呪法	狐の憑き物を敵につける呪法	きつねのつきものをてきにつけるじゅほう		042
以人糞復生	人糞で蘇生させる	じんぷんでそせいさせる		063
以丹書符復生	丹の呪符で蘇生させる	たんのじゅふでそせいさせる		063
以白狐之呪力隠身	白狐の呪いで身を隠す	びゃっこののろいでみをかくす		090
以莽草露治療眼疾	シキミの露で眼病を治す	しきみのつゆでがんびょうをなおす		049
以麥稈拍打除疣	麦わらの束で叩いてイボ落とし	むぎわらのたばでたたいていぼおとし		060
以割草的鎌刀除瘡	草刈鎌で瘡を刈り取る	くさかりがまでくさをかりとる		067
以飲食之力強化力量	飲食の力で増幅させる	いんしょくのちからでぞうふくさせる		067
以鍋底灰塗抹額頭	額に鍋底の墨を塗る	ひたいになべぞこのすみをぬる		067
以雞血復生	鶏の血で蘇生させる	にわとりのちでそせいさせる		090
以藥物或道具復生	薬や道具で蘇生させる	くすりやどうぐでそせいさせる		063
冬蟲夏草	冬虫夏草	とうちゅうかそう		192
出羽三山	出羽三山	でわさんざん		225
出神	出神	しゅっしん		086
加持祈禱	加持祈祷	かじきとう		025
加藤段蔵	加藤段蔵	かとうだんぞう		141
北斗	北斗	ほくと		103
北斗法	北斗法	ほくとほう		071

索引

《北雪美談時代加賀見》　『北雪美談時代加賀見』　ほくせつびだんじだいかがみ　235
占卜生死的祕術　生死を占う秘術　せいしをうらなうひじゅつ　097
有請埴安大神諭知生死　ハニヂノ大神、生死を告げ給え　097
《占事略決》　『占事略決』　せんじりゃっけつ　237
占術　占術　せんじゅつ　009
占夢　夢占　ゆめうら　098
占夢師　占夢者　ゆめとき　146
辻占　辻占　つじうら　102
去除卡喉骨頭的咒文　喉に刺さった骨を取る呪文　のどにささったほねをとるじゅもん　070
天竺之龍們，令鯛魚之扁平骨，通過鵜鶘之咽喉。阿毘羅吽欠娑婆訶（天竺の竜たち渡る鵜ののどを通れや通れタイのひら骨、アビラウンケンソワカ）　070
去識還來法　去識還来法　きょしきげんらいほう　071
《古今和歌集假名序》　『古今和歌集』仮名序　こきんわかしゅうかなじょ　236
《古今著聞集》　『古今著聞集』　こんちょもんしゅう　233
《古事記》　『古事記』　こじき　232
《古事談》　『古事談』　こじだん　233
古墳　古墳　こふん　215
召鬼法　召鬼法　しょうきほう　019
右手、左手　右手／左手　みぎて／ひだりて　016
《四天王楓江戶粧》　してんのうもみじのえどぐま　238
四方結　四方結　しほうけつ　207
唵／薩囉薩囉／縛日囉／鉢羅迦羅／吽／發吒
oṃ sāra sāra vajra-prā-kāra hūṃ phat　207
四角四界祭　四角四堺祭　しかくしかいさい　077
東至扶桑，西至虞淵，南至炎光，北至弱水。千城百國，精治萬歲，萬萬歲。（東は扶桑に至り、西は虞淵に至り、南は炎光に至り、北は弱水に至る。千城百国、精治万歳、万々歳）　077
四角遊戲　スクエア　117
四股踏　四股　しこ　058
四柱推命　四柱推命　しちゅうすいめい　108
四神相應　四神相応　しじんそうおう　222
四神砂　四神砂　しじんさ　224
四種法　四種法　ししゅほう　008
四魔　四魔　しま　163
四魔降伏　四魔降伏　しまごうぶく　025
外丹法　外丹法　がいたんほう　072
外法　外法　げほう　006
外法師　外法使い　げほうつかい　150
外法箱　外法箱　げほうばこ　201
外氣　外気　がいき　057
外道　外道　げどう／げど　170
外道丸　外道丸　げどうまる　162
左道　左道　さどう　006
巨門星　巨門星　こもんせい／こもんしょう　103
市子　市子　いちこ　121
市川團十郎　市川團十郎　いちかわだんじゅうろう　151
布都御魂　布都御魂　ふつのみたま　185
布瑠之言　布瑠の言　ふるのこと　061
布瑠部，由良由良止，布瑠部　ふるべゆらゆらとふるべ　062
平　平　たいら　107
平安京　平安京　へいあんきょう　210
平良門　平良門　たいらのよしかど　127
平城京的五芒星　平城京の五芒星　へいじょうきょうのごぼうせい　210

《平家物語》	『平家物語』	へいけものがたり	233
平將門	平将門	たいらのまさかど	159
平將門首塚	平将門の首塚	たいらのまさかどのくびづか	211
平清盛的眼力	平清盛の眼力	たいらのきよもりのがんりき	127
弘法大師	弘法大師	こうぼうだいし	128
弘法大師的犬神	弘法大師の犬神	こうぼうだいしのいぬがみ	158
弘法靈水	弘法の霊水	こうぼうのれいすい	085
打勾勾	指切りげんまん	ゆびきりげんまん	116
拳萬	げんまん		116
打神鞭	打神鞭	だしんべん	187
打釘	釘を打つ	くぎをうつ	033
打結	結ぶ	むすぶ	070
打播	打播き	うちまき	043
未來夫婿	未来の夫	みらいのおっと	097
《未來記》	『未来記』	みらいき	236
兼知未然	兼ねて未然を知ろしめす（かねてみぜんをしろしめす）		236
本命祭	本命祭	ほんみょうさい	072
玄旨歸命壇	玄旨帰命壇	げんしきみょうだん	113
玄武	玄武	げんぶ	224
玄翁、源翁	玄翁／源翁	げんのう	129
玉桃	玉桃	ぎょくとう	191
玉藻前	玉藻前	たまものまえ	164
甘木	甘木	かんぼく	192
甘露	甘露	かんろ	193
生弓矢	生弓矢	いくゆみや	186
生玉	生玉	いくたま	174
生邪魔		イチジャマ	171
生殺與奪法	生殺与奪の法	せいさつよだつのほう	026
生祭	生贄	いけにえ	046
生靈	いきりょう／いきたま／いきすだま		158
由良	お由良	おゆら	151
由物下窺視	物の下から覗く	もののしたからのぞく	093
白山	白山	はくさん	225
白兒	白児	しらちご	170
白狐	白狐	びゃっこ	167
白虎	白虎	びゃっこ	222
白虹	白き虹	しろきにじ	097
白峰山	白峰山	しらみねさん	227
白峰山與相模坊	白峰山と相模坊	しらみねさんとさがみぼう	227
白高大神	白高大神	しらたかおおかみ	213
中井巫女	中井シゲノ	なかいしげの	213
白道仙人	白道仙人	はくどうせんにん	138
白澤	白澤	はくたく	166
《白縫譚》	『白縫譚』	しらぬいものがたり	235
目擊儀式	儀式を見る	ぎしきをみる	036
目籠	目籠	めかご	181
石川五右衛門	石川五右衛門	いしかわごえもん	144
石占	石占	いしうら	101
石蜘法印	石蜘法印	いしぐもほういん	142
穴蜘蛛地蜘蛛	穴蜘蛛地蜘蛛	あなぐもじぐも	088
立山	立山	たてやま	225
立川流	立川流	たちかわりゅう	098
立御座	御座立て	おざたて	097
立體咒術	立体呪術	りったいじゅじゅつ	221

六劃

項目	讀音	頁碼
乩童	タンキー／くだん	165
件	イヨシンノウ／いよしんのう	032
伊予親王	伊予親王／いよしんのう	080
伊吹、息吹	伊吹／息吹／いぶき	052
伊吹法、息吹法	伊吹法／息吹法／いぶきほう	120
伊吹法祓除	伊吹法で祓う／いぶきほうではらう	113
伊吹童子	伊吹童子／いぶきどうじ	019
伊邪那岐	イザナギ／いざなぎ	190
伊邪那岐流	いざなぎ流／いざなぎりゅう	220
《伊邪那岐祭文》	『いざなぎさいもん』	156
伊勢流祓	いせりゅうはらえ	043
伊勢福	いせふく	235
伊敷濱	イシキ浜／いしきはま	008
伊丹	伏丹／ふくたん	151
伏式	式を伏す／しきをふす	161
伏藏開顯法	伏蔵開顕法／ふくぞうかいけんほう	044
光仁天皇詛咒事件	光仁天皇の呪詛事件／こうにんてんのうのじゅそじけん	044
光明真言	光明真言／こうみょうしんごん	044
光明真言土砂加持法	光明真言土砂加持法／こうみょうしんごんどしゃかじほう	159
共感呪術	共感呪術／きょうかんじゅじゅつ	166
刑部姬、長壁姬	刑部姫／長壁姫／おさかべひめ	146

危

項目	讀音	頁碼
危	あやう	108
吃了鯖魚，吃了鯖魚	さばくったさばくった	022
吉田神社的特殊祈禱	よしだじんじゃのとくしゅきとう	040
吉祥天	きっしょうてん／きちじょうてん	154
吉祥果	きっしょうか	192
吉備津彥命	きびつひこのみこと	120
吊掛目籠	目籠を吊るす／めかごをつるす	049
吊蒜頭	ニンニクを吊るす／にんにくをつるす	049
后町之井	后町の井／きさいまちのい	215
吐口水	つばをはく	093
吐普加身依身多女	トホカミエミタメ	021
向閻魔大王祈求	閻魔大王に頼む／えんまだいおうにたのむ	039
回應鹿島零子的方法	かしまさんへのこたえかた	060
在西南角休息	南西で休む／なんせいでやすむ	111
地天法	地天法／じてんほう	111
唵／信哩梯微葉／娑婆詞	om prthivīye svāhā	048
地結	地結／じけつ	007
地神盲僧琵琶	地神盲僧琵琶／じじんもうそうびわ	043
地降傘	地降傘／じおりがさ	156
地板下的老媼	床下の媼／ゆかしたのおうな	220
地仙	地仙／ちせん	190
地水火風空	地水火風空／ちすいかふうくう	019
唵／擇里擇里／嚩日囉／嚩日哩／步囉／滿駄滿駄／吽／發吒	om khili khili vajri-bhūr bandha bandha hūm phat	113
地獄穴	地獄穴／じごくあな	052
冥界之門	ahunrupar／ahunruparo／アフンルパル／アフンルパロ	080

項目	読み	ページ
地獄谷	じごくだに	206
地藏菩薩大慈大悲真言法	じぞうぼさつだいじだいひしんごんほう om haha ha vismaye svāhā	052
地藏菩薩法	じぞうぼさつほう 唵／訶訶訶／尾姿摩曳／娑婆訶	052
如何	じょか	112
如是相杯	にょぜそうのさかずき	192
如意金箍棒	にょいきんこぼう	070
如意寶珠	にょいほうじゅ	186
存思	そんし	177
宇治的寶藏	うじのほうもつ	074
《宇治拾遺物語》	『宇治拾遺物語』 うじしゅういものがたり	201
宇治橋姫	うじのはしひめ	233
宇賀弁財天法	うがべんざいてんほう	163
守一	しゅいつ	112
守刀	まもりがたな	075
守敏	しゅびん	185
守敏與地藏菩薩	しゅびんとじぞうぼさつ	128
守護符	しゅごふ	129
守護劍	しゅごけん	194
守鶴	しゅかく	184
《分福茶釜》	『ぶんぶくちゃがま』	167
安知女法	あちめのわざ	167
安知女法 安知女おおお　安知女おおお　あちめおおお　あちめおおお　上登、豐日霎女召喚御靈、本為金矛、末為木矛、本為金矛、末為木矛 (登り ます、トヨヒルメが御霊ほす、もとはカナホコ、すえはキホコ、もとはカナホコ、すえはキホコ)		021
ホコ、すえはキホコ		021

項目	読み	ページ
朱雀	すざく	222
曳覆曼荼羅	ひきおおいまんだら	080
早良親王	さわらしんのう	159
早九字	はやくじ	016
扣歯七次，彈指三次	はをななどならし、ゆびをさんどはじく 歯を七度鳴らし、指を三度弾く	115
托米諾地獄	とみノのじごく	117
成	なる	108
式王子	しきおうじ	199
式占	しきせん／ちょくせん	019
式法	しきほう	019
式神	しきがみ／しきじん	020
式神返還術	しきがみがえし	109
式盤	ちょくばん／しきばん	157
安鎮家國法	あんちんかこくほう	082
安鎮家國法 安鎮家国法		124
安倍晴明與蘆屋道滿對決	あべのせいめいとあしやどうまんのたいけつ	125
安倍晴明與蘆屋道滿鬪法	あべのせいめいとあしやどうまんのじゅつくらべ	125
安倍晴明與算木	あべのせいめいとさんぎ	124
安倍晴明與蛙	あべのせいめいとかえる	124
安倍晴明與花山天皇的頭痛	あべのせいめいとかざんてんのうのずつう	124
安倍晴明救白蛇	あべのせいめいがたすけたしろへび	123
《安倍晴明物語》	あべのせいめいものがたり	234
安倍晴明的詛咒返還	あべのせいめいのじゅそがえし	124
安倍晴明的辻占	あべのせいめいのつじうら	102
安倍晴明的式神	あべのせいめいのしきがみ	157
安倍晴明	あべのせいめい	123

索引

項目	読み	頁
朱雀門	すざくもん	209
死返玉	まかるがえしのたま	176
死門	しもん	219
死後化身害蟲作祟	にんげんがむしになりがいをなす	—
人間が虫になり害をなす	にんげんがむしになりがいをなす	—
實盛祭	さねもりおくり	080
実盛送り	さねもりおくり	080
死龍	しりゅう	222
江戸	えど	210
江戸	えど	210
江戸五色不動	えどごしきふどう	233
《江談抄》	ごうだんしょう	197
『江談抄』	ごうだんしょう	—
《百人一首》	ひゃくにんいっしゅ	115
『百人一首』	ひゃくにんいっしゅ	—
百物語法式	ひゃくものがたりのほうしき	195
百物語の法式	ひゃくものがたりのほうしき	—
百萬遍念佛札	ひゃくまんべんねんぶつふだ	111
百万遍念仏札	ひゃくまんべんねんぶつふだ	—
百福成就法	ひゃくふくじょうじゅほう	206
百福威就法	ひゃくふくじょうじゅほう	—
竹林	ちくりん	232
竹林	ちくりん	—
《竹取物語》	たけとりものがたり	102
『竹取物語』	たけとりものがたり	—
米占	こめうら／ふまうら	097
米占	こめうら／ふまうら	—
羽山籠	はやまごもり	138
羽山ごもり	はやまごもり	—
老子	ろうし	193
老子	ろうし	—
老鼠天婦羅	ねずみのてんぷら	141
鼠の天ぷら	ねずみのてんぷら	—
自來也	じらいや	117
自来也	じらいや	—
自動書寫	じどうしょき	218
自動書記	じどうしょき	—
艮	うしとら	025
艮	うしとら	—
色即是空・空即是色	しきそくぜくう・くうそくぜしき	217
血忌日	ちいみび	057
行氣	ぎょうき	137
行気	ぎょうき	—
西王母	せいおうぼ	—
西王母	せいおうぼ	—

七劃

項目	読み	頁
西行	さいぎょう	129
西風吹守	せいふうふきもり	195
伯耆大山	ほうきだいせん	227
何仙姑	かせんこ	137
佛眼佛母法	ぶつげんぶつもほう	052
唵／沒駄羅佳尼／娑婆訶	om buddha-locani svāhā	052
兵糧丸	ひょうろうがん	229
即身佛	そくしんぶつ	191
吞牛之術	どんぎゅうのじゅつ	073
吸引力法則	ひきよせのほうそく	114
引き寄せの法則	ひきよせのほうそく	—
吸引離家出走者歸返的術法	ひきもどしがえしのほう	111
踏苦咄／里鳴奇鳴／諾咪哧哆哈・為天神地神之居所、集眾神之力、天籟之音如水沙和三位吉祥天如壽。一切皆為大日如來之所化身・向金山祈求、唵阿毘羅吽欠娑婆訶。（タクガン、鳴薩咄／里鳴奇鳴／唸鳴爹咿／唸鳴爹咿嚦哆鳴爹咿／苦咄／諾苛法說法、使雨停風息、為眾生開示正法・向金山祈求、天籟之音如水沙和三位吉祥天如リウリウ、キウキウ、ソウティ、ソウティシントウティ、クガンノコウサイテノミコトハ、アンドウ、ラクソウジャウナンヤ。一サイガコンカイ、オボテ、コノ所ニ、アンドウ、ラクソウジャウナンヤ。一サイガコンカイ、オボチノ大日如来　金山ヘトオモムキナサレシ、アヤク天ランハ、サトミヤノコウロウトナルト法ヲムスンデ、雨ノゴトク風ノゴトクト、アイカワリ、ヒキモドシツ、アビラウンケンケムケンソワカ）惡去、福留・三神立於此、今離家之人因神力歸返・陰靄得以消散、如願奉獻，祈求諸神保佑・將天竺之教尊崇奉上・謹祈得神應允（惡ハ流レ、福ハ止マル，		113

項目	読み	ページ
サン神ココニ立チ、御神故ニカケラレ戻ラセ給イシカ、コノ度ノカゲトウサンラクト、サクラクシ奉ル、オン、トウトウ貴神ノコヤスコウ、天竺テイト奉ル、ソノ法許サセ給イヤ	—	114
吸葛	すいかずら	148
吹加持秘法	ふきかじのひほう	044
吹返還風	かえりのかぜをふかす	035
呂洞賓	りょどうひん	136
坂上田村麻呂、坂上田村丸	さかのうえのたむらまろ／さかのうえのたむらまる	126
妖	よう	219
妖刀	ようとう	183
妖言	およづれごと	197
妖狐	ようこ	169
妖狐禁文（恣意妄為者・殺無赦（好き勝手な振る舞いをしたら許さないぞ））	ようこきんもん	050
妖術	ようじゅつ	050
妖術師	ようじゅつつかい	009
妙九字	みょうくじ	140
妙見菩薩	みょうけんぼさつ	018
妙椿	みょうちん	155
尾先、御先	オサキ／オーサキ	168
岔路、十字路口	つじ／よつつじ	169
岔夢	ゆめたがえ	205
恶夢著草木，吉夢成寶王	あくむちゃくそうもくきち、しょうむじょうほうおう	045
巫女	みこ／ふじょ	045
巫女石	みこいし	121
巫俗	ムーダン	213
巫覡	かんなぎ	146
巫／覡	—	121
巫蠱	ふこ	121
形代	かたしろ	030
役小角	えんのおづぬ	179
役行者	えんのぎょうじゃ	132
役優婆塞	えんのうばそく	132
忌日	いみび	222
忌諱地	いみち	217
忌穴	きけつ	211
忍者	にんじゃ	139
忍者六具	しのびろくぐ	188
忍術	にんじゅつ	009
扮鬼臉	にらめっこ	116
啊嘆嘆	あっぷっぷ	116
找出竊賊之術	せっとうはんをみつけだすじゅつ	—
唵／欠婆那／欠婆那／娑婆詞（オン／ケンバヤ／ケンバヤ／ソワカ）	—	074
抄經	しゃきょう	072
抄寫童子經	どうじきょうしゃきょう	072
抄寫壽延經	じゅえんきょうしゃきょう	101
投占	なげうら	039
投擲《易經》	えききょうをなげる	137
杉澤村	すぎさわむら	184
李鐵拐	りてっかい（鉄拐李）	184
村正	むらまさ	
村雨丸	むらさめまる	

|---|---|---|
赤氣	あかき	106
豆占	まめうら	102
言靈神	ことだまのかみ	156
言靈延命法	ことだまえんめいほう	072
言靈咒術	ことだまじゅじゅつ	072
言靈	ことだま	006
言靈	ことだま	005
角行	かくぎょう	135
角大師	つのだいし	162
タマハミツ、ヌシハタレトモ、シラネドモ、ムスビトドメシ、シタカエノツマ（語意不明）。		094
見魂歌 人魂を見る時の歌	ひとだまをみるときのうた	094
見通／見融	みとおし／みゆう	091
見鬼術 見鬼の術	けんきのじゅつ	092
良源 良源	りょうげん	129
育靈神社 育靈神社	いくれいじんじゃ	216
究字占法 究の字の占法	きゅうのじのせんぽう	109
秀真傳 秀真伝	ホツマツタエ	178
玖賀耳之御笠 玖賀耳之御笠	くがみみのみかさ	161
竈神 竈神	かまどがみ	156
沖津鏡 沖津鏡	おきつかがみ	189
沖之島 沖ノ島	おきのしま	211
求馬古秘密印法 求馬古秘密印法	ぐめこひみついんほう	096
步嚕唵 bhrūm	ボロン	051
村境 村境	むらざかい	205

結縛魂魄、凝聚產靈、御產巢日之神、御靈飄搖萬世。（たまのをを、むすびかためて、よろづよも、みむすびのかみ、みたまふゆらし）

項目	読み	ページ
兒雷也 兒雷也	じらいや	141
依代 依代	よりしろ	200
來龍 来龍	らいりゅう	222
使鬼神法 使鬼神法 使病人迅速成佛的秘法	しきじんほう びょうにんをすみやかにじょうぶつ	019
事之結界 事の結界	じのけっかい	079
抛梳子 櫛投げ	くしなげ	207
抛火矢 抛火矢	ほうりひや	095
《伽羅先代萩》 『伽羅先代萩』	めいぼくせんだいはぎ	187
《戾橋背御攝》 『戾橋背御攝』	もどりばしせなにごひいき	238

八劃

防精螻蛄為害 精螻蛄至吾家、吾不寐、吾裝寐、吾不寐。（ショウケラは、わたしてまたや、我宿へ、ねぬぞねたかぞ、ねたかぞねぬぞ） ショウケラの害をふせぐしょうけらのがいをふせぐ 238

防解火災祭 ぼうかいかさいさい 防解火災祭 066

河伯為水精、朱童為火神、即水剋火。水剋火というはすなわち水は火に勝つなり。 066

防止鼠靈作祟的咒文 鼠の祟りを防ぐ呪文 鼠、鼠、此非我目、乃深山猿猴之目爾。（ねずみのたたりをふせぐじゅもん（鼠、鼠、おれのじゃないぞ、奥の山の猿の目） 081

邪避香 邪避香 じゃひこう 081

邪術 邪術 じゃじゅつ 050

邪眼、邪視 邪眼／邪視 じゃがん／じゃし 050

邪氣加持 邪気加持 じゃきかじ 188

《兒雷也豪傑譚》	『児雷也豪傑譚』	じらいやごうけつものがたり	235
兩面宿儺	両面宿儺	りょうめんすくな	161
制服蛇的咒文	蛇を降伏する呪文	へびをごうぶくするじゅもん	051
天迷迷，地迷迷，吾不識時；天濛濛，地濛濛，吾不識蹤，左成渾鹿鳥。（天迷々、地迷々、吾時を識らず、天濛々、地濛々、吾蹤を識らず、左渾鹿鳥と為す）			051
右成鳥鶤三	右鳥 鶤三と為す		051
吾乃大鵬，千年萬年王	吾是大鵬、千年万年王		051
刺青	入れ墨	いれずみ	198
刺釘	針を刺す	はりをさす	033
卑彌呼	卑弥呼	ひみこ	120
取子箱	コトリバコ	ことりばこ	034
受死日	受死日	じゅしび	217
呼喚名字	名前を呼ぶ	なまえをよぶ	048
呼魂、招魂	魂呼ばい／呼び活け	たまよばい／よびいけ	062
命蓮	命蓮	みょうれん	130
和合祭文	和合祭文	わごうさいもん	094
和歌	和歌	わか	197
咒文、咒詞	呪／呪詞	かしり	020、035
咒力	呪力	じゅりょく	005
咒文字	呪い文字	のろいもじ	197
我思君心已離。我不思君，君不思我。我レ思ウ君ノ心ハ離レツル。君モ思ワジ我モ思ワジ。（われおもうきみのこころははなれつる。きみもおもうじわれもおもうじ。）			197
咒印	呪印	じゅいん	016
咒具	呪具	じゅぐ	174
咒物	呪物	じゅぶつ	174
咒師	呪師	しゅし	149
咒術	呪術	じゅじゅつ	005
咒術、咒法	呪法／咒法	じゅほう	006
咒術治療	呪術治療	じゅじゅつちりょう	067
咒禁	呪禁／咒禁	じゅごん	005
咒禁師	呪禁師／咒禁師	じゅごんし	149
咒禁道	呪禁道	じゅごんどう	066
咒語	呪詛	とこい／とこひ	032
如此竹葉發青，如此竹葉乾枯，由青而枯（この竹の葉が青むが如く、この竹の葉の萎ゆるが如く、青み萎えよ）			032
咒醫、咒術醫	呪医／呪術医	じゅい／じゅじゅつい	150
固身	身固め	みがため	071
固骨	骨固め	ほねがため	076
夜刀神、夜刀之神		やつのかみ／やとのかみ	163
夜叉	夜叉	やしゃ	154
夜行夜途中歌	夜行夜途中歌	やぎょうやとちゅうか	050
夜忍	夜忍	よるしのび	088
夜神樂	夜神楽	よるかぐら	060
奇門遁甲	奇門遁甲	きもんとんこう	108
姑摩姫	姑摩姫	こまひめ	144
姑獲鳥、產女	姑獲鳥／産女	うぶめ	160
定	定	さだむ	107
庚申信仰	庚申信仰	こうしんしんこう	065
庚申待	庚申待	こうしんまち	065
延命十句觀音經	延命十句観音経	えんめいじっくかんのんきょう	062
延命法招魂作法	延命法招魂作法	えんめいほうしょうこんさほう	071
彼岸花	彼岸花	ひがんばな	191

索引

見出し	読み	ページ
念力顯影	ねんしゃ	057
念佛	ねんぶつ	100
念誦《法華經》驅魔	『法華経』の魔除け（ほけきょうのまよけ）	100
念誦《般若波羅密多心經》	般若心経を唱える（はんにゃしんぎょうをとなえる）	130
怖魔印	怖魔の印（ふまのいん）	077
怛洛	trāḥ（タラーク）	104
性空	性空（しょうくう）	046
《性靈集》	『性靈集』（しょうりょうしゅう）	059
怪玄	怪玄（かいげん）	153
房中術	房中術（ぼうちゅうじゅつ）	104
拔勺底	柄杓の底を抜く（ひしゃくのそこをぬく）	085
拔足差足忍足	抜き足差し足忍び足（ぬきあしさしあししのびあし）	068
拔刺地藏	とげぬき地蔵（とげぬきじぞう）	039
招魂祭	招魂祭（しょうこんさい）	058
放下師	放下師（ほうかし）	096
明目法	明目法（めいもくほう）	061
明王	明王（みょうおう）	135
明天子	明天子（みょうてんし）	237
明言	言挙げ（ことあげ）	130
明星	明星（みょうじょう）	024
明眼之法	明眼之法（めいがんのほう）	019
明惠上人	明惠上人（みょうえしょうにん）	024
易	易（えき）	050
易筮	易筮（えきぜい）	080
服氣	服気（ふっき）	084

見出し	読み	ページ
服部半藏	服部半藏（はっとりはんぞう）	183
服餌	服餌（ふくじ）	122
東尋坊	東尋坊（とうじんぼう）	075
松尾芭蕉	松尾芭蕉（まつおばしょう）	009
枕刀	枕刀（まくらがたな）	069
《枕草子》	『枕草子』（まくらのそうし）	069
枕神的咒歌	まくら神の咒歌（まくらがみのじゅか）	066
枕頭	枕（まくら）	043
吾之枕頭之神，夜深矣。若有來擾之人，敢請喚醒我（さよ更けて、もしも音づるものあらば、引きおどろかせ、我がまくら神）		165
枕頭朝北	北枕（きたまくら）	115
林實利	林実利（はやじつかが）	103
果心居士	果心居士（かしんこじ）	151
武內宿禰	武内宿禰（たけのうちのすくね）	140
武曲星	武曲星（むごくせい／むごくしょう）	135
沓脫石埋嬰	赤ん坊を沓脱ぎ石に埋める（あかんぼうをくつぬぎいしにうめる）	053
河童	河童（かっぱ）	176
河臨祓	河臨祓（かりんのはらえ）	048
油桶娑婆訶	油桶そわか（あぶらおけそわか）	048
治療火傷的咒文	火傷治しの呪文 やけどなおしのじゅもん	233
大蛇棲息於猿澤之池，此水湧動之時，無腫無痛，無後患。(猿沢の池に大蛇がすんでおわします、この水たむけるときは、はれず痛まず、あとつかず)		185
法力	法力（ほうりき）	140
法弓作法	法弓作法（ほうきゅうさほう）	213
法師陰陽師	法師陰陽師（ほうしおんみょうじ）	059
法劍	法剣（ほうけん）	139

項目	読み	ページ
法蓮	ほうれん	112
法龍、法量	ホウリュウ	157
法螺	ほうら	128
法螺作法	ほうらさほう	128
注連縄	しめなわ	218
物忌	ものいみ	078
物理霊媒	ぶつりれいばい	157
狐	きつね	170
狐舌	きつねのした	089
狐狗狸	こっくりさん	148
狐風	きつねのかぜ	093
背狐風	きつねのかぜをおう	149
狐師	きつねつかい	148
狐窓	きつねのまど	148
狐憑	きつねつき	098
狐隠法	きつねがくれ	193
狗神	イヌガミ／インガミ／イリガメ	166
狛犬	こまいぬ	118
知生死法	ちしょうしほう	047
空亡	くうぼう	209
空海	くうかい	075
空海VS守敏①（祈雨對決）	くうかいばーさすしゅびん①（雨乞い対決）	176
空海VS守敏②（咒術大戰）	くうかいばーさすしゅびん②（呪詛合戦）	171
臥行者、淨定行者	ふせりぎょうじゃ／じょうじょうぎょうじゃ	133
舎利法	しゃりほう	

項目	読み	ページ
芭蕉扇	ばしょうせん	187
花見	おはなみ	061
《花嵯峨貓魔稗史》	『花嵯峨ねこまたぞうし』	238
花語	はなことば	197
虎爪	とらのつめ	077
虎爪術	とらのつめのじゅつ	063
返魂丹	はんごんたん	190
返魂丹	はんごんたん	176
返魂香	はんごんこう	034
返還詛咒	じゅそがえし	035
返還詛咒的祕言	じゅそがえしのひごん	035
返還飲食詛咒	くちのじゅそがえし	035
咒詛諸毒藥、所欲害身者、念彼觀音力、還著於本人（しかしくま、つるせみの、いともとほる、ありしふゑ、つみひとの、のといとく）		098
邱比特	Cupido キューピッドさん	189
金丹	きんたん	236
《金光明最勝王經》	『こんこうみょうさいしょうおうきょう』	076
金剛行	こんごうぎょう	026
金剛夜叉明王法	こんごうやしゃみょうおうほう	028
金剛夜叉阿尾奢法	こんごうやしゃあびしゃほう	200
金剛杵	こんごうしょ	208
金剛炎	こんごうえん	187
唵／阿三莽擬你／吽／發吒	om asamagne hūm phat	186
金剛琢	こんごうたく	027
金剛童子法	こんごうどうじほう	155
金剛藏王權現	こんごうざおうごんげん	153
金神	こんじん	219
金神七殺	こんじんしちせつ	

見出し	読み	ページ
金神除祈願	こんじんよけきがん	144
金翅鳥王	こんじちょうおう	122
金遁術	きんとんのじゅつ	170
金蓮	こんれん	150
金縛	かなしばり	154
金曜星	きんようせい	070
金蚕蠱	きんさんこ	025
金蠶蠱	ながおいくこ	027
長尾郁子	ながおかきょう	075
長岡京	ながおかきょう	197
長南年恵	ながなみとしえ／おさなみとしえ	206
長屋王	ながやおう	206
門	もん	078
門戸大開	ひらく	206
門松	かどまつ	159
祀	まつる	147
阿瓦烏塔	あわのうた	211
阿字観	あじかん	147
阿尾捨法、阿尾奢法、阿毗舎法	阿尾奢法／阿尾奢法／阿尾捨法 (aveśa)	030
阿毗遮嚕迦法	アビシャロキャのほう	105
阿毗羅吽欠娑婆訶	abhicāraka a vi ra hum kham svāhā あぶらケンソワカ	045
阿修羅	あしゅら	134
阿倍仲麻呂	あべのなかまろ	090
阿寅狐	おとらぎつね／おとらぎつね	154
阿曽女	あぞめ	047
阿紫	むらさき／むらさきの方	

海異光 アマビエ | 尼彦／天彦／天日子／海彦 アマビコ | だらに |
陀羅尼 dhāraṇī	だらに	
陀羅尼助丸	だらにすけがん	
《雨月物語》	『雨月物語』	
雨乞小町	あまごいこまち	
青木ヶ原樹海	あおきがはらじゅかい	
青面金剛法（治癒）	しょうめんこんごうほう（治癒）	
婆帝吒／摩訶摩訶囈／烏呼烏呼／羅阿書吒帝／娑婆訶		
ロ／ウコウコ／ラアチュウタテイ／ソワバ		
青面金剛法（調伏）	しょうめんこんごうほう（調伏）	
唵／帝婆藥叉／盤陀盤陀／訶詞訶詞／吽姿婆詞（オン／ダイバヤキシャ／バンダバンダ／カカカカ／ソワカ）		
青頭巾	あおずきん	
青龍	せいりゅう	
《抱朴子》	『抱朴子』	
南斗	なんと	
南鬼	なんき／ごき	
前鬼、後鬼	ぜんき／ごき	
前往異世界的方法	異世界に行く方法	
信誓	しんぜい	
保持鬼門清淨	鬼門を清浄に保つ／きもんをせいじょうにたもつ	
保久利信仰	ぽっくり信仰	
『九割』		
《抱朴子》	『抱朴子』	
青龍	せいりゅう	
青頭巾	あおずきん	
南無妙法蓮華經	なむみょうほうれんげきょう	
南無阿彌陀佛	namo amitābha なむあみだぶつ	
品物比禮	品物比礼 くさぐさのもののひれ	

176 099 099 104 157 206 129 218 080　237 222 163 027　027 064　064 212 234 150 190 023 166 166

項目	読み	ページ
姿不見ず橋	すがたみずはし	215
封印怨霊的儀式	おんりょうふうじのぎしき	080
首祭	くびまつり	080
査験首級	首実検 / くびじっけん	080
封印術	封印術 / ふういんじゅつ	037
封印遺骸	遺骸を閉じ込める / いがいをとじこめる	115
封縛病魔	病魔を封縛する / びょうまをふうばくする	068
屍鬼	屍鬼 / しき	163
屍解	屍解 / しかい	136
屍解仙	屍解仙 / しかいせん	136
帝釋天	帝釋天 / たいしゃくてん	154
帝釋天必勝祈願法	帝釋天の必勝祈願法 / たいしゃくてんのひっしょうきがんほう	112
幽世	幽世 / かくりよ	121
幽塔 幽塔/幽塔哭(說話)	YUTA ユンター/ユンタク	204 / 121 / 107
建	建 / たつ	082
建城地鎮祭	城の地鎮祭 / しろのじちんさい	082
後七日御修法	後七日御修法 / ごしちにちみしほ	121
後醍醐天皇	後醍醐天皇 / ごだいごてんのう	022
急急如律令	急急如律令 / きゅうきゅうにょりつりょう	158
怨霊	怨霊 / おんりょう	030
怨霊的鼠群召喚術	おんりょうがねずみのむれをしょうかんする	146
恆山	恒山 / こうざん	069
拜屋	拝み屋/拝み屋さん / おがみや/おがみやさん	160
持取加持	拭取の加持 / ふきとりのかじ	045
持衰	持衰 / じさい/じすい	045

項目	読み	ページ
持禁法(身體能力)	持禁の法 / じきんのほう	059
持禁法(退魔)	じきんのほう	038
指相識別秘法	指相識別の秘法 / しそうしきべつのひほう	092
指蛇爛指	へびをゆびさすとゆびがくさる	115
指燃草	さしも草 / さしもぐさ	190
星甲	星甲 / ほしかぶと	187
星辰	星辰 / ほしいしん	103
星供	星供 / ほしく	106
星祭	星祭り / ほしまつり	106
星影土右衛門	星影土右衛門 / ほしかげどえもん	145
柿本人麻呂	柿本人麻呂 / かきのもとひとまろ	151
人麻呂	ひとまろ	151
止火	火止まる / ひとまる	151
生子	人産まれる / ひとうまれる	151
毘沙門天	毘沙門天 / びしゃもんてん	154
毘沙門天王法	毘沙門天王法 / びしゃもんてんおうほう	113
毘沙門天三事成就法	毘沙門天三事成就法 / びしゃもんてんさんじじょうじゅほう	026
曩莫／三曼多／勃馱喃／唵／薜室囉末拏耶／娑婆訶（namah samanta-buddhānām oṃ vaiśravaṇāya svāhā	ノウマク／サマンダ／ボダナン／ベイシラマンダヤ／ソワカ	026
縛日羅／底瑟／鑁 vajra tiṣṭha vaṃ	バサラ／チシツ／バン	026
毘沙門天供	毘沙門天供 / びしゃもんてんく	113
毘陀羅	毘陀羅 / びだら	160
流浪巫女	歩き巫女 / あるきみこ	122
流夢	夢流し / ゆめながし	045
長夜已盡、深眠者皆醒、悠美音聲如行船破浪	長き夜の、遠の眠りの皆目覚め、浪乗り船の音のよき哉 / (ながきよの、とおのねむりのみなめざめ、なみのりぶねのおとのよきかな)	045

258

索引

流雛　ながしびな　044
流鏑馬　やぶさめ　101
流灌頂　ながれかんじょう　079
疫病加持　えきびょうかじ　069
疫病神　やくびょうがみ　164
相術　そうじゅつ　096
相応　そうおう　134
看病禅師　かんびょうぜんじ　221
看風水　かぜとみずをよむ　131
砍竹會　たけきりえ　074
祈求驅除妖怪的神歌　ようかいたいじをねがうしんか　021
　請將此妖驅離、開梓木之弓、射向今日之間神（もののけを引き離してぞ 梓 021
　弓引きとりたまえ今日の間神）
祈求驅除妖怪的荒神祭文　ようかいたいじをねがうこうじんさいもん　021
　以桑木之弓、蓬草之矢、射向天地四方之諸魔、障礙神、使其墜落大海或大
　地之底（桑の弓、蓬の矢を以て天地四方へ射祓えば、諸魔、障碍神は大海
　の底へ射落とさん）
祈歩　うほ　084
祈願　いのりかけ　084
祈釘　がんかけ　178
祈雨法、轉讀孔雀經　きうほう／くじゃくきょうてんどく　110
祈雨　あまごい　058
禹歩　うほ　074
禹峰　秋の峰　あきのみね　074
秋葉山　南蛮いぶし　なんばんいぶし　226
紅腰卷　赤い腰巻き　あかいこしまき　182
紅葉　もみじ　162

紅葫蘆　べにひさご　187
紇哩　hrīḥ キリーク　024
美妙水義高　みずよしたか　143
胎息法　たいそくほう　057
若宮樣　わかみやさま　156
若菜姫　わかなひめ　142
苦無　くない　187
英彦山、日子山　えひこさん／ひこさん　227
英胡、輕足、土熊　えいこ／かるあし／つちぐま　161
茅輪　茅の輪　ちのわ　180
瘧病法　ぎゃくびょうほう　064
要鳥　かなめどり　158
計都星　けいとせい　105
軍配者　ぐんばいしゃ　150
軍茶利明王　ぐんだりみょうおう　153
軍茶利明王法　ぐんだりみょうおうほう　064
軍茶利明王的五種結界　ぐんだりみょうおうのごしゅけっかい　092
軍茶利明王法（治癒）　ぐんだりみょうおうほう　207
軍勝秘咒　ぐんしょうひじゅ　034
迦樓羅　かるら　154
迦樓羅天法　かるらてんほう　085
迫使狐靈屈服的神歌　こりょうをくっぷくさせるしんか　022
　夏來，猶如於根高歌唱之蟬蛻其殻，各宜著適合己身之唐裝也。（夏は来つ
　根に鳴く蝉の唐衣 吾れ吾れが身の上に着よ）
重結大界　じゅうけつたいかい　022
　唵／商迦羯利／摩訶三昧耶／槃陀槃陀／娑婆訶（査無梵文）オン／ショウギ
　ャレイ／マカサンマエン／ソワカ

項目	読み	ページ
降三世明王法	ごうざんぜみょうおうほう	026
降伏	ごうぶくする	025
降神	かみおろし	025
降魔	ごうま	027
降魔剣	ごうまけん	183
降霊術	こうれいじゅつ	027
面相術	にんそうじゅつ	096
韋駄天	いだてん	140
風水	ふうすい	009
風水師	ふうすいし	146
風水都市	ふうすいとし	224
風邪	カゼ	171
風魔小太郎	ふうまこたろう	139
飛天術	ひてんのじゅつ	086
飛行夜叉	ひぎょうやしゃ	154
飛神行	ひしんぎょう	076
飛鉢法	ひばちのほう／ひはつほう	084
首楞厳陀羅尼	しゅりょうごんだらに	024
首飾勾玉之祕傳	くびかざりまがたまのひでん	110
香	こう／かおり	181
十劃		
乘蝴蝶	ちょうにのる	087
修入	しゅにゅう	133
修圓	しゅえん	128
修驗者	しゅげんじゃ	132
修驗道	しゅげんどう	180

項目	読み	ページ
倒穿衣物	さかさごと	053
倒掛咒法	さかさまのじゅほう	053
倒插髪簪	さかさかんざし	054
倒讀《般若波羅密多心經》	はんにゃしんぎょうのぎゃくよみ	053
借錢母	たねせんかし	113
冥想法	めいそうほう	074
哈	カーン	024
埋火	うずめび	084
娑婆訶	蘇婆訶／薩婆訶（svāhā）ソワカ	023
容器封印法	ふうじもの	069
島村蟹	しまむらがに	168
徐福	じょふく	138
恐山	おそれざん	224
恐嚇妖怪的神歌	妖怪を脅す神歌 ようかいをおどすしんか	021
面向神明祈禱・任何惡魔均不足掛齒（御神を向こうに立てて祈るならいかなる悪魔もチリと思わず）		021
息吹	いぶき	076
息長法	おきながのほう	072
扇子隱法	せんすがくれ	089
振魂、搖魂	たまふり	062
根之國	ねのくに	204
桃子	もものみ	191
桃木	もものき	191
桃花源	とうげんきょう	219
桑原桑原	クワバラクワバラ	048
梳子	くし	180
奇異、神祕	奇し（櫛的語源）	180

索引

項目	読み	ページ
梳子和伊邪那岐	くしといざなぎ	180
氣	き	056
氣 般納	prāṇa´、又名普拉納或般尼克	056
氣吹流放	きぶきはなち	044
氣場	power spot パワースポット	216
泰山	たいざん	228
泰山府君	たいざんふくん	152
泰山府君祭	たいざんふくんさい	062
泰澄 復活	たいちょう そせい みやぶる	062
泰澄 識破	蘇生 見破る	092
烏樞沙摩明王法	うすさまみょうおうほう	133
烏樞沙摩明王法（斷緣、結緣）	うすさまみょうおうほう	063
狸	たぬき	095
狸口寄	たぬきのくちよせ	167
狸師馬桑	たぬきつかいのまーさん	028
狸憑	たぬきつき	149
狸隱法	たぬきがくれ	148
疱瘡繪	ほうそうえ	089
病者加持作法	びょうしゃかじさほう	199
病者沐浴湯加持、解穢法	びょうしゃもくよくゆかじ／げえほう	068
告	せい	064
真人	しんじん	219
真田眾	さなだしゅう	136
真名	まな	140
真言、心咒	しんごん	048
真魚	まお	023
		128

項目	読み	ページ
真劍祈禱法	しんけんきとうほう	040
眠臥作法	みんがじさほう	046
	やぶる	108
破洞小鍋	あなのあいたこなべ 阿梨那梨／㝹那梨／阿那盧／那履拘那履（アリナリ／トナリ／アナロ／ナビ）	066
破		066
破敵劍	はぐんせい／はぐんしょう	104
破軍星	はかんとう	191
破棺湯	はてきけん	184
破敵劍	はまや	185
破魔矢	ゆうてんしょうにん	131
祐天上人	はらえ	042
祓	はらいぐし／はらえぐし	180
祓串	まをはらうひぶん	021
祓除不潔、清淨一切（祓い給い清め給え／はらいたまいきよめたまえ）		038
祓除妖魔的祕文	天斬、地斬、八方斬、天分十字、地見十字、斬斷臂離、祕音、一如十十、二如十十、三如	四
	八方切、天に八違、地に十の文字、秘音 一も十々、二も十々、三も十々、	
	四も十々、五も十々、六も十々、ふっ切って放つ、さんぴらり	
祓除惡夢	邪気祓いの秘咒 じゃきばらいのひじゅ	038
祓詞、大祓詞	悪夢祓い あくむばらい	044
祓詞、大祓詞	はらえのことば、おおはらえのことば	045
祕密本尊	秘密本尊 ひみつほんぞん	042
《祕藏記》	『秘蔵記』 ひぞうき	177
祝女	ノロ NORO	237
祝詞、祝文	祝詞 のりと	121
		020

261

項目	読み	ページ
神人	しんじん	156
神水	しんすい	229
神仙	しんせん	221
神仙道	しんせんどう	005
神代文字	しんだいもじ	220
片神字文字	かたかむなもじ	194
伊予文字	をしてもじ	193
秀真文字	ほつまもじ	166
阿比留文字	あひるもじ	221
神折符	かみおりふ	221
折法	おり	221
折（おり）的行為稱為「天降、天振」（あおり／あふり）		020
神足法	しんそくほう	038
神足通	じんそくつう	086
神供	じんく	076
神呪	しんじゅ／かじり	196
神社	やしろ	196
屋代	やしろ	196
神社	じんじゃ	197
神社姫	じんじゃひめ	197
神便鬼毒酒	じんべんきどくしゅ	197
神宮大麻	じんぐうたいま	197
神座	かみくら	197
神鬼作祟	たたり	008
神域	しんいき	135
神祭	かみまつり	193
神荼	しんと／しんだ	135

項目	読み	ページ
神通力	じんつうりき／じんずうりき	183
神遊觀	しんゆうかん	115
神道	しんとう	182
神歌	しんか／かみうた	162
神樂	かぐら	031
神憑、神懸	かみがかり	056
神諭	たくせん	195
神隱	かみかくし	133
神鞭法	しんべんほう	071
神靈代言、口寄	くちよせ	024
祟神	たたりがみ	152
紋、文	もん	167
納	おさむ	031
紙垂、紙條	しで	180
紙蝶	かみのちょう	108
紙驢	かみのろば	198
素戔嗚尊	すさのお	157
索	サク	028
能延六月法	のうえんろくがつほう	031
能除太子	のうじょたいし	211
能勢黑札	のせのくろふだ	097
脈輪	チャクラ Cakra	027
芻靈	すうれい	060
茨木童子	いばらきどうじ	021
草履	ぞうり	008
草鞋的夾腳帶	わらじのはなお	094
草薙劍	くさなぎのつるぎ	009

262

索引

項目	読み	訳/備考	頁
蛍尤	しゆう	蛍尤	156
豹尾神	ひょうびしん	豹尾神	153
起屍鬼法	きしのほう	起尸鬼の法	030
軒廊御卜	こんろうのみうら	軒廊御卜	216
迴避百鬼夜行的祕咒	ひゃっきやこうをさけるひじゅ	百鬼夜行を避ける秘咒	049
追打鬼、婆羅羅鬼	ついだき／ばららき	追打鬼／婆羅々鬼	158
追儺	ついな	追儺	038
退下，退下	まかれや、まかれよ	罷れや、罷れよ	032
退下・退下・中此前退下	まかれや、まかれよ、この矢にまかれ	罷れや、まかれよ（まかれや、まかれよ、この矢にまかれ）	032
送神	そうじん	送神	040
送貓咒法	ねこおくりのじゅほう	猫送りの呪法	040
送蟲	むしおくり	虫送り	047
逆札	さかさふだ	逆さ札	054
逆柱	さかばしら	逆柱	054
逆修咒法	ぎゃくしゅのじゅほう	逆修の呪法	079
逆箒	さかさほうき	逆さ箒	054
逆轉、顛倒	さかさ	逆さ	053
酒	さけ	酒	193
酒吞童子	しゅてんどうじ	酒吞童子	162
釘	くぎ	釘	177
針	はり	針	178
除魔、驅魔	のぞく	除	107
骨偶	まよけ	魔除け	046
高山祭	こつぐう	骨偶	179
高天	こうざんさい	高山祭	111
高天原	たかま	高天	149
	たかまがはら	高天原	220

項目	読み	訳/備考	頁
高田王子	たかだのおうじ	高田の王子	156
高尾山	たかおさん	高尾山	157
高野山	こうやさん	高野山	225
高野山開山與空海	こうやさんかいざんとくうかい	高野山開山と空海	227
高橋貞子	たかはしさだこ	高橋貞子	227
鬼	おに	鬼（因絶不現身的特性而稱為「隠」（おん）、後來被訛讀成「オニ」）	147
鬼一法眼	きいちほうげん	鬼一法眼	160
鬼八塚	きはちづか	鬼八塚	160
鬼子母神敬愛法	きしもじんけいあいほう	鬼子母神敬愛法	126
鬼子母神骷髏法	きしもじんどくろほう	鬼子母神髑髏法	214
鬼子岳	きしだけ	鬼子岳	092
岸岳	きしだけ（與鬼子岳同音）	岸岳	092
鬼之城	きのじょう	鬼ノ城	213
鬼切	おにきり	鬼切	211
鬼瓦	おにがわら	鬼瓦	184
鬼石	きせき	鬼石	182
鬼字	きじ	鬼字	213
鬼門	きもん	鬼門	196
鬼神作祟	たたり	祟り	218
鬼神	きじん／きしん	鬼神	201
鬼面具	おにのかめん	鬼の仮面	077
鬼氣祭	ききさい	鬼気祭	160
鬼無里	きなさ	鬼無里	005
鬼童丸	きどうまる	鬼童丸	211
鬼道	きどう	鬼道	162
《般若波羅密多心經》	はんにゃしんぎょう	『般若心経』	094

263

佢獬 クダ部 くだべ

十一割

繁体	詳細	読み	頁
乾坤圈	乾坤圈	けんこんけん	078
乾闥婆	乾闥婆	けんだつば	134
假四神相應	仮の四神相応	かりのしじんそうおう	106
做鬼臉	あっかんべー	あっかんべー	064
兜前立之鏡	兜前立の鏡	かぶとまえたてのかがみ	091
剪紙成兵之術	剪紙成兵の術	せんしせいへいのじゅつ	095
動物祭	動物供犠	どうぶつくぎ	108
唱門師	唱門師	しょうもんじ／しょもじ	205
唵	om	オン	138
唵阿毘羅吽欠	om a vi ra hūṃ khaṃ	オン／ア／ビ／ラ／ウン／ケン（大日如來真言）	048
唵／阿／毘／羅／吽／欠／娑婆詞	om a vi ra hūṃ khaṃ	オン／ア／ビ／ラ／ウン／ケン	061
唵／阿／俐怛夜耶／摩利支／娑婆詞	om ādityāya marīciye svāhā	オン／ア／ニチ／マリシエイ／ソワカ	052
國安仙人	国安仙人	くにやすせんにん	023
國都境目	都の境目	みやこのさかいめ	122
執	執	とる	111
宿世結	宿世結び	すくせむすび	020
宿命通	宿命通	しゅくみょうつう	189
宿曜秘法	宿曜秘法	すくようひほう	049
宿曜術、宿曜道	宿曜術／宿曜道	すくようじゅつ／すくようどう	224
寂仙	寂仙	じゃくせん	154
寄加持、疫病加持		よりかじ／やくびょうかじ	186

密宗 密教 みっきょう

繁体	詳細	読み	頁
屠蘇	お屠蘇	おとそ	166
崇德天皇	崇徳天皇	すとくてんのう	
崑崙	崑崙	こんろん	
常世國	常世国	とこよのくに	052
常形	常の形	つねのかたち	023
常陸坊海尊	常陸坊海尊	ひたちぼうかいそん	122
常陸帯	常陸帯	ひたちおび	111
張果老	張果老	ちょうかろう	020
張貼圖像	絵を飾る	えをかざる	189
強化方位的力量	方位の力を増幅させる	ほういのちからをぞうふくさせる	049
彗星	彗星	すいせい	224
從袖口窺視	袖口から覗く	そでぐちからのぞく	154
御白	御白	おしろ	186
御白樣	オシラ様	おしらさま	
御白樣遊祭	オシラ遊ばせ	おしらあそばせ	
御衣加持御修法	御衣加持御修法	ぎょえかじみしほ	
《御朱印縁起》	『御朱印縁起』	ごしゅいんえんぎ	
御柱祭	御柱祭	おんばしらさい	
御座	御座	おざ	
	祕密念佛	隠れ念仏	かくれねんぶつ	
	壇那殿教	茅壁教	カヤカベ教	
御神木	御神木	ごしんぼく	
御神籤	おみくじ	おみくじ	

200 191 079 079 079 229 236 112 028 156 190 092 106 060 077 077 137 095 134 086 220 228 159 193 008

264

索引

漢字	読み	ページ
御神體	ごしんたい	221
御船千鶴子	みふねちづこ	221
御幣	ごへい	147
御幣人偶	ごへいにんぎょう	180
御幣	ごへい	180
御嶽	うたき	221
御縄掛神事	おなわかけしんじ	229
御靈信仰	ごりょうしんこう	079
捨身	しゃしん	074
掃把	ほうき	181
採燈護摩	さいとうごま	075
探湯	くかたち／うけいゆ	059
教化文	きょうけもん	028
斬三戸九蟲桃板寶符法	ざんさんしきゅうちゅうとうばんほうふほう	066
晦巖道廓	まいがんどうかく	131
曹國舅	そうこくしゅう	136
曼恒羅	マントラ	023
曼茶羅	まんだら	198
望月千代女	もちづきちよじょ	122
望氣術	ぼうきじゅつ	101
梓弓	あずさゆみ	185
梓弓神歌	あずさゆみのしんか	038
梓弓神歌（梓弓斬亡靈・受納經文之詞（死靈を切りて放てよ梓弓、引き取り給え経の文字）		006
梓巫女	あずさみこ	160
梵文	ぼんじ	127
殺生石	せっしょうせき	155
		110

漢字	読み	ページ
《殺生石》	せっしょうせき	238
《殺生石後日怪談》	せっしょうせきごにちのかいだん	235
淨玻璃鏡	じょうはりのかがみ	189
淨藏	じょうぞう	133
深山幽谷	しんざんゆうこく	228
深沙大將的祕術	じんじゃたいしょうのひじゅつ	111
深草兎歩	しんそうとほ	058
混天綾	こんてんりょう	186
清姫	きよひめ	165
清祓	きよはらい	043
猛覺魔卜仙	もうかくまぼくせん	135
理之結界	りのけっかい	207
琊魔姫	やまひめ	143
異果	いか	193
異界	いかい	204
痔疾呪	じしつのまじない	065
眼脈	がんみゃく	110
祥	しょう	219
祭文	さいもん	021
《符天暦》	『ふてんれき』	194
符咒	ふじゅ／じゅふ	138
符咒師、符籙師	ふじゅせんせい	237
符籙、咒語、咒文	ふじゅ呪文／咒文	006
累	かさね	038
細川勝元	ほそかわかつもと	127
茶吉尼天	だきにてん	155
茶枳尼天法	だきにてんほう	110

005

265

茶吉尼鬼降伏法	だきにきごうぶくのほう	073
葬草	もうそう	108
蛇 へび	へび	088
勝蟲、蜻蜓神	かちむし／とんぼかみ	169
長蟲 ナガナメ	ながなめ	169
蛇比禮	へびひれ	101
蛇含草	へびがんそう	034
蛇術	へびのじゅつ	216
蛇憑	へびつき	091
蛇憑石	へびつきのいし	103
蛇纏身稲草人	へびつきのわらにんぎょう	039
蛇蠱	へびみこ	214
蛋封印	たまごふうじ	207
覓龍法	べきりゅうほう	222
設立結界	けっかいをはる	031
許願杉	いのりすぎ	148
貧乏神的喪禮	びんぼうがみのそうしき	179
貪狼星	とんろうせい／とんろうしょう	177
透視、遠方透視	とうし／えんぽうとうし	149
逢魔時	おうまがどき	029
連鎖電郵	チェーンメール	191
野干吉凶占卜法	やかんのきっきょううらない	176
野狐	やこ	167
鬼狐	ばけぎつね	167
釣刀法	つりがたなのほう	167
閉	とづ	191
閉窟、閉關	窟ごもり いわやごもり	026

陰針法	いんのはりのほう	179
陰乾蚯蚓	みみずのかげぼし	033
陰陽五行	いんようごぎょう	043
陰陽師	おんみょうじ	208
陰陽道	おんみょうどう	101
陵太郎守門	おんみょうりょう／おんみょうつかさ みささぎたろうもりかど	200
魚鼓	ぎょく	150
鳥占	とりうら	215
鳥居	とりい	008
鳥船	とりふね	122
麻賀禮咒言	まかれのじゅごん	006
麻葉	あさのは	092
		068

《十二劃》

善惡探知法	ぜんあくたんちほう	110
善知鳥安方忠義傳	『うとうやすかたちゅうぎでん』	
圍棋	いご	068
壺公	こここう	224
富士山	ふじさん	137
富士講	ふじこう	117
尊勝佛頂陀羅尼法	そんしょうぶっちょうだらにほう	092
ダ／ボダナン／カロン／ビギラナハン／ソ／ウシュニシャ／ソワカ ナマサマン	234
尊勝陀羅尼	そんしょうだらに	195
尋龍脈	りゅうをさぐりあてる	110
彭祖	ほうそ	137

項目	読み	ページ
恵方	えほう	219
恵方巻	えほうまき	219
惡田惡五郎	あくたあくごろう	143
惡路王	あくろおう	161
惡夢	あくむ	045
握手辨識對象是否為狸	握手で狸を見破る(あくしゅでたぬきをみやぶる)	093
普賢延命法	ふげんえんめいほう	071
替身、屍童	寄坐／尸童	027
最多角數珠	イラタカ数珠	200
最澄	さいちょう	128
欺騙狐靈	狐霊に嘘をつく	022
	追打鬼婆羅々鬼、法性房之門葉	022
殘夢	ざんむ	131
渡虹	虹を渡る	087
渡邊綱	わたなべのつな	126
湧出岩	ゆうしゅつがん	226
湯立神樂	湯立てかぐら	229
湯殿山的即身佛	湯殿山の即身仏	229
満	みつ	225
滋岳川人	しげおかのかわひと	107
滋符儀式	おたきあげ	125
焚燒葬草	葬草を焼く	090
無言神事	むごんしんじ	081
無息忍	むそくにん	031
無頭釘	頭のない釘	114
	あたまのないくぎ	090
		178

項目	読み	ページ
無頭釘傳說	頭のない釘の伝説／あたまのないくぎのでんせつ	178
猴藥	猿の薬／さるのくすり	190
畫×	×印を書く／ばつじるしをかく	210
畫九字	九字を切る／くじをきる	016
畫十字	十字切り／じゅうじきり	018
痣右衛門	あざえもん	142
	なむ／カイケンクイタウタイキャウ／はらいそ／はらいそ	142
	南無／咖咿砍枯咿嗚塌咿奇呸嗚／帕拉伊索／帕拉伊索	146
登照	とうしょう	184
童子切安綱	どうじぎりやすつな	116
童謠	どうよう／わざうた	037
筒封印	筒封じ／つつふうじ	193
筬越水	おさこしみず	102
粥占	かゆうら	115
紫鏡	むらさきかがみ	016
結印	印を結ぶ／いんをむすぶ	207
結界	けっかい	209
結界石	けっかいせき	207
結界術	けっかいじゅつ	095
結緣	縁結び／えんむすぶ	159
菅原道真	すがわらのみちざね	201
菊人偶	お菊人形／おきくにんぎょう	228
華山	かざん	208
虛空結	こくうけつ	208
	om visphala draksa vajra pañjara hūṃ phaṭ	061
	唵／尾娑普羅／捺羅乞灑／嚩日囉惹羅／吽／發吒	
虛空藏求聞持法	虚空蔵求聞持法／こくうぞうぐもんじほう	

267

漢字	かな	頁
虚空藏菩薩	こくぞうぼさつ	155
虚無僧	こむそう	085
蛙跳	かえるとび／かわずとび	074
蛞蝓術	なめくじのじゅつ	029
蛤蟆	がま／ワクド	170
蛤蟆術	がまのじゅつ	029
裁縫保輔	はかまだれやすすけ	145
袴垂保輔	たちばさみ	179
裁縫剪刀	とこいど	174
詛戸	のろい／じゅそ	032
詛咒	ひとをのろわばあなふたつ	005、
詛咒他人・害人害己	すそのとりわけ	037
詛咒抽離法	じゅそのしんじ	033
詛咒神事	呪詛の神事	068
詛咒祭	すそのさいもん	033
詛咒祭文	呪詛の祭文	216
貴船神社	きふねじんじゃ	216
丑時祈神	うしのこくもうで	098
買夢	ゆめをかう	125
賀茂保憲	かもやすのり	125
賀茂家	かもけ	009
超能力	ちょうのうりょく	147
超能力者	ちょうのうりょくしゃ	193
酥油	そ	108
開	ひらく	213
雄蛇池	おじゃがいけ	048
雅樂	ががく	134
順産法	えきさんほう	078

夏唎修拉哈嗟奇唎夏拉啊／娑婆訶
シャリシュラハダギリシャラア／ソワカ

漢字	かな	頁
飯綱山	いいづなやま	078
飯綱法	いづなほう	225
飯綱	イヅナ	028
飯綱師	いづなつかい	028
飲食詛咒	くちのじゅそ	150

日本有一種臉呈口形的妖怪稱為「クチ」（漢字為「口」）有詛咒的言霊意涵。
法力特別強的クチ稱為フイグチ。

漢字	かな	頁
黃中李	こうちゅうり	034
黃玉芝	おうぎょくし	192
黃瓜加持	きゅうりかじ	192
黃瓜封印	きゅうりふうじ	065
黃瓜之穴	よみのあな	069
黃泉比良坂	よもつひらさか	204
黃泉國	よみのくに	204
黃泉神	よみのかみ	204
黃幡神	おうばんしん	153
黑百合	くろゆり	191
黑衣郎山公	こくえろうさんこう	168
黑夜神	こくあんてん	154
黑貓灰	くろねこのくろやき	190

十三畫

漢字	かな	頁
催眠術	さいみんじゅつ	094
溫羅	うら	162
圓珍	えんちん	134

索引

漢字	かな	ページ
圓能	えんのう	217
塗香	ずこう	126
奧驅	おくがけ	126
嵩山	すうざん	127
廉貞星	れんじょうせい／れんじょうしょう	126
廉廣之筆	れんこうのふで	129
愛宕山	あたごやま	233
愛染明王法	あいぜんみょうおうほう	152
感染咒術	かんせんじゅじゅつ	153
暗	アン	104
楠木正成	くすのきまさしげ	153
極樂淨土	ごくらくじょうど	153
榊	さかき	221
境之木	さかいのき	221
源	げんじ	220
《源氏物語》	『げんじものがたり』	159
歲徳神	としとくじん	024
歲殺神	さいせつしん	032
歲星	さいせい	034
歲刑神	さいぎょうしん	226
歲破神	さいはしん	177
境之木	さかいのき	103
源信	げんしん	228
源義家	みなもとのよしいえ	073
源義經	みなもとのよしつね	181
源實朝的凶兆	みなもとのさねとものきょうちょう	126
源賴光	みなもとのよりみつ	
源賴政擊敗鵺	みなもとのよりまさのぬえたいじ	
滅門日	めつもんび	

漢字	かな	ページ
煉丹術	れんたんじゅつ	072
照妖鏡	しょうまきょう	189
猿飛佐助	さるとびさすけ	139
猿樂	さるがく	170
猿神	さるがみ	085
盟神探湯	くかたち／くがたち	120
祿存星	ろくぞんせい／ろくぞんしょう	219
禁人	きんじん	099
禁咒	きんしゅ／きんじゅ	103
禁足地	きんそくち	036
禁術、十字祕法① 禁術／十字の祕法①	きんじゅつ／じゅうじのひほう①	210
禁術、十字祕法② 禁術／十字の祕法②	きんじゅつ／じゅうじのひほう②	036
八劍啊，波奈之刃，以此劍，將來犯的惡魔斬除	つるぎや、はなのやいば、このつるぎ、むかうあくまを、はらうなり	018
窟	いわや	018
筶	ポエ	215
節分	せつぶん	100
鬼出去，福進來（鬼は外、福は內）	おにはそと、ふくはうち	050
綁	しばる	050
綁られ地藏	しばられじぞう	036
経穴	けいけつ	110
経絡	けいらく	056
義經霧隱之印	よしつねきりがくれのいん	056
聖天供	しょうでんく	090
聖天法	しょうでんのほう	112
		052

269

漢字	読み	ページ
聖域	せいいき	074
聖徳太子	しょうとくたいし	090
聖宝	しょうぼう	075
脚法十條	あしなみじゅっかじょう	050
《萬葉集》	『万葉集』	069
《萬德集》	『万徳集』	205
萬卷	まんがん	205
萬寶槌	まんようしゅう	149
葉衣觀音鎮宅法	ばんとくしゅう	021
葛城山	打ち出の小槌	098
葛城山之僧	ようえかんのんちんたくほう	037
葛葉	かつらぎさん	080
蜂比禮	かつらぎさんのそう	220
裏式	くずのは	218
裏鬼門	はちのひれ	035
補陀落	うらしき	176
補陀落渡海	うらきもん	168
解忤法	ふだらく	163
解夢（者）	ふだらくとかい	228
誠惶誠恐	解忤の法	038
貉憑	夢解き	177
路切、岔路切	恐み恐み／畏み畏み	237
辟邪法	貉憑き	236
辟鬼術	道切り／辻切り	133
辟穀	辟邪法	058
遁走術	辟鬼の術	134
過火	辟穀	158
	遁走術	207
	火渡り	

漢字	読み	ページ
道	タオ	101
道士	どうし	029
道臣命	みちのおみのみこと	096
道返玉	ちがえしのたま	144
道祖神	どうそじん	167
道教	どうきょう	167
道摩法師	どうまほうし	166
道賢	どうけん	146
道鏡	どうきょう	096
道谷窟	たっこくのいわや	132
達磨	だるま	020
鈴	すず／れい	184
鈴鹿御前	すずかごぜん	111
鉤縄	かぎなわ	188
雷公祭	らいこうさい	161
雷切	らいきり	181
雷法	らいほう	201
雷童子	かみなりどうじ	211
預言	よげん	131
預言者	予言者／預言者	130
預言鳥	ヨゲンノトリ	124
鼠	ねずみ	008
鼠占 媳婦	よめ	205
鼠小僧快傳	嫁	176
鼠占	ねずみこぞうかいでん	139
鼠術	ねずみの前兆占い	138
鼠靈憑依占法	ねずみのぜんちょううらない	008
	ねずみのじゅつ	
	ねずみれいのひょういうらない	

270

索引

《傾城忍術池》 『けいせい忍術池』 けいせいしのばずがいけ 238

十四劃

厭物 厭物 えんもつ 174
厭夢 厭夢 えんむ 045
厭魅、魘魅 厭魅／魘魅 えんみ 032
厭魅人偶 厭魅人形 えんみにんぎょう 179
與新仙太一真君感通的咒文 新仙／太一真君と交感する呪言 しんせんたいいつしんくんとこうかんするじゅごん 060
奇一奇一乍結雲霞，宇內八方五方長男，乍貫九籤，達玄都，感太一真君。奇一奇一乍感通，如律令。（奇一奇一たちまち雲霞を結ぶ、宇内八方ごほうちょうなん、たちまちきゅうせんを貫き、玄都に達し、太一真君に感ず、奇一奇一たちまち感通、如律令）
塵輪 塵輪 じんりん 163
境界、交界 境界 きょうかい 204
墓園的銀杏 墓場のイチョウ はかばのいちょう 177
壽木 寿木 じゅぼく 192
夢想權之助的杖 夢想権之助の杖 むそうごんのすけのじょう 187
察天術 察天術 さってんじゅつ 094
截鬼門角 鬼門の角をとる きもんのかどをとる 218
猿辻 猿が辻 さるがつじ 218
摧魔怨敵法 摧魔怨敵法 さいまおんてきほう 082
滿 mam マン 024
滿 満 みつ 107
漏盡通 漏尽通 ろうじんつう 111
漢字的字源 漢字の成り立ち かんじのなりたち 196
漢藥除妖 漢方薬による妖怪退治 かんぽうやくによるようかいたいじ 032
熊王神、九魔王神 熊王神／九魔王神 くまうじ 219
熊若 熊若 くまわか 139
熊野三山 熊野三山 くまのさんざん 227
熊野牛王符 熊野牛王符 くまのごおうふ 195
熒惑星 熒惑星 けいこくせい 104
碳黑蠑螈 イモリの黒焼き いもりのくろやき 192
禊 禊 みそぎ 042
禊祓、禊拂 禊祓／禊払い みそぎばらえ／みそぎばらい 042
禍 禍 か 219
福助人偶 福助人形 ふくすけにんぎょう 201
種子字 種字／種子 しゅじ 023
稱德天皇詛咒事件 称徳天皇呪詛事件 しょうとくてんのうじゅそじけん 120
算置 算おき さんおき 146
管狐 管狐 くだぎつね 169
管狐師 管遣い くだづかい 148
管鼠 クダショウ くだしょう 169
管 クダ くだ 169
管鼠驅魔法 クダショウに対する魔除け くだしょうにたいするまよけ 039
精神念力 psychokinesis サイコキネシス 084
精螻蛄 ショウケラ しょうけら 163
綱手 綱手 つなで 141
綿津見的詛咒 ワタツミの呪詛 わたつみのじゅそ 033
此鉤，淤煩鉤、須須鉤、貧鉤、宇流鉤（この鉤は、おぼ鉤、すす鉤、貧鉤、うる鉤）
舔米字 米の字をなめる こめのじをなめる 040
舔指 指を舐める ゆびをなめる 035

十五割

項目	読み	ページ
蒙古調伏祈禱	蒙古調伏の祈祷 もうこちょうぶくのきとう	082
蒙雲國師	蒙雲国師 もううんこくし	145
蜘蛛切丸	蜘蛛切丸 くもきりまる	184
蜘蛛術	蜘蛛の術 くものじゅつ	029
誓約	誓約／宇氣比 うけい／うけひ	099
誓寝	誓寝 うけいね	098
軽身	軽身 かるみ	076
遠撃法	遠当ての法 とおあてのほう	022
魂呼薬	魂呼薬 たまよびくすり	190
魂呼鳥	魂呼鳥 タマヨバドリ	190
魂結	魂結び／玉の緒 たまむすび／たまのお	030
鳴弦	鳴弦 めいげん	070
鳴釜神事	鳴釜神事 なるかましんじ	097
鳴聲護摩	鳴り護摩 なりごま	075
鼻結咒法	鼻結びの呪法 はなむすびのじゅほう	071

項目	読み	ページ
阿摩美久	アマミキヨ	あまみきよ	196
神志仁禮久	シネリキヨ	しねりきよ	122
剣	剣 けん	067
剣	剣 ツルギ	067
墨符	墨符 ぼくふ	171
審神者	審神者 さにわ	183
寫牛字治瘡	牛啊牛啊吃草吧吃草吧、唵阿毘羅吽欠娑婆訶（ウシウシ草食ってくれ草食ってくれ、アビラウンケンソワカ） 牛の字で瘡を食う うしのじでくさをくう	220

項目	読み	ページ
廃墟	廃墟 はいきょ	213
弾指	指ぱっちん ゆびぱっちん	116
影法師之術	影法師の術 かげぼうしのじゅつ	020
徳兵衛	徳兵衛 とくべえ	149
摩多羅神	摩多羅神 またらじん	155
摩利支天	摩利支天 まりしてん	155
摩利支天隠形法	摩利支天隠形法 まりしてんおんぎょうほう	089
唵／摩利支／娑婆詞	オン／マリシエイ／ソワカ 唵／阿儞怛夜耶／摩利支／娑婆詞 オン／アニチヤ／マリシエイ／ソワカ	089
摩斯陀丸	摩斯陀丸 ましだまる	144
撒香辟邪	香切り こうきり	047
撒菱	撒き菱 まきびし	188
撒鹽、鹽切	塩を撒く／塩切り しおをまく／しおきり	045
撒鹽或米	塩や米を撒く しおやこめをまく	049
撫物	撫物 なでもの	180
敷居、門檻	敷居 しきい	209
數珠	数珠 じゅず／ずず	181
數珠占	数珠占 じゅずうら	109
潮來	ITAKO イタコ	121
磐座	磐座 いわくら	215
琴引岩	ゴドビキ岩 ごとびきがん	215
《稲生物怪録》	『稲生物怪録』 いのうものゝけろく	234
稲草人	藁人形 わらにんぎょう	179
稲草人返還詛咒	藁人形を使った呪詛返し わらにんぎょうをつかったじゅそがえし	034
稲荷狐	稲荷狐 いなりきつね	169
稲葉小僧	稲葉小僧 いなばこぞう	144

272

【十六割】

項目	読み	ページ
導引法	どういんほう	057
壇	だん	200
《養老律令》	ようろうりつりょう	236
『撰集抄』	せんじゅうしょう	234
Pomade・pomade	Pomade・pomade	022
髪油、髪油、髪油		029
骷髏術	どくろのじゅつ	034
骷髏呪殺法	どくろのじゅさつほう	020
骷髏使役法	どくろのしえきほう	226
鞍馬山	くらまやま	181
輪寶	りんぼう	031
踩踏	ふみつける	116
踩踏鬼	かげふみおに	084
影鬼		
請雨經法	しょううきょうほう	195
調伏札	ちょうぶくふだ	025
調伏	ちょうぶくする	216
調伏		216
誰彼時	たそがれどき	029
蝶術	ちょうのじゅつ	220
蓬萊	ほうらい	057
練氣	れんき	214
縁分盡了、断縁	縁が尽きる／縁切り	214
榎	えんのき	214
縁切榎	えんきりえのき	045
縁切厠	えんきりかわや	
縁切	えんがちょ	

憑依、附身　ひょうい
憑物、驅除憑物　つきもの／つきものおとし
憑物筋　つきものすじ
狐持　きつねもち
土瓶持　とうびょうもち
憑祈禱、依祈禱　憑り祈祷／依り祈祷
憑靈術　ひょうれいじゅつ
暦占　れきせん
暦法　れきほう
暦博士　れきはかせ／こよみのはかせ
樹海村　じゅかいむら
橋　はし
橋占　はしうら
橘奈良麻呂　たちばなならまろ
橘逸勢　たちばなはやなり
機關手杖　しこみづえ
熾盛光法　しじょうこうほう
熾焔猫糞防禿　こねこのふんをやきとうだつもうをふせぐ
燒卻、焚毀　やく
縛人法　jah hum van hoh　ばくにゅうほう　ジャクウンバンコク
蕨的咒歌　わらびのじゅか　午睡於天竺之茅草間、或忘卻蕨恩乎？阿毘羅吽欠娑婆訶（天竺の茅畑に昼寝して蕨の恩を忘れたか、アブラウンケンソワカ）
衡山　こうざん
褪除撫物　みにつけたものをおとす　身につけたものを落とす

027 147 147 147 040 027 028 147 107 107 123 212 206 102 150 159 187 053 067 044 036 036 051 051 228 045

漢字	よみ	ページ
糞尿	ふんにょう	182
瞠視	にらみ	048
癇蟲封印法	かんのむしふうじのほう	070
彌陀法	みだほう	026
錫杖之火	しゃくじょうのひ	227
不滅之火	きえずのひ	227
彌山	みせん	227
十七割		
拾拾拾抱護符	サムハラの護符	047
龜卜	きぼく	100
龜	かめ	171
龍脈	りゅうみゃく	221
龍宮	りゅうぐう	220
龍穴	りゅうけつ	221
龍王祕符	りゅうおうのひふ	196
頭破七分九字	ずはしちぶくじ	018
閦伽作法	あかさほう	075
錦帶橋的人柱	きんたいきょうのひとばしら	215
辨識對象是否遭狐附身的祕法	きつねつきかどうかをしるひほう	093
賴豪	らいごう	130
貓畫	ねこえ	199
貓眼時鐘	ねこのめどけい	093
貓神術	ねこがみのじゅつ	029
貓	ねこ	167
縮地	しゅくち	076
臨兵鬥者皆陣列在前	りんぴょうとうしゃかいじんれつざいぜん	016
臨終作法、成佛作法	うさほうじょうぶつさほう りんじゅ	079
唵／嚧計攝縛囉闇／紇里	om lokeśvara-rāja hrīḥ オン／ロケイジシ	079
墓目、蝮目	ひきめ	030
墓目神事	ひきめしんじ	031
避凶方	かたたがえ	047
避來矢鎧	ひらいしのよろい	188
避諱用字	いみことば	046
避諱數字	いみすう	197
鍋島妖貓騷動	なべしまのばけねこそうどう	165
vam	バン	024
鍾離權	しょうりけん	136
隱形法	おんぎょうほう	089
隱形術	おんぎょうじゅつ	089
隱陰陽師	かくれおんみょうじ	122
隱形藥	おんぎょうやく	190
隱蓑、隱笠	かくれみの／かくれかさ	177
隱蓑之術	かくれみののじゅつ	088
霜夜星	しもよのほし	160
韓湘子	かんしょうし	136
餓獏吃掉惡夢	ばくにあくむをくわせる	046

索引

點穴	点穴	てんけつ	056、222
齋竹、忌竹	斎竹／忌竹	いみだけ	209

十八劃

斷末魔印言	断末魔印言	だんまつまいんごん	079
斷易	断易	だんえき	100
斷食	断食	だんじき	073
斷緣	縁切り	えんきり	095
歸神	帰神	きしん	079
穢汙	穢れ／ケガレ	けがれ	042
繞著貓遺骸轉	猫の遺骸を回る	ねこのいがいをまわる	049
薩滿	shaman	シャーマン	145
薩滿、沙門	saman	サマン	146
藍采和	藍采和	らんさいわ	137
藏人所御占	蔵人所御占	くろうどどころのみうら	215
藏起大拇指	親指を握り込む	おやゆびをにぎりこむ	049
藏貓	猫を隠す	ねこをかくす	115
蟠桃	蟠桃	ばんとう	192
貘畫	貘の絵	ばくのえ	199
轉法輪法	転法輪法	てんぽうりんほう	082
轉讀《大般若經》	『大般若経』を斜め読み	だいはんにゃきょうをななめよみ	050
鎮宅靈符	鎮宅霊符	ちんたくれいふ	194
鎮宅靈符神	鎮宅霊符神	ちんたくれいふじん	155
鎮宅靈符神法	鎮宅霊符神法	ちんたくれいふしんほう	047
鎮妖神歌	妖怪鎮めの神歌	ようかいしずめのしんか	038
歲月流逝，害人荒神，從今爾後，不可作祟	（歳を経て身をさまたぐる荒ミサキ今日より後は祟りなすなよ）		038
鎮星	鎮星	ちんせい	104
鎮將夜叉法	鎮将夜叉法	ちんじょうやしゃほう	027
鎮魂	鎮魂	たましずめ／ちんこん	078
鎮魂石	鎮魂石	ちんこんせき	200
鎮魂祭	鎮魂祭	ちんこんさい／みたましずめのまつり	071
鎮魂歸神	鎮魂帰神	ちんこんきしん	079
顏色與屬性	色と属性	いろとぞくせい	059
騎蛤蟆	蝦蟇に乗る	がまにのる	087
騎蜘蛛	蜘蛛に乗る	くもにのる	087
鼬寄	イタチ寄せ	いたちよせ	101
《簠簋內傳》	『簠簋内伝』	ほきないでん	234
《簠簋抄》	『簠簋抄』	ほきしょう	234
《舊事本紀》	『旧事本紀』	くじほんぎ	232
《醫心方》	『医心方』	いしんぼう	236
《魏志倭人傳》	『魏志倭人伝』	ぎしわじんでん	232

十九劃

離別祭文	離別祭文	りべつさいもん	095
瀧口武者	滝口の武士	たきぐちのぶし	127
瀧行	滝行	たきぎょう	073
瀧夜叉姬	滝夜叉姫	たきやしゃひめ	141
禰禰切丸	祢々切丸	ねねきりまる	184
繩文土器	縄文土器	じょうもんどき	199
繩占	縄占	なわうらない	109
繩張	縄張り	なわばり	209
繪馬	絵馬	えま	200

羅城門	羅城門	らじょうもん	209
羅城門之鬼	羅城門の鬼	らじょうもんのおに	209
羅睺星	羅睺星	らごうせい	105
藤田西湖	藤田西湖	ふじたせいこ	140
藤原千方	藤原千方	ふじわらのちかた	144
藤原四鬼	藤原四鬼	ふじわらよんき	161
藤原秀鄉	藤原秀郷	ふじわらのひでさと	126
藤原道長的白犬	藤原道長の白犬	ふじわらのみちながのしろいぬ	167
藤浪由緣之丞	藤浪由縁之丞	ふじなみゆかりのじょう	143
蟹坊主	蟹坊主	かにぼうず	165
證空	証空	しょうくう	131
邊津鏡	辺津鏡	へつかがみ	189
鏑矢	鏑矢	かぶらや	185
鏡、鏡子	鏡	かがみ	188
影見	かげみ		188
鏡岩	鏡岩	かがみいわ	189
霧隱才藏	霧隠才蔵	きりがくれさいぞう	139
霧隱法	霧隠れ	きりがくれ	089
顛倒埋葬封印死靈	逆さの死霊封じ	さかさのしりょうふうじ	053
類感咒術	類感呪術	るいかんじゅじゅつ	032
鯱鉾	シャチホコ	しゃちほこ	182
鵺	鵺	ぬえ	164
鵺手木乃伊	鵺の手のミイラ	ぬえのてのみいら	201
鶉隱法	鶉隠れ	うずらがくれ	089

二十劃

嚴島	厳島	いつくしま	221
嚴詛咒	厳呪詛	いつのかしり	033
孽	孽	げつ	219
孽難	孽難	げつなん	219
寶藏天女法	宝蔵天女法	ほうぞうてんにょほう	113
懸浮	空中浮揚	くうちゅうふよう	086
懸掛猴手	猿の手を吊るす	さるのてをつるす	067
蘆屋道滿	蘆屋道満	あしやどうまん	124
蘇民將來御札	蘇民将来のお札	そみんしょうらいのおふだ	194
觸穢	触穢	そくえ	042
饑神	ダリ		171
騰雲不死藥	雲に飛ぶ薬	くもにとぶくすり	190
吾之盛年過已久，逝者如斯夫，縱飲騰雲不死藥，豈得返老還壯年（我(わ)が盛(さか)り 伊多久(いたく)くたちぬ雲(くも)に飛(と)ぶ薬(くすり)はむともまたをちめやも）			190
騷靈現象	poltergeist	ポルターガイスト	118

二十一劃

屬星	属星	ぞくしょう	104
屬星供	属星供	ぞくしょうく	072
屬星祭	属星祭	ぞくしょうさい	104
曩莫三曼多勃馱喃	namaḥ samanta-buddhānāṃ		023
曩莫三曼多縛日囉喃憾	namaḥ samanta vajraṇaṃ hāṃ		024
《續日本紀》	『続日本紀』	しょくにほんぎ	232
《續古事談》	『続古事談』	くこじだん	233
續命法	続命法	ぞくみょうほう	071
護法奔馳	護法飛び	ごほうとび	114
護法童子	護法童子	ごほうどうじ	019
護法童子法	護法童子法	ごほうどうじほう	019

索引

項目	読み	内容	ページ
護符	ごふ		194
護摩、護摩法	ごま／ごまほう	homa	025
護摩壇	ごまだん	護摩壇	200
護犬的魔呪		犬除けのまじない　吾乃虎也・豈懼犬耶・獅之啃咬亦無所畏。（我は虎、いかになくとも犬はいぬ（去いぬ）、獅子の歯噛みをおそれざらめや）	051
驅狐咒法①（標準除靈法）		狐おとしの呪法①（スタンダードな除靈）	051
驅狐咒法②（射祓）		狐おとしの呪法②（射祓う）	040
驅狐咒法③（扔到十字路口）		狐おとしの呪法③（辻に落とす）	040
驅狐咒法④（唱咒歌）		狐おとしの呪法④（呪歌を詠う）　狐落としの呪歌	040
驅狐咒法⑤（張貼咒歌）		狐おとしの呪法⑤（呪歌を貼る）　即便是狐、若不明理・便不如狐・望汝成真狐（きつねならばきつねならぬぞ心得ぬきつねにせよやきつねなりせば）	041
驅狐咒法⑥（放進河裡流走）		狐おとしの呪法⑥（川に流す）　夏日之狐兮・猶如炎暑聲高鳴唱之蟬蛻其殼・各宜著適合己身之唐裝也（なつもきつねになくせみのからころも思ひけひの身の上へきよ）	041
驅狐咒法⑦（針灸）		狐おとしの呪法⑦（灸を据える）	041
驅狐咒法⑧（穿源為朝的草鞋）		狐おとしの呪法⑧・源為朝の草履を履く	041
驅狐咒法⑨（以豆皮引誘）		狐おとしの呪法⑨（油揚げでおびき寄せる）　きつねおとしのじゅほう⑨	041
驅狐咒法⑩（刺陰針）		狐おとしの呪法⑩（陰針で刺す）　きつねおとしのじゅほう⑩	042
驅狸護符		狸の護符　たぬきのごふ	196
驅除犬神的魔呪		犬神除けのまじない　いぬがみよけのまじない	051
驅除妖怪的方法		ようかいをたいさんさせるほうほう	039
驅除姑獲鳥的魔呪		姑獲鳥除けのまじない　うぶめよけのまじない	039
驅除尾先的魔呪		オサキ除けのまじない　おさきよけのまじない	039
驅除河童的咒歌		河童除けの呪歌　かっぱよけのじゅか　加牟波理入道時鳥	039
驅除河童的咒文		河童除けのまじない　かっぱよけのまじない　兵主部啊、不可忘約・擅長游泳之男・即菅原道真公之後也。（ひょすべよ約束せしを忘るるな川だち男うぢはすがたら）	050
驅除金神的咒文		金神除けのお札　こんじんよけのおふだ	050
驅除金神御札			050
驅除蛇神的咒文		蛇神除けの咒文　へびがみよけのじゅもん　蛇神速離・汝我非親子也（へびがみ、親子じゃないぞ）　蛇神移しな	195
驅除惡魔的咒文		悪魔を払う呪文　あくまをはらうじゅもん　附人身者亦不肖、鬼神不應為惡、人不應相猜忌。沉入深淵・鬼神不肖・為人所附身亦不肖、僅以吾言・将強制驅除封印之。（付くも不肖、付かるるも不肖、一時の夢ぞかし。生は難の池水つもりて淵となる。鬼神に横道なし。人間に疑いなし。下のふたへも推してする。教化に付かざるに依りて時を切ってすゆるなり。）	022
驅除憑物的木劍		憑き物を落とす木劍　つきものをおとすぼっけん	185

驅離鐮刀婆婆的方法	ばばされをおいかえすほうほう	ババサレを追い返す方法	039
驅魔念珠	ひきとり念珠	ひきとりねんじゅ	040
魔切	魔切り	まきり	018
魔咒	呪い	まじない	005
魔陀羅左衛門	魔陀羅左衛門	まだらざえもん	127
魔界	魔界	まかい	206
魔界偈	魔界偈	まかいげ	024
魔風太郎	魔風太郎	まふうたろう	135
魔境	魔境	まきょう	206
二十二劃			
疊緣	畳の縁	たたみのふち	209
籠中鳥		かごめかごめ	116
籠目、九字		セーマン／ドーマン	047
聽微聲	小音聞き	さおときき	077
讀心術	読心術	とくしんじゅつ	091
《勝五郎再生記聞》	『かつごろうさいせいきぶん』		235
《雲笈七籤》	『雲笈七籤』	うんきゅうしちせん	237
二十三劃			
戀合咒	恋合咒	れんごうしゅ	096
竊盜犯捕縛術	窃盗犯捕縛術	せっとうはんほばくじゅつ	037
蠱物	蠱物	まじもの	174
蠱毒	蠱毒	こどく	030
蠱業	蠱業	まじわざ	006
變成男子法	変成男子法	へんじょうだんしほう	078
變身術	変身の術	へんしんのじゅつ	086
變身蛤蟆之術	蝦蟇変化の術	がまへんげのじゅつ	086
變身鼠之術	鼠変化の術	ねずみへんげのじゅつ	086
變身蜘蛛之術	蜘蛛変化の術	くもへんげのじゅつ	086
變身蝴蝶之術	蝶変化の術	ちょうへんげのじゅつ	086
變裝術	変装術	へんそうじゅつ	085
驗力	験力	げんりき	009
驗競	験競べ	げんくらべ	074
鱗形和服	鱗形の着物	うろこがたのきもの	182
二十四劃以上			
讓離家出走者歸返的咒法	家出人が帰る呪法	いえでにんがかえるじゅほう	113
靈山	霊山	れいざん	224
靈外質	ectoplasm	エクトプラズム	117
靈狐	霊狐	れいこ	169
靈狐術	霊狐の術	れいこのじゅつ	029
靈芝	霊芝	れいし	192
靈能者	霊能者	れいのうしゃ	147
靈異景點	心霊スポット	しんれいすぽっと	212
靈異照片、靈異影片	心霊写真／心霊動画	しんれいしゃしん	118
靈符	霊符	れいふ	176
靈媒	霊媒	れいばい	027
靈媒師	霊媒師	れいばいし	145
靈視	霊視	れいし	091
靈夢	霊夢	れいむ	098
靈魂	霊魂	れいこん	158

索引

靈魂出竅	幽体離脱	ゆうたいりだつ	117
靈劍	霊剣	れいけん	183
靈線	ley line	レイライン	216
鹽	塩	しお	181
鹽盈珠、鹽乾珠	塩盈珠／塩乾珠	しおみつたま／しおふるたま	176
鹽堆	盛り塩	もりしお／もりじお	181
《讖緯》	『讖緯』	しんい	237
觀音隱法	観音隠れ	かんのんがくれ	089
《豔競石川染》	『艶競石川染』	はでくらべいしかわぞめ	238
鬱壘	鬱塁	うつるい／うつりつ	156

〈結語〉每一個詞彙都如一顆原石，等待創作者雕琢發光

由衷感謝您閱讀本書。

咒術的世界深奧且豐富，充滿了令人興奮的事物。例如：

源自神話時代的咒語「布瑠部，由良由良」。

在腦中馳騁出浩瀚記憶宇宙的「虛空藏求聞持法」。

諸神帶到人間的傳說咒具「十神寶」。

可爲人自由操控的「式神」「護法童子」。

本書收錄了約一千八百個咒術相關詞彙，並以「攻擊」「康復」「結界」等主題分類，且按照相關詞彙的順序排列。書中所介紹的每一個詞彙都宛如一顆原石，期望您能找到讓自己感到驚豔的內容，將其融入創作中細心琢磨，雕琢出自己的精采。

倘若未來能看到由此誕生的作品，對筆者而言將是無上的喜悅。

在製作本書的過程中，要感謝提供精確建議的監修朝里樹先生。也由衷感謝邀請筆者撰寫本書的玄光社藤井貴城先生，爲本書繪製封面插圖和內頁插圖的七原しぇ小姐、

宮村奈穗小姐，以及美編村口敬太先生、村口千尋小姐，還有其他所有參與本書製作的人。

最後，也向所有閱讀本書的讀者們致上最高謝意。

IDEALIFE 041

咒術用語辭典：激發想像力，奇幻、神魔、架空、靈異創作必備

作　　者／A&F
監　　修／朝里樹
譯　　者／劉名揚
發 行 人／簡志忠
出 版 者／如何出版社有限公司
地　　址／臺北市南京東路四段50號6樓之1
電　　話／（02）2579-6600・2579-8800・2570-3939
傳　　真／（02）2579-0338・2577-3220・2570-3636
副 社 長／陳秋月
副總編輯／賴良珠
責任編輯／張雅慧
校　　對／林雅萩・張雅慧
美術編輯／李家宜
行銷企畫／陳禹伶・朱智琳
印務統籌／劉鳳剛・高榮祥
監　　印／高榮祥
排　　版／陳采淇
經 銷 商／叩應股份有限公司
郵撥帳號／18707239
法律顧問／圓神出版事業機構法律顧問　蕭雄淋律師
印　　刷／祥峰印刷廠
2024年10月　初版

SOUSAKUNOTAMENO JYUJYUTSU YOUGO JITEN
by A&F
Copyright © 2023 atof, © 2023 GENKOSHA Co., Ltd.
Complex Chinese translation copyright © 2024 by Solustions Publishing
All rights reserved.
Original Japanese language edition published by GENKOSHA Co., Ltd.
Complex Chinese translation rights arranged with GENKOSHA Co., Ltd.
through Lanka Creative Partners co., Ltd.

定價 440 元　　　ISBN 978-986-136-713-2　　　版權所有・翻印必究
◎本書如有缺頁、破損、裝訂錯誤，請寄回本公司調換　　Printed in Taiwan

一眼入坑，馳騁異能世界不可不知的用語大全！
激發創作、動漫愛好、文化研究、旅行名勝都適用！
從安倍晴明到中日經典傳說及神怪禁忌全蒐錄。
一次看遍！流傳千年的祈福咒語、解厄神話和古典故事！
專業監修！超過1800則咒術詞條，豐富、正確、獨一無二！

——《咒術用語辭典》

◆ **很喜歡這本書，很想要分享**

圓神書活網線上提供團購優惠，
或洽讀者服務部 02-2579-6600。

◆ **美好生活的提案家，期待為您服務**

圓神書活網 www.Booklife.com.tw
非會員歡迎體驗優惠，會員獨享累計福利！

國家圖書館出版品預行編目資料

咒術用語辭典——激發想像力，奇幻、神魔、架空、靈異創作必備／
A&F 作. 劉名揚 譯.
-- 初版. -- 臺北市：如何出版社有限公司，2024.10
288 面；20.8×14.8公分. --（IdeaLife；41）
ISBN 978-986-136-713-2（平裝）
1. CST：咒語　2. CST：超心理學

295　　13012322